Brasil
Interpretações & Perspectivas

Brasil
Interpretações & Perspectivas

Janete Silveira Abrão (Coord.)

Caroline Silveira Bauer
Caterine Vila Fagundes
Eduardo Costa Pinto
Fábio Franzini
Jacqueline Britto Pólvora
Janete Silveira Abrão
Maria Beatriz Luce
Paulo Henrique Martinez
Rebeca Gontijo
Reinaldo Gonçalves
Temístocles Américo Corrêa Cezar
Thiago Gehre Galvão

Marcial Pons

MADRI | BARCELONA | BUENOS AIRES | SÃO PAULO

Universidad de Alcalá
INSTITUTO UNIVERSITARIO DE INVESTIGACIÓN EN ESTUDIOS LATINOAMERICANOS ·IELAT·

Brasil: interpretações & perspectivas

Coordenação: Janete Silveira Abrão

Autores: Caroline Silveira Bauer | Caterine Vila Fagundes | Eduardo Costa Pinto | Fábio Franzini | Jacqueline Britto Pólvora | Janete Silveira Abrão | Maria Beatriz Luce | Paulo Henrique Martinez | Rebeca Gontijo | Reinaldo Gonçalves | Temístocles Américo Corrêa Cezar | Thiago Gehre Galvão

Capa: Nacho Pons
Imagem da Capa: pixhook / ID 19378982 / iStock by Getty Images

Preparação e Editoração eletrônica: Ida Gouveia / Oficina das Letras®

ISBN 978-85-66722-40-6 (Brasil) / ISBN 978-84-9123-162-2 (Espanha)

CIP-Brasil. Catalogação na Publicação
Sindicato Nacional dos Editores de Livros, RJ

B83

Brasil: interpretações & perspectivas / Caroline Silveira Bauer... [et alii] ; coordenação Janete Silveira Abrão. - 1. ed. - São Paulo: Marcial Pons ; Instituto Universitario de Investigación en Estudios Latinoamericanos – IELAT, Universidad de Alcalá, 2016.

Inclui bibliografia
ISBN 978-85-66722-40-6

1. Direito internacional. I. Bauer, Caroline Silveira. II. Abrão, Janete Silveira.

16-35665 CDU: 341:347.9

© MARCIAL PONS EDITORA DO BRASIL LTDA.
Av. Brigadeiro Faria Lima, 1461, Torre Sul, 17/8
Jardim Paulistano CEP 01452-002 São Paulo-SP
☎ +55 (11) 3192.3733 – contato@marcialpons.com.br
www.marcialpons.com.br

© INSTITUTO UNIVERSITARIO DE INVESTIGACIÓN EN ESTUDIOS LATINOAMERICANOS – IELAT, UNIVERSIDAD DE ALCALÁ
Calle Trinidad, 1. Edificio Colegio de Trinitarios
28801, Alcalá de Henares, Madrid, España
☎ +34 (91) 885.2575 / 5280 / 5278 – ielat@uah.es
http://www.ielat.com

Impresso no Brasil [08-2016]

É da consciência coletiva que devem emergir os promotores do desenvolvimento.

ÁLVARO VIEIRA PINTO

SUMÁRIO

EDUCAÇÃO

MEIO AMBIENTE

RELAÇÕES INTERNACIONAIS

INTRODUÇÃO

É com satisfação que o Instituto Universitário de Investigación en Estudios Latinoamericanos e a Editora Marcial Pons publicam a coletânea de textos intitulada Brasil: interpretações & perspectivas. A obra que reúne contribuições de investigadores e investigadoras brasileiros de diferentes áreas, de modo multidisciplinar, mas também mediante o diálogo, contempla a diversidade de temas, de interpretações e de enfoques referentes a um país também marcado pela diversidade. É neste sentido que os estudos analisam a historiografia, a sociedade, o meio ambiente, a educação, a política, a economia e as relações internacionais. Em realidade, trata-se de uma necessária reflexão sobre o Brasil contemporâneo, que leva em consideração o pensamento plural, as perspectivas diversas, apresentadas de maneira a incentivar o debate, sem a intenção de constituir um bloco monolítico, nem tem a pretensão de dar conta de todos os elementos que compõem a realidade brasileira. O resultado dessa ideia é o livro que agora apresentamos ao leitor.

Os historiadores Fábio Franzini e Rebeca Gontijo, em "Panorama da historiografia brasileira contemporânea", nos brindam com a discussão e a análise dos mais expressivos balanços bibliográficos acerca da historiografia brasileira (1930-1980), com o fim de perceber as permanências, os deslocamentos e as rupturas que levaram à configuração e à legitimação de uma identidade "moderna" para os estudos e os estudiosos da História do Brasil, em particular.

Por sua vez, Temístocles Cezar, em seu ensaio sobre a escrita da história no país, trata sobre os efeitos do giro linguístico e da indeterminação na historiografia brasileira, a partir da análise de alguns textos seminais de autores relacionados, de formas distintas, à temática.

Em "Modelos de desenvolvimento e desempenho macroeconômico no Brasil", os professores de economia, Eduardo Costa Pinto e Reinaldo Gonçalves, buscam analisar o desempenho macroeconômico brasileiro em perspectiva histórica com o intuito de evidenciar que o atual modelo de desenvolvimento (Modelo Liberal Periférico – MLP) apresenta desempenho inferior em comparação com os outros modelos ao longo da formação econômica do Brasil.

No que se refere à política, o artigo "O Brasil e o populismo transfigurado", de minha autoria, parte de uma aproximação ao conceito de populismo com o fim de analisar a relação entre o novo populismo, a democracia e neoliberalismo no Brasil, entre 1989 e 2010, principalmente no que concerne aos discursos e estratégias adotadas pelos neopopulistas, assim como seus possíveis efeitos no âmbito sociopolítico.

Enriquecendo os debates acerca das políticas de memória e reparação, Caroline Silveira Bauer analisa, em "Quanta verdade o Brasil suportará?", os limites das políticas de memória brasileiras, desde a Lei 9.140/1995, conhecida como "Lei dos Desaparecidos", até o primeiro ano de trabalho da Comissão Nacional da Verdade, instaurada em 16 de maio de 2012.

Jacqueline Britto Pólvora propõe aos leitores uma discussão sobre a herança que a presença da escravidão gerou nas relações sociais do país, e sua relação com as manifestas desigualdades dos cenários urbanos contemporâneos brasileiros.

A educação é tema imprescindível nos debates sobre o futuro da nação brasileira. Neste sentido, Caterine Vila e Maria Beatriz Luce analisam "Os desafios para a institucionalização do sistema nacional de educação no Brasil".

Em "Estado, políticas públicas e meio ambiente no Brasil", a Constituição de 1988 é o pano de fundo, a partir do qual Paulo Henrique Martinez procura dar a conhecer ao leitor às políticas ambientais no país, assumindo o desafio de analisar como se processou a incorporação do debate ambiental às políticas públicas nacionais.

Por fim, Thiago Gehre Galvão, em seu artigo, apresenta três fases recentes da história da inserção internacional do Brasil que abarca os primeiros quinze anos do século 21. O autor busca compreender a construção de uma grande estratégia de política externa que possibilitou a ascensão internacional, mas que foi abortada por fatores contingenciais. Ademais, Gehre apresenta o que seria considerado um conjunto de perspectivas e possibilidades de continuidade no horizonte das relações internacionais brasileiras.

Confiamos que esta obra sirva, e seja de bom uso, não somente aos investigadores dos múltiplos aspectos e questões que giram em torno da realidade brasileira, senão a todas as pessoas que possuem um pouco de sensibilidade histórica, uma certa preocupação política e que, portanto, se interessam pelo presente e pelo futuro do Brasil.

Madri, 2016.

Janete Silveira Abrão
Coordenadora

HISTORIOGRAFIA

PANORAMA DA HISTORIOGRAFIA BRASILEIRA CONTEMPORÂNEA (1930-1980)

FÁBIO FRANZINI
Universidade Federal de São Paulo (Unifesp)

REBECA GONTIJO
Universidade Federal Rural do Rio de Janeiro (UFRRJ)

INTRODUÇÃO: UM ANIVERSÁRIO

O mês de outubro de 1938 foi de festa para o Instituto Histórico e Geográfico Brasileiro (IHGB). No glorioso dia 21, a agremiação sediada no Rio de Janeiro celebrava cem anos de existência, orgulhosa de sua posição como principal centro dedicado à produção historiográfica no país. Motivadas pelo centenário, numerosas congratulações e manifestações de apreço lhe chegavam do Brasil e do exterior, refletindo o prestígio conquistado ao longo de sua trajetória. Instituições ilustres como a Academia Brasileira de Letras promoveram sessões especiais em sua homenagem, a congênere argentina Academia Nacional de História mandou cunhar uma medalha comemorativa, a Comissão de Estudos Latino-Americanos, da Universidade de Harvard, dedicou-lhe a terceira edição do *Handbook of Latin American Studies* e, até mesmo Sua Santidade, o Papa Pio XI, enviou um telegrama de felicitações "pelos numerosos serviços durante um século prestados à ciência", com o desejo de que "novas luzes divinas" o guiassem para o futuro.[1]

1. IHGB, "Sessão Magna, comemorativa do primeiro centenário do Instituto, em 21 de outubro de 1938", *Revista do Instituto Histórico e Geográfico Brasileiro*, vol. 173, 1938, pp. 838-839, *passim*. Nas demais citações, este periódico será referido apenas como *RIHGB*.

Fundado em 1838, pouco depois da Independência (1822), com a finalidade de conferir um passado à nação recém-emancipada, o IHGB foi um dos mais sólidos pilares do Império e segundo lar do imperador Pedro II, mecenas e frequentador assíduo de suas sessões. A identificação profunda com a monarquia, contudo, pôs a Casa em grandes dificuldades nos primeiros anos da República, que, proclamada em 1889, não tardou a demarcar distância dessa "herança típica do *Ancien Régime*",[2] principalmente pelo corte dos recursos que o Estado até então lhe assegurara. Este tempo amargo começaria a ser superado somente a partir de 1908, quando José Maria da Silva Paranhos Júnior, o barão do Rio Branco, assumiu a presidência do Instituto. Suas ações, somadas ao prestígio e influência que tinha como ministro das Relações Exteriores, imprimiram novo dinamismo à associação e deram início à sua nova ascensão. Rio Branco faleceu em 1912, mas isso não abalou tal recuperação, ao contrário: o novo presidente, Afonso Celso de Assis Figueiredo, intensificou ainda mais o ritmo da caminhada, com a realização de eventos como os dois primeiros Congressos de História Nacional, em 1914 e 1931, e a retomada da sintonia entre o discurso histórico ali produzido e o debate político-intelectual do país.[3]

A passagem do primeiro século de vida, portanto, alcançou o IHGB em meio ao pleno reflorescimento de seu vigor institucional, acadêmico e político. Logo, não surpreende o tom do discurso proferido pelo seu presidente recém-eleito, Manuel Cícero Peregrino da Silva (Afonso Celso morrera poucos meses antes, em julho), na abertura da Sessão Magna do aniversário:

> "Sucederam-se as gerações, substituíram-se a pouco e pouco os componentes do quadro social, nem podia ser de outro modo, tal a contingência da vida humana, transformaram-se as instituições e o Instituto Histórico, sempre idêntico a si mesmo, tem prosseguido impávido e, cem anos depois da sua fundação, persevera no rumo que se traçou, deixando no caminho percorrido indeléveis vestígios da sua gloriosa passagem.[4] (...)."

Outras falas seguiriam o mesmo acento laudatório, valorizando momentos específicos da trajetória do Instituto, distinguindo seus nobres personagens, entrelaçando em harmonia nomes, datas, acontecimentos. Pintado pelas tintas oficiais, o retrato do IHGB revelava a imagem que seus membros projetavam sobre ele, uma imagem que divisava os contornos de uma academia sólida, apegada às

2. Guimarães, Lucia Maria Paschoal, "Um olhar sobre o continente: o Instituto Histórico e Geográfico Brasileiro e o Congresso Internacional de História da América", *Estudos Históricos,* vol. 10, n. 20, 1997, p. 220.

3. *Idem, ibidem*, pp. 221-222; Guimarães, Lucia Maria Paschoal, "História e brasilidade", em Simpósio Nacional de História, *História em debate: problemas, temas e perspectivas:* Anais do XVI Simpósio da Associação Nacional dos Professores Universitários de História, [S.l.]: CNPq/InFour, pp. 76-77. Sobre o IHGB na República, ver Gomes, Angela de Castro, *A República, a História, o IHGB*, Belo Horizonte: Autêntica, 2009.

4. IHGB, "Sessão Magna, comemorativa do primeiro centenário do Instituto, em 21 de outubro de 1938", *RIHGB*, vol. 173, 1938, p. 839.

raízes e ao projeto de estabelecimento da história da nação, em que polêmicas e contradições não tinham lugar – tudo em perfeita conformidade com a dialética da lembrança e do esquecimento que, segundo Pierre Nora, norteia a permanente configuração da memória.[5] A coesão das vozes, no entanto, não escapava à contradição observada pelo mesmo Nora acerca dos "lugares de memória": se o que eles defendem não estivesse ameaçado, não seria necessário construí-lo; se as lembranças que evocam fossem verdadeiramente vividas, eles seriam inúteis.[6] No caso do IHGB, ele poderia até pretender ser "sempre idêntico a si mesmo", mas não deveria esperar o mesmo da história, nem da historiografia, uma vez que a diferença entre 1838 e 1938 não era uma mera questão numérica, como pareciam desejar os dignos confrades.

Com um pouco de atenção e, claro, interesse, não seria difícil notar que os tempos eram outros. Dentro da própria Casa, a despeito da tradição ainda prevalecer em seu discurso e em sua identidade, mudanças sugestivas já se faziam sentir desde a virada do século, em especial pelas inovações historiográficas realizadas por alguns de seus sócios, como Joaquim Nabuco, com *Um estadista do Império* (1897); João Ribeiro e sua *História do Brasil* (1900); Manuel de Oliveira Lima e *Dom João VI no Brasil* (1908); José de Alcântara Machado e *Vida e morte do bandeirante* (1928); e, sobretudo, João Capistrano de Abreu, que, crítico ácido da rigidez, do "atraso" e dos formalismos todos da produção institucional, procurou ir além da historiografia "oficial" do IHGB.[7] Suas pesquisas extrapolavam a documentação sobre a vida política e a colocava lado a lado com narrativas de viagem, inventários, testamentos, memórias e outros papéis privados, enquanto a habitual narrativa linear dos acontecimentos cedia lugar à sua análise e interpretação, eventualmente até com um texto de cores literárias.[8]

Cada qual a seu modo, tais autores e obras mostravam formas diferentes de se lidar com o passado, que, abordado em suas dimensões sociais, econômicas, culturais e materiais, evidenciava-se muito mais complexo (e interessante) que na abordagem pelo viés político-administrativo consagrada pelo Instituto. De certo modo, ainda, eles materializavam algumas das novas perspectivas que se desenvolviam entre os historiadores pelo mundo, as quais se confrontavam, com intensidade cada vez maior, com os pressupostos do conhecimento histórico

5. Nora, Pierre, "Entre mémoire et histoire: la problématique des lieux", em Nora, Pierre (dir.), *Les lieux de mémoire,* I. La République, Paris: Gallimard, 1984, p. 19.

6. *Ibidem*, p. 24.

7. Sobre Capistrano e sua prática historiográfica, ver Gontijo, Rebeca, *O velho vaqueano. Capistrano de Abreu (1853-1927): memória, historiografia e escrita de si*, Rio de Janeiro: 7Letras, Faperj, 2012.

8. Sobre a narrativa e o método de Capistrano de Abreu, ver Araújo, Ricardo Benzaquen de, "Ronda noturna: narrativa, crítica e verdade em João Capistrano de Abreu", *Estudos Históricos*, n. 1, 1988, pp. 28-54; Oliveira, Maria da Glória de, *Narrativa, crítica e método em João Capistrano de Abreu (1853-1927),* Rio de Janeiro: Ed. FGV, 2013.

consagrados no Oitocentos, não por acaso chamados "tradicionais".[9] Ao mesmo tempo, o ambiente cultural além-muros também se arejava: uma nova geração intelectual, nascida nos primeiros anos do século XX, começava a buscar seu espaço como intérprete tanto do presente quanto do processo de formação da sociedade brasileira; o mercado editorial, impulsionado pela industrialização e urbanização do país, crescia e se diversificava, dando vazão à produção de "antigos" e de "modernos", muitas vezes sob o formato de coleções dedicadas ao "conhecimento do Brasil" – as famosas "brasilianas"; por fim, a criação, um tanto tardia, de universidades em São Paulo (1934) e no Rio de Janeiro (1935) trouxe consigo os primeiros cursos superiores de História, o que, de certa forma, já reconfigurava o cenário em que o IHGB reinava absoluto.[10]

Em síntese, no final da década de 1930 abriam-se mais e maiores oportunidades para a produção e a difusão da historiografia brasileira, bem como se firmavam lugares originais para o seu desenvolvimento, debate e crítica. Tal como acontecia com a própria nação, o território do historiador estava em transformação, aberto e receptivo a inovações, mas também marcado por certa instabilidade e pela necessidade de (re)avaliar suas referências, como é característico de períodos assim. Talvez por isso, os anos de 1940 a 1960 assistiriam ao aparecimento de muitos balanços bibliográficos acerca da história do Brasil, os quais podem ser lidos como tentativas mais sistemáticas de se elaborar uma história da historiografia brasileira;[11] por extensão, podem ser lidos como reveladores de um momento de transição – o qual, evidentemente, só pode ser assim definido *a posteriori* –, de passagem de uma "velha" historiografia, tida por "superada", para uma "nova", em conformidade com as tendências e as expectativas de sua época.

Nossa proposta, assim, é discutir os mais expressivos desses balanços para, a partir deles, perceber as permanências, deslocamentos e rupturas que levaram

9. Cf., entre muitos outros, Iggers, Georg G. *Historiography in the twentieth century: from scientific objectivity to the postmodern challenge*, Hanover and London: Wesleyan University Press, 1997.

10. Sobre o mercado editorial brasileiro desse período e as "coleções brasiliana", ver Sorá, Gustavo, *Brasilianas: José Olympio e a gênese do mercado editorial brasileiro*, São Paulo: Edusp, ComArte, 2010; Dutra, Eliana de Freitas (org.), *O Brasil em dois tempos*, Belo Horizonte: Autêntica, 2013; Franzini, Fábio, *À sombra das palmeiras: a Coleção Documentos Brasileiros e as transformações da historiografia nacional (1936-1959)*, Rio de Janeiro: Edições Casa de Rui Barbosa, 2010. Sobre os primeiros cursos de História no Brasil, ver Roiz, Diogo da Silva, *Os caminhos (da escrita) da história e os descaminhos de seu ensino*, Curitiba: Appris, 2012; Ferreira, Marieta de Moraes, *A História como ofício*, Rio de Janeiro: FGV Editora, Faperj, 2013.

11. O balanço pode ser visto como um gênero específico de livros ou textos que contém visões panorâmicas do estado das pesquisas com o intuito de graduar historiadores ou classificá-los em campos específicos. De acordo com Blanke, só em sentido estrito podem ser considerados história da historiografia, ainda que sejam obras preliminares importantes para que essa história possa ser feita. Cf. Blanke, Horst Walter, "Para uma nova história da historiografia", em Malerba, Jurandir (org.), *A história escrita: teoria e história da historiografia*, São Paulo: Contexto, 2006, p. 30.

à conformação e legitimação de uma identidade "moderna" para os estudos e estudiosos da história brasileira em particular. Afinal, não é difícil perceber que falamos dos primórdios de uma prática historiográfica profissional, centrada na formação universitária e orientada pelos parâmetros da problematização, análise e explicação do passado. Ou seja, dos primórdios da historiografia brasileira contemporânea.

VISÕES HISTÓRICAS E REVISÕES HISTORIOGRÁFICAS

O primeiro balanço a merecer atenção é o livro *O que se deve ler para conhecer o Brasil*, de Nelson Werneck Sodré, militar de formação, historiador por vocação e, como tantos outros intelectuais da primeira metade do século XX, crítico literário militante. Publicado pela primeira vez em 1945, seu objetivo era "facilitar ao leitor brasileiro e estrangeiro um acesso mais suave à compreensão das nossas cousas e do nosso povo", com a "intenção de bem servir e com isenção de preocupações outras que não a da imprescindível objetividade".[12]

Dividido de modo didático em três partes, intituladas "Desenvolvimento histórico", "Estudos especiais" e "Evolução da cultura", seus capítulos obedecem sempre à mesma estrutura: primeiro, uma breve introdução do autor ao tema em questão, destinada a "oferecer ao leitor menos experimentado ou ao leitor estrangeiro o ambiente necessário à situação dos assuntos indicados", à qual se seguem duas listas de obras a respeito do assunto ali tratado, classificadas em "fontes principais" (uma relação variável de livros, todos comentados) e "fontes secundárias" (um rol apenas de títulos, cujo número também varia a cada capítulo). De acordo com Sodré, a escolha de tais obras adotou o critério da "utilidade ao iniciante" e da sua acessibilidade, sem qualquer hierarquia de valor – tanto que ele faz questão de afirmar, no prefácio, que suas indicações não importavam "em preferências nem em concordâncias com interpretações e pontos de vista dos seus autores", deixando a cargo da "faculdade crítica" de cada leitor a tarefa "de crítica e de seleção".[13]

Caberia perguntar: qual o sentido de tanto esforço? A resposta passa necessariamente pelas características do contexto em que seu livro apareceu, descritas no mesmo prefácio. Segundo Sodré, vivia-se então um "momento em que a curiosidade do nosso passado vai em crescendo bastante propício". Essa curiosidade crescente, contudo, tinha de saciar-se em um quadro marcado pelo "acúmulo enorme de livros narrativos e falta alastrada de livros de interpretação", os quais "apenas começa[vam] a surgir e não pod[iam] ainda abranger todos os assuntos e todos os setores da vida brasileira" – como era o caso da própria história dita "social", que desconhecia um bom trabalho de síntese, embora já houvesse "traba-

12. Sodré, Nelson Werneck, *O que se deve ler para conhecer o Brasil*, São Paulo, Cia. Ed. Leitura, 1945, p. 13.

13. *Idem, ibidem*, pp. 13, 14 e 16, respectivamente.

lhos particulares dignos de menção". Por fim, o Brasil ainda não possuía "universidades dignas desse nome, onde se realize a formação ou iniciação nos estudos", razão pela qual se justificavam as pretensões de trabalhos como o manual que agora se publicava.[14]

"Conhecer o Brasil", assim, significava tanto conhecer a sua história e a historiografia até então produzida quanto dar a ela um novo tratamento, uma nova abordagem; ou, juntando as coisas, olhar o passado com outros olhos, uma vez que, de acordo com o autor, "os estudos históricos padeceram, inevitavelmente, entre nós, da infiltração literária e do caráter ornamental que a face literária teve, até bem pouco, no Brasil", enfatizando a "pequena história" dos "acontecimentos, das pessoas, do fato político".[15] Tanto que, na relação das obras principais sobre o tema, em que pese o predomínio de autores do século XIX, o destaque é dado a Caio Prado Junior, apresentado como responsável por nossos "primeiros ensaios históricos feitos em bases modernas": *Evolução política do Brasil* (1933), "primeiro trabalho fundado no materialismo histórico (...), onde há lacunas, mas em que se encontram ideias e orientações das melhores, verdadeiras chaves de interpretação dos acontecimentos e fases principais da nossa existência", e *Formação do Brasil contemporâneo* (1942), "um dos grandes livros brasileiros, indispensável à compreensão do nosso passado, escrito com rigor, com largueza de traços, com inteligência singular".[16]

Ao falar dos "estudos sociais", porém, Sodré identifica progressos na produção da época. Estes eram por ele atribuídos, de modo geral, à "inquietação contemporânea alastrada até nós" e, em específico, ao interesse "cada vez mais largo" em tais estudos, bem como à sua "difusão sistemática pelos cursos das Faculdades de Filosofia, Ciências e Letras". Daí a importância de algumas obras, entre as quais *Casa-grande & senzala* (1933) e *Sobrados e mucambos* (1936), de Gilberto Freyre (caracterizado como "o início de uma nova etapa no desenvolvimento dos estudos sociais no Brasil" e "um dos grandes livros brasileiros, como *Os sertões*", de Euclides da Cunha, publicado em 1902); *Populações meridionais do Brasil* (1920), de Oliveira Vianna; *Raízes do Brasil* (1933), de Sérgio Buarque de Holanda ("algumas das páginas mais lúcidas e bem pensadas que já foram dadas a público sobre a nossa formação e sobre as nossas peculiaridades", um livro "importante, que é mister ler, demorar-se na leitura e voltar a ela"); e

14. Sodré, Nelson Werneck, *O que se deve ler para conhecer o Brasil*, São Paulo, Cia. Ed. Leitura, 1945, pp. 15-16.

15. *Idem, ibidem*, p. 187.

16. *Idem, ibidem*, p. 189. Apenas para precisar a análise, além de Caio Prado e Capistrano de Abreu, os autores e livros arrolados por Sodré são, pela ordem da citação: Robert Southey, *História do Brasil* (1862 [1ª ed. 1810]); Heinrich Handelmann, *História do Brasil* (1931 [1860]); Visconde de Porto Seguro (Francisco Adolfo de Varnhagen), *História geral do Brasil* (sem data [1854]); Francisco José de Oliveira Viana, *Evolução do povo brasileiro* (1938 [1923]); Fernando de Azevedo, *A cultura brasileira* (1943); e Manoel de Oliveira Lima, *Formação histórica da nacionalidade brasileira* (1944). *Ibidem*, p. 188.

A ordem privada e a organização política nacional (1939), de Nestor Duarte. Completa a relação o próprio *Os sertões*, merecedor do comentário mais extenso, como a corroborar a afirmação de que se tratava, "é óbvio dizer, do maior livro brasileiro, de qualquer forma indispensável".[17]

A interpretação de Sodré seria, de certa maneira, corroborada quatro anos mais tarde, com o aparecimento do *Manual bibliográfico de estudos brasileiros* (1949), obra coletiva elaborada sob a direção do brasileiro Rubens Borba de Morais, então subdiretor dos Serviços Bibliotecários da ONU, e do norte-americano William Berrien, professor da Universidade de Harvard. Seu projeto remetia ao contexto dos debates que marcaram a Conferência Bibliográfica do Instituto de Estudos Latino-Americanos, reunida na Universidade de Michigan dez anos antes com o objetivo de discutir as "necessidades atuais e futuras dos estudos relativos às culturas do Brasil e da América espanhola", como o próprio Berrien explicou no prefácio. Segundo ele,

> "Nessa Conferência, em sessão presidida pelos professores Robert C. Smith e Gilberto Freire [*sic*], destinada à análise conjunta de *desiderata* no campo de estudos brasileiros, a maioria dos participantes salientou a necessidade de um guia para o material básico do estudo de humanidades e ciências sociais, com relação às origens e ao desenvolvimento da cultura brasileira. Nessa ocasião, aventou-se a idéia de incorporar-se à agenda de tópicos daquele Comitê a elaboração de um plano para a publicação de tal guia. Por participantes da Conferência, inclusive pelos diretores deste trabalho, foram feitas outras sugestões, relativas aos problemas de organização da obra, especialmente no sentido de obter uma representação internacional no seu corpo de colaboradores e uma orientação de matérias que visasse aos interesses do leitor culto em geral e do pesquisador de estudos brasileiros, interessado em obter um guia introdutório às disciplinas ligadas aos mais amplos interesses do seu próprio estudo especializado."[18]

A realização da proposta seria marcada por muitos percalços e imprevistos, da eclosão da guerra na Europa, que dificultou o trânsito e o intercâmbio entre intelectuais de países diferentes, a problemas de financiamento, além da perda de vários dos colaboradores de início elencados, como Percy Alvin Martin, morto em 1942, ou Claude Lévi-Strauss, "em virtude de compromissos assumidos em serviços de guerra". Em função disso, o próprio desenho da obra teve de ser refeito, com a inclusão de redatores brasileiros (maioria entre os autores das seções) e a adoção do português como língua da publicação. De todo modo, a ideia original manteve-se como princípio norteador dos trabalhos e o livro não perdeu a intenção de servir como "uma introdução completa e segura no campo

17. SODRÉ, Nelson Werneck, *op. cit.*, pp. 175, 176 e 177, respectivamente.

18. MORAIS, Rubens Borba de e BERRIEN, William (dir.), *Manual bibliográfico de estudos brasileiros*, 2. ed. Brasília: Senado Federal, 1998 [1ª edição 1949], p. 10.

dos estudos brasileiros", um "ponto de partida" para aqueles que, no futuro, se aventurassem a desdobrar tais estudos.[19]

A organização do livro confirmaria a amplitude e a diversidade já anunciada em seu título, com a contemplação de quatorze campos (Arte, Direito, Educação, Etnologia, Filologia, Folclore, Geografia, História, Viagens, Assuntos Especiais, Literatura, Música, Sociologia e Teatro), parte deles ainda divididos em subtemas. Cada tópico mereceu um ensaio bibliográfico específico, escrito por intelectuais de destaque em suas respectivas áreas, empenhados em delinear um "breve histórico sobre o desenvolvimento e a situação das disciplinas selecionadas, acompanhado de uma bibliografia crítica e seletiva de itens, que devem ser básicos para o estudo do assunto".[20] Suas páginas construíam, assim, um grande mosaico sobre a formação do Brasil, que, devido à autonomia garantida aos autores de cada capítulo, podia se mostrar irregular, mas sem dúvida representava um grande avanço no sentido de superar a dispersão e sistematizar o conhecimento produzido a esse respeito.

O *Manual*, portanto, ia muito além do balanço historiográfico, porém revelava-se de crucial importância para a abordagem da historiografia. Em primeiro lugar, porque falar em "estudos brasileiros" implicava, no mínimo, pensar historicamente, atribuir sentido à trajetória de uma sociedade, bem como aos estudos produzidos sobre ela. Daí o empenho de cada texto, em maior ou menor grau, no estabelecimento de articulações entre a bibliografia que comentam e o momento em que foi produzida. Depois, é claro, por reservar em suas páginas um amplo espaço aos estudos históricos *stricto sensu*: sob a rubrica "História", apareciam, além do rol inicial de livros chamado "Obras gerais", seis capítulos, intitulados "Período Colonial", "Independência", "Primeiro Reinado", "Regência", "Segundo Reinado", "República", "Bandeiras" e "Os holandeses no Brasil", cada qual com sua relação bibliográfica específica e comentada. A eles seguiam-se ainda dois tópicos diretamente relacionados à história, compostos apenas de bibliografia comentada, nomeados "Viagens e assuntos especiais", este ainda subdividido em "Escravidão africana – Tráfico – Abolição, Indígenas – Legislação – Estatuto Jurídico e Social etc., Igreja – Clero – Ordens religiosas, História econômica – Estatística e História constitucional, administrativa e jurídica – Limites interprovinciais".

Mais significativo que a grande atenção dedicada à história, contudo, era a forma pela qual ela se concretizava ao longo do *Manual*. Se a repartição dos temas e capítulos já permite perceber mudanças e inovações frente às habituais divisões cronológicas do nosso passado, os nomes que assinavam cada um dos ensaios bibliográficos também não deixavam dúvidas acerca da perspectiva com a qual se trabalhava: Sérgio Buarque de Holanda, Octavio Tarquínio de Sousa, Caio

19. Morais, Rubens Borba de e Berrien, William (dir.), *op. cit.*, pp. 12, 15 e 18, respectivamente.

20. *Idem, ibidem*, p. 14.

Prado Junior (também responsável pela bibliografia dos "Assuntos especiais)", Gilberto Freyre, Alice Canabrava e José Honório Rodrigues eram especialistas nos assuntos de que tratavam, dotados de um espírito historiográfico que assumia a complexidade do passado e nela buscavam penetrar, relacionando-a com o presente. Para citar apenas um exemplo de como esse espírito aparece no *Manual*, vale notar o parágrafo inicial do ensaio de Caio Prado Junior:

> "O 2.º Reinado é talvez o período mais interessante da evolução brasileira, para aqueles pelo menos que desejam, através da História, obter um conhecimento atual do país. De fato, ele representa, depois de acalmadas as lutas políticas e sociais que vêm desde a Independência, a fase de transição entre o passado colonial e o presente de nossos dias. A significação histórica do Império se mede pelo grau com que se fez aquela transformação da estrutura colonial para a moderna. Muito daquela estrutura permaneceu até hoje: outra parte foi apenas atingida; um último grupo de instituições e elementos sociais, finalmente, sofre mudança radical. A complexidade do Brasil de hoje, em que encontramos lado a lado uma civilização moderna e que se emparelha à dos povos mais desenvolvidos da atualidade, e formas antiquadas que sobraram da colônia, encontra sua explicação na história do Segundo Reinado, onde se situa sobretudo o processo da modificação parcial sofrida pelo país."[21]

Embora tais autores não deixassem de reconhecer o valor dos trabalhos realizados tanto em outras épocas quanto na atualidade, a revisão que operavam acerca da produção historiográfica brasileira, em sentido amplo, foi pontuada por incontáveis críticas e por um sentimento ora difuso, ora assumido, de que ainda "muito resta a fazer e a estudar".[22] Não por acaso, todos conferem especial relevo à variada documentação disponível sobre cada época, como forma de escapar a visões limitadas, equivocadas, deturpadas que outros autores haviam se encarregado de instituir ou disseminar. Por outro lado, eles não foram indiferentes àquilo que se destacava no contexto intelectual dos recortes que analisavam. Capistrano de Abreu, por exemplo, além de presença constante nas diversas listas bibliográficas do *Manual* e elogiado pelo seu trabalho de edição de documentos, é chamado de "grande e notável historiador" por Sérgio Buarque, para quem o livro *O descobrimento do Brasil* (1883), embora "em alguns pontos ultrapassado, graças a modernas pesquisas", continuava a ser "uma grande contribuição para o estudo do descobrimento e início da colonização do Brasil". Quando o assunto era o Império, o destaque foi dado para Oliveira Lima, "historiador meticuloso" que, segundo Octavio Tarquínio de Sousa, não se contentava "com a mera história cronológica e a exibição dos fatos"; tais características o faziam produzir uma

21. Prado Junior, Caio, "Segundo Reinado", em Morais, Rubens Borba de e Berrien, William (dir.), *Manual bibliográfico de estudos brasileiros*, 2. ed., Brasília: Senado Federal, 1998 [1ª edição 1949], p. 639.

22. José Honório Rodrigues faz tal observação referindo-se ao período de domínio holandês no nordeste do Brasil. Cf. Rodrigues, José Honório, "Os holandeses no Brasil", em Morais, Rubens Borba de e Berrien, William (dir.), *Manual bibliográfico de estudos brasileiros*, 2. ed., Brasília: Senado Federal, 1998 [1ª edição 1949], p. 802.

história com "qualquer coisa de vivo", e seu *D. João VI no Brasil* podia ser considerado "o ponto mais alto da historiografia a respeito da fase preparatória da emancipação brasileira".[23]

Como se pode perceber, os "novos" estavam em busca do *novo*, ou, dito de modo mais preciso, do *diferente*, daquilo que fugia às leituras "convencionais" sobre a história do Brasil. Nada mais natural, então, que olhassem também para si mesmos, não para promoverem o autoelogio, e sim para marcar posição como intérpretes dessa mesma história. Assim, Octavio Tarquínio, cuja erudição e conhecimento sobre os momentos iniciais do Brasil independente transbordam em seu ensaio, é extremamente comedido ao citar seus próprios livros, mas não deixa de apontar que, "para se ter um conhecimento em profundidade do estado econômico, social e político do país, ao cabo de três séculos de colonização, há um livro que se impõe – *Formação do Brasil contemporâneo*, de Caio Prado Junior". E completava, como que a se justificar pela indicação: "não se trata de obra que se enquadre precisamente na historiografia da Independência, mas seria do maior proveito lê-la com o vagar e a atenção que merece".[24]

Se Nelson Werneck Sodré já havia percebido tal movimento, não fora o único: no próprio *Manual*, no capítulo "Pensadores, críticos e ensaístas", vinculado à seção de "Literatura", o crítico Astrojildo Pereira afirma que *Casa-grande & senzala* iniciara "uma obra literária e científica de primeira ordem, que se vai multiplicando de ano para ano, e sua repercussão tem sido das mais fecundas na renovação dos métodos de pesquisa e estudo de nossa história social". Páginas adiante, Donald Pierson, autor do ensaio sobre sociologia, diz com todas as letras que, se "antigamente os historiadores brasileiros limitavam-se, em grande parte, a dar atenção à história política e administrativa", agora "os recentes estudos pioneiros dos chamados 'historiadores sociais' (...) constituem pré-requisito essencial para a investigação da dinâmica social e cultural, especialmente a representada na 'história natural' dos 'movimentos sociais' e instituições" – "historiadores sociais" que não eram outros senão Capistrano de Abreu, Gilberto Freyre, Pedro Calmon, Caio Prado Junior, Pandiá Calógeras.[25] Parece claro, assim, que

23. Pela ordem das citações do parágrafo: Holanda, Sérgio Buarque de, "Período Colonial", em Morais, Rubens Borba de e Berrien, William (dir.), *Manual bibliográfico de estudos brasileiros*, 2. ed., Brasília, Senado Federal, 1998 [1ª edição 1949], p. 591; Sousa, Octavio Tarquínio de, "Independência, Primeiro Reinado, Regência", em Morais, Rubens Borba de e Berrien, William (dir.), *Manual bibliográfico de estudos brasileiros*, 2. ed. Brasília: Senado Federal, 1998 [1ª edição 1949], pp. 606 e 607.

24. Sousa, Octavio Tarquínio de, "Independência, Primeiro Reinado, Regência", em Morais, Rubens Borba de e Berrien, William (dir.), *Manual bibliográfico de estudos brasileiros*, 2. ed., Brasília: Senado Federal, 1998 [1ª edição 1949], p. 615.

25. Pereira, Astrojildo, "Pensadores, críticos e ensaístas", em Morais, Rubens Borba de e Berrien, William (dir.), *Manual bibliográfico de estudos brasileiros*, 2. ed., Brasília: Senado Federal, 1998 [1ª edição 1949], p. 991; Donald Pierson, "Sociologia", em Morais, Rubens Borba de e Berrien, William (dir.), *Manual bibliográfico de estudos brasileiros*, 2. ed., Brasília: Senado Federal, 1998 [1ª edição 1949], p. 1166.

no final da década de 1940 uma nova historiografia e novos historiadores já se afirmavam como o diapasão que afinava os estudos históricos no país.

No mesmo ano em que o *Manual* foi lançado, a Companhia Editora Nacional publicou na prestigiosa Coleção Brasiliana, então dirigida pelo historiador Américo Jacobina Lacombe, o volume *Teoria da história do Brasil*, de José Honório Rodrigues. Pouco tempo antes, entre 1943 e 1944, o autor estudara na Universidade de Columbia, Estados Unidos, com bolsa da Fundação Rockfeller. Lá se dedicou a estudar metodologia, teoria e filosofia da história, bem como historiografia. Retornando ao Brasil, a partir de 1946 passou a ministrar no Instituto Rio Branco, no Rio de Janeiro, um curso de aperfeiçoamento em História do Brasil, voltado a estudantes de história em geral, professores secundários e "estudiosos ocupados com a história concreta". O objetivo era fornecer-lhes uma visão de conjunto dos principais problemas metodológicos da história, particularmente a nacional, baseando-se em exemplos ilustrativos. Considerava, então, que o interesse pela história no país era grande e muitos eram aqueles que a ela se dedicavam, havendo necessidade de obras introdutórias – e disso nasceu seu livro, que basicamente reunia as aulas dadas no curso do Instituto Rio Branco.[26]

Em sua classificação da produção historiográfica brasileira, Rodrigues identifica alguns marcos: a criação do Instituto Histórico e Geográfico Brasileiro; as obras de Francisco Adolfo de Varnhagen e Capistrano de Abreu, com destaque para o segundo; e os trabalhos de três autores, que contribuíram para o estabelecimento de novos critérios de pesquisa e interpretação, Oliveira Vianna, Gilberto Freyre e Sérgio Buarque de Holanda, sobretudo o segundo.[27] Como *Teoria da história do Brasil* direcionava-se à formação de historiadores e professores, é possível supor sua ampla utilização nos círculos universitários ao longo dos anos 1950 e 1960, conformando, desta forma, um determinado modo de compreender a produção historiográfica brasileira, suas transformações ao longo do tempo, seus autores e obras eleitos como referenciais.[28] São expressivas, nesse sentido, duas falas acerca do livro quando de seu lançamento: segundo Eduardo d'Oliveira França, catedrático de História da Civilização Moderna e Contemporânea na Universidade de

26. Sobre José Honório Rodrigues, sua trajetória e preocupações historiográficas, ver Freixo, Andre de Lemos, "A arquitetura do novo: ciência e história da História do Brasil em José Honório Rodrigues", Tese de Doutorado, Instituto de História, Universidade Federal do Rio de Janeiro, Brasil, 2012.

27. De acordo com Rodrigues, os trabalhos de Freyre teriam permitido uma melhor compreensão da história brasileira e, particularmente, das características gerais da colonização portuguesa no Brasil; *Casa-grande & Senzala*, assim, é considerado como "o estudo mais exaustivo e mais completo da formação da família brasileira sob o regime de uma economia patriarcal". Rodrigues, José Honório, *Teoria da história do Brasil*, 4. ed. São Paulo: Companhia Editora Nacional/Instituto Nacional do Livro, 1978 [1ª edição 1949], p. 143.

28. É significativa, portanto, a posição que o autor anuncia no prefácio da primeira edição, que "uma verdadeira compreensão do ensino superior de história exige o contato do estudante com os grandes e pequenos mestres, ou seja, um curso de historiografia tal como existe na maioria das universidades europeias, norte-americanas e argentinas". *Ibidem*, p. 13.

São Paulo, tratava-se da mais "copiosa bibliografia especializada" feita por um historiador, obra que nascia "clássica" pois era necessária a quem pretendesse "embrenhar-se pelos sertões da história armado de roteiro"; Francisco Iglésias, professor na Universidade de Minas Gerais, escreveu que a obra de Rodrigues era "indispensável", "o mais legítimo sintoma de que já chegamos à maturidade que caracteriza alguns centros universitários".[29]

Quase ao mesmo tempo, Sérgio Buarque de Holanda publicava no jornal *Correio da Manhã*, do Rio de Janeiro, o artigo "O pensamento histórico no Brasil nos últimos 50 anos" (1951).[30] Nele, de início recuperava a contribuição de Capistrano de Abreu, sem deixar de mencionar seus sucessores imediatos: Pandiá Calógeras, Rodolfo Garcia, Eugênio de Castro, entre outros. Depois, lembrava a importância da atividade de publicação de documentos nas primeiras décadas do século XX; o "surto de estudos sobre o passado paulista"; os estudos jesuíticos; os temas predominantes, como a questão do Prata e a Guerra do Paraguai; os estudos regionais; as biografias. Mas é ao chegar à bibliografia histórica do decênio de 30 que o tom do texto muda: primeiro, em sintonia com outros analistas, afirma que um "novo e generoso impulso aos estudos interpretativos, com base em amplo material histórico" foi dado por Gilberto Freyre, com a publicação de *Casa-grande & senzala*; depois, destaca o empenho de diversas interpretações, "elucidativas" ou "deformadoras", no sentido de explicar os fatos ou caracterizá-los na sua configuração nacional.

Embora muitos desses autores tenham contribuído para "dar novo rumo aos estudos históricos", a compreensão de sua importância mereceria estudo à parte; sendo assim, limita-se a citar alguns poucos exemplos de uma vasta produção, destacando a presença de numerosos trabalhos sobre a "formação" publicados na época, que, em sua opinião, mal interessavam à pesquisa historiográfica. A dificuldade em delimitar o que seria a produção historiográfica *stricto sensu* não impede a interpretação de que tais trabalhos representam uma tendência que se reflete em diferentes tipos de estudo: o empenho em ir além da interpretação pessoal sobre um alvo específico, em favor do esforço de elucidação combinando o interesse pelo social e pelo econômico. A ênfase na economia é vista como tendência das pesquisas históricas, cujo impulso teria sido dado pela obra de Roberto Simonsen, *História econômica do Brasil* (1937). Nesse cenário, também chama atenção para o livro de Caio Prado Junior, *Formação do Brasil contemporâneo*, "obra corpu-

29. Embora reproduzidas na "orelha" da 4ª edição do livro de Rodrigues, publicada em 1978, ambas as opiniões remontam à década de 1950. Cf. Rodrigues, José Honório, *Teoria da história do Brasil*, 4. ed. São Paulo: Companhia Editora Nacional/Instituto Nacional do Livro, 1978 [1ª edição 1949].

30. Holanda, Sérgio Buarque de, "O pensamento histórico no Brasil nos últimos 50 anos" [1951], em Monteiro, Pedro Meira e Eugênio, João Kennedy (org.), *Sérgio Buarque de Holanda: perspectivas*, Campinas e Rio de Janeiro: Editora da Unicamp e EdUerj, 2008, pp. 601-615.

lenta e ambiciosa", que poderia tomar lugar entre os estudos histórico-sociológicos de Oliveira Vianna, Gilberto Freyre e Fernando de Azevedo.[31]

Como pode ser visto no *Manual bibliográfico*, no texto de Holanda também está presente a constatação de que a abordagem de algumas questões (no caso, relativas às fases imperial e republicana) só poderia ser realizada por "diferentes especialistas que se dediquem, cada qual, a determinada época e a determinados problemas, não por meio de outras sínteses onde o particular tende a esfumaçar-se e a perder-se em proveito de alguma ilusória visão de conjunto".[32] Além disso, também considerava que a complexidade dos assuntos mais prementes requeria "cada vez mais, a utilização dos métodos que se vêm desenvolvendo em países onde existe longa tradição de estudos históricos especializados". A preocupação de assimilar tais métodos e aplicá-los a problemas brasileiros é vista como algo dominante no pensamento histórico da época. A influência dos mestres estrangeiros contratados para os institutos universitários é acentuada. Mestres como Jean Gagé, Fernand Braudel, Émile Coornaert e Henri Hauser, incentivaram novos tipos de pesquisa e propuseram novos problemas, de modo que era possível observar "o gérmen de um desenvolvimento novo e promissor dos estudos históricos no Brasil".[33]

Dez anos depois, o aparecimento de um livro daria sinais de que a semente frutificara. Dirigido especificamente ao público universitário, *Iniciação aos estudos históricos* (1961), do francês Jean Glénisson, trazia como apêndice o texto "Esboço da historiografia brasileira nos séculos XIX e XX", escrito por Pedro Moacyr Campos, professor da cadeira de História da Civilização Antiga e Medieval na Universidade de São Paulo. Neste texto, no tópico "As faculdades de filosofia e a historiografia", Campos lembra a presença de professores estrangeiros no Rio de Janeiro e em São Paulo, conformando um "molde europeu" de fazer história que seria bastante distinto da atmosfera "absurda" predominante até então. A partir do exemplo que conhecia de dentro, o curso da Faculdade de Filosofia da USP, recupera alguns marcos importantes como a criação da Sociedade de Estudos Históricos, em 1942, e da *Revista de História*, em 1950; junto a eles, cita alguns nomes da primeira geração de historiadores formados pela instituição e menciona publicações relevantes, como *Formação do Brasil contemporâneo*, de Caio Prado Junior, citada como exemplo de história econômica. Mais interessante, contudo, é o seu empenho explícito em definir o que considera como o fundamento da "moderna historiografia brasileira": os cursos universitários de história, ministrados por professores europeus.[34]

31. Holanda, Sérgio Buarque de, *op. cit.*, pp. 611-614.
32. *Idem, ibidem*, p. 614.
33. *Idem, ibidem*, pp. 614-615.
34. Campos, Pedro Moacyr, "Esboço da historiografia brasileira nos séculos XIX e XX", em Glénisson, Jean, *Iniciação aos estudos históricos*, 4. ed., São Paulo: Difel, 1983 [1ª edição 1961], pp. 250-293. Sobre as missões francesas atuantes na construção dos primeiros cursos de história no Brasil, ver: Roiz, Diogo da Silva, *Os caminhos (da escrita) da história e os*

QUANDO A MEMÓRIA VIRA HISTÓRIA

Em fins da década de 1960, aparece um texto bem menos pretensioso que as revisões até aqui discutidas, mas que teria um alcance muito peculiar: o prefácio de Antonio Candido de Mello e Souza para a quinta edição de *Raízes do Brasil*, publicada em 1969, de seu amigo Sérgio Buarque de Holanda. Nele, o intelectual e crítico literário consagrado, professor da Universidade de São Paulo, afirmava, logo de saída, que:

> "Os homens que estão hoje um pouco para cá ou um pouco para lá dos cinquenta anos aprenderam a refletir e a se interessar pelo Brasil sobretudo em termos de passado e em função de três livros: Casa-grande & senzala, de Gilberto Freyre, publicado quando estávamos no ginásio; Raízes do Brasil, de Sérgio Buarque de Holanda, publicado quando estávamos no curso complementar; Formação do Brasil contemporâneo, de Caio Prado Junior, publicado quando estávamos na escola superior. São estes os livros que podemos considerar chaves, os que parecem exprimir a mentalidade ligada ao sopro de radicalismo intelectual e análise social que eclodiu depois da Revolução de 1930 e não foi, apesar de tudo, abafado pelo Estado Novo. Ao lado de tais livros, a obra por tantos aspectos penetrante e antecipadora de Oliveira Viana já parecia superada, cheia de preconceitos ideológicos e uma vontade excessiva de adaptar o real a desígnios convencionais."[35]

A seguir, Antonio Candido dedica um parágrafo para cada uma das três obras citadas, comentando sucintamente o valor de suas contribuições para o conhecimento do Brasil. Sua preocupação, contudo, não diz respeito a elas em si mesmas, mas à contextualização do momento em que despontou o ensaio de Sérgio Buarque – ou, em suas palavras, "sugerir a atmosfera intelectual em que apareceu e atuou *Raízes do Brasil*" – para, a partir daí, caracterizar as inovações metodológicas, teóricas e interpretativas trazidas pelo livro. Assim, é possível perceber claramente três partes bem demarcadas a estruturar tal análise: a primeira, um exercício de memória com pretensões de testemunho de uma geração, recordando os "impactos intelectuais" da tríade Gilberto-Sérgio-Caio "sobre os moços de entre 1933 e 1942", especificamente aqueles que, como Candido, "adotavam posições de esquerda" (afinal, ele mesmo reconhecia que os títulos em questão "talvez significassem outra coisa para os jovens da direita"); a segunda, um exercício crítico, verdadeira exegese da obra a discutir capítulo por capítulo em

descaminhos de seu ensino, Curitiba: Appris, 2012; Roiz, Diogo da Silva e Santos, Jonas Rafael dos, *As transferências culturais na historiografia brasileira*: leituras e apropriações do movimento dos *Annales* no Brasil, Jundiaí, Paco Editorial, 2012; Ferreira, Marieta de Moraes, *A História como ofício*, Rio de Janeiro: FGV Editora, Faperj, 2013; Rodrigues, Lidiane Soares, "Armadilha à francesa. Homens sem profissão", *História da Historiografia*, n. 11, 2013, pp. 85-103; Suppo, Hugo, "A política cultural da França no Brasil: o direito e o avesso das missões universitárias", *Revista de História*, São Paulo, ns. 142-143, 2000, pp. 75-88.

35. Mello e Souza, Antonio Candido de, "O significado de *Raízes do Brasil*", 1967, em Holanda, Sérgio Buarque de, *Raízes do Brasil*, 26. ed., Rio de Janeiro: José Olympio, 1994, p. xxxix. Como já notado, a primeira edição deste livro é de 1936; a quinta, de 1969.

sua essência, sem deixar de notar a "maneira ambulante da composição, que não recusa as deixas para uma digressão ou um parêntese, apesar da concatenação geral ser tão rigorosa"; finalmente, a terceira, a síntese da importância do livro, isto é, "o significado de *Raízes do Brasil*", conforme dizia já o título de seu texto.[36]

Com fôlego e precisão, o crítico disseca toda a complexidade de *Raízes do Brasil*, mostrando uma chave privilegiada para a sua leitura e compreensão. Não por outra razão, seu texto tornou-se famoso por si e em si mesmo, convertendo-se numa espécie de "entidade" paralela ao livro que apresentava, a ponto de passar a ser conhecido, em nosso meio acadêmico, simplesmente como "o prefácio de Antonio Candido".[37] No entanto, as apropriações que dele se fizeram, em geral acríticas, tenderam a se apegar mais ao destaque dado ao trio de autores e obras, como demonstram as conhecidas e incontáveis citações e alusões feitas desde então ao trecho acima mencionado. Justamente por isso, acabou por ser visto como portador de uma intenção que não se evidencia em suas páginas: a de estabelecer uma espécie de linha divisória no pensamento social brasileiro, a um só tempo equivalente ao e derivada do marco político da Revolução de 30. Nesse sentido, o que nele era memória se cristalizou em "história", do que decorreu uma canonização, ainda que informal, daqueles livros que supostamente haviam marcado a sua geração, ou, ao menos, do grupo do qual o autor fazia parte.

PARA UMA HISTÓRIA DA HISTORIOGRAFIA BRASILEIRA CONTEMPORÂNEA (1970-1980)

Os balanços revistos até aqui foram produzidos em meio a uma série de mudanças nas maneiras de praticar e compreender o trabalho intelectual após a criação tardia dos primeiros cursos universitários no país, na década de 1930. Entre essas transformações, observa-se que, ao longo dos anos 1940 e 1950, ocorreram aproximações e afastamentos entre a História e as Ciências Sociais, bem como uma intensa produção e circulação de ensaios sobre o Brasil produzidos dentro e fora da universidade, muitos dos quais mobilizaram o conhecimento histórico na construção de suas interpretações. Desde a década de 1970 e, sobretudo, a partir dos anos 1980, contudo, são os cursos de graduação e pós-graduação em História os *loci* principais da produção historiográfica no Brasil, e é para eles que se deve olhar visando a compreensão do que vem a ser a historiografia brasileira contem-

36. Mello e Souza, Antonio Candido de, *op. cit.*, pp. xli-l.

37. Como diz Conrado Pires de Castro, "o lastro deste marco da recepção do ensaio sergiano, para se ter uma ideia, chega mesmo a adquirir um valor fiduciário nas mãos de intérpretes menos entusiastas da obra do historiador paulista. Wanderley Guilherme dos Santos, por exemplo, não sem pouca acrimônia, dizia que *Raízes do Brasil* 'era uma invenção do Antonio Candido'". Castro, Conrado Pires de Castro, "Vagas insinuações no plano das ideias: apontamentos para uma (re)leitura de *Raízes do Brasil* sob lentes modernistas", *Ethnos Brasil*, ano I, n. 2, setembro 2002, p. 128, nota 16.

porânea.[38] Embora a sua história apenas comece a ser estudada, é possível indicar alguns parâmetros capazes de auxiliar na sua abordagem. Assim, focalizaremos agora os estudos produzidos no âmbito da pós-graduação em História, tomando como base as análises construídas por Francisco Falcon, Fernando Novais, Carlos Fico e Ronald Polito e Angela de Castro Gomes.

Francisco Falcon observa que, desde os anos 1960, boa parte das análises da produção historiográfica no Brasil era profundamente marcada por uma espécie de dialética da tradição e da inovação. A tradição era frequentemente associada ao empirismo positivista ou às práticas metódicas vigentes desde o século XIX; já a inovação foi muitas vezes relacionada aos estudos produzidos a partir dos anos 1930, não por acaso o momento de criação dos primeiros cursos universitários, destacando-se a colaboração decisiva de professores estrangeiros, sobretudo franceses. Esta mesma inovação tem sido, desde então e em alguma medida, associada à leitura dos *Annales* e, também, à presença da perspectiva teórica marxista, não raro articuladas.[39]

A história da recepção dos *Annales* no Brasil ainda não foi escrita.[40] É possível afirmar, de todo modo, que a colaboração de historiadores franceses na criação dos nossos primeiros cursos universitários de História só pôde ser associada a essa vertente francesa posteriormente, como parte de sua difusão internacional observada após a Segunda Guerra Mundial. A atuação de historiadores estrangeiros na implantação desses cursos contribuiu para a difusão de práticas vinculadas, em certa medida, ao *projeto annaliste* (ou ao que se acreditava ser tal projeto), em defesa de uma historiografia científica e moderna, em diálogo com as Ciências Sociais.[41] A vinculação com os *Annales* também está relacionada à trajetória de alguns historiadores brasileiros que completaram sua formação na França e, mais propriamente, na École Pratique des Hautes Études, sobretudo a

38. Esta afirmação não ignora, evidentemente, que a história seja escrita em múltiplos espaços; apenas opta por um recorte acadêmico, com foco na produção historiográfica universitária. Para a compreensão dos cursos de História e da historiografia produzida no Brasil nas décadas de 1970 e 1980, é importante ler: Falcon, Francisco José Calazans "Historiografia e ensino de história em tempos de crise – 1959-1960 – 1968-1969", em Munteal Filho, Oswaldo *et alii* (org.), *Tempo negro, temperatura sufocante*: Estado e sociedade no Brasil do AI-5, Rio de Janeiro: Ed. PUC-Rio/Contraponto, 2008, pp. 37-61; Motta, Rodrigo Patto Sá, *As universidades e o regime militar:* cultura política brasileira e modernização autoritária, Rio de Janeiro: Zahar, 2014.

39. Falcon, Francisco, "A identidade do historiador", *Estudos Históricos*, vol. 9, n. 17, 1996, pp. 7-30.

40. Incursões no tema foram empreendidas por Diehl, Astor. *A cultura historiográfica brasileira nos anos 1980*: experiências e horizontes. Passo Fundo, Ed. UPF, 2004; Roiz, Diogo da Silva e Santos, Jonas Rafael dos, *As transferências culturais na historiografia brasileira*: leituras e apropriações do movimento dos *Annales* no Brasil, Jundiaí: Paco Editorial, 2012.

41. Jurandir Malerba chama atenção para o trabalho de memória e autocomemoração dos cursos de História, que reserva lugar especial para os franceses que colaboraram na sua criação. Ver Malerba, Jurandir, "Notas à margem: a crítica historiográfica no Brasil dos anos 1990", *Textos de História*, vol. 10, ns. 1/2, 2002, pp. 181-211.

partir dos anos 1950, bem como à continua tradução de obras em períodos mais recentes. Supostamente, aqueles que por lá passaram, ao retornar empenharam-se, em alguma medida, na defesa da perspectiva historiográfica dos *Annales* como base para uma nova história, porque analítica e interpretativa, por oposição a uma historiografia compreendida como ultrapassada, por ser marcadamente narrativa ou descritiva.[42]

Com relação à presença do marxismo na historiografia brasileira contemporânea, mesmo correndo o risco de toda generalização, é possível concordar com Fernando Novais quando afirma, já no início dos anos 1990, que entre nós o marxismo não é uma doutrina entre outras: é parte constitutiva do nosso horizonte intelectual.[43] Se resta investigar os usos do marxismo pela historiografia brasileira contemporânea, o que não será feito aqui,[44] o fato é que parte significativa da historiografia que se apresentava como inovadora a partir dos anos 1960 e 1970, seja sob a égide dos *Annales* ou do marxismo, procurou valer-se dos recursos então vistos como os mais novos e eficientes: a história quantitativa e serial, adequados ao crescente interesse pela história social e econômica naquele momento. Nas palavras de Falcon:

> "Quando eram poucos os historiadores que haviam lido os textos de Barthes sobre o discurso histórico e somente uma minoria havia lido Foucault, as opções oferecidas ao historiador profissional eram relativamente nítidas: investigar, pesquisar, queriam dizer então "ir em busca de fontes documentais", pouco importa aqui se a mensagem era lida em clave "positivista" ou não. Quantificar, criticar as fontes, buscar ou criar novas fontes, de acordo com problemas, ou hipóteses, e em função de premissas teóricas suficientemente claras, eram atitudes típicas de uma *Nouvelle Histoire* que não preconizava a submissão passiva do historiador às fontes, mas, em compensação, não

42. Lembramos rapidamente os estudos de Cecilia Westphalen na École Pratique des Hautes Études, em 1958, e sua atuação na Universidade Federal do Paraná, como exemplo. Um levantamento dos alunos brasileiros na EPHE e, posteriormente, na École des Hautes Études en Sciences Sociales (EHESS) nunca foi feito, assim como não há um histórico das traduções das principais obras vinculadas aos *Annales* no Brasil. O estudo das revistas acadêmicas e da repercussão da historiografia estrangeira em geral e dos *Annales* em particular apenas começou a ser feito; entre os poucos trabalhos a esse respeito, estão: D'Alessio, Márcia Mansor. "Os *Annales* no Brasil: algumas reflexões", *Anos 90*, n. 2, maio 1994, pp. 127-143; Alves, Fabrício Gomes, "Folheando páginas, descobrindo histórias: a *Revista de História* e a difusão da historiografia dos *Annales* no Brasil (1950-1960)", Dissertação de Mestrado, Centro de Ciências Humanas, Letras e Artes, Universidade Federal da Paraíba, Brasil, 2010; Roiz, Diogo da Silva e Santos, Jonas Rafael dos, *As transferências culturais na historiografia brasileira*: leituras e apropriações do movimento dos Annales no Brasil, Jundiaí: Paco Editorial, 2012.

43. Novais, Fernando, "A Universidade e a pesquisa histórica", *Estudos Avançados*, vol. 4, n. 8, 1990, pp. 108-115.

44. A esse respeito, ver: Rodrigues, Lidiane Soares, "A produção social do marxismo universitário em São Paulo: mestres, discípulos e 'um seminário' (1958-1978)". Tese de Doutorado, Faculdade de Filosofia, Letras e Ciências Humanas, Universidade de São Paulo, Brasil, 2011; Silva, Luiz Fernando F., *Pensamento social brasileiro:* marxismo acadêmico entre 1960 e 1980, São Paulo: Corações e Mentes, 2003.

abria mão da própria ideia de fontes históricas. Tratava-se, em resumo, de um realismo historiográfico."[45]

Ainda com base na análise realizada por Falcon, é possível supor que a oposição entre historiadores vinculados à tradição empirista e aqueles que preconizavam, de diferentes formas, uma nova concepção de história, seja de orientação marxista ou não, agravou-se ao longo dos anos 1960 e 70 em meio às pressões político-ideológicas decorrentes da implantação do regime militar no Brasil (1964-1985). Foi nesse contexto de acirramento de disputas que os primeiros cursos de pós-graduação em História foram criados, contribuindo para a expansão sistemática dos estudos históricos entre nós, cuja consolidação só foi observada nas décadas seguintes. O autor argumenta que, se até o início da década de 1980 era possível opor dois tipos de historiador, o de tipo "tradicional" e o de tipo "moderno", desde então, novas formas de diferenciação surgiram, tornando o quadro bem mais complexo. A leitura mais efetiva das obras relacionadas à chamada "primeira geração" dos *Annales*, com abertura para temas vinculados à história das mentalidades, encontra terreno fértil no Brasil daquele momento, ao mesmo tempo em que se observa uma notável recepção das obras de Michel Foucault e E. P. Thompson. *Grosso modo*, é possível afirmar ainda que ao longo desse período ocorreu um aumento da produção historiográfica no Brasil, em parte estimulado pelo desenvolvimento dos cursos de pós-graduação na década anterior, em parte pela abertura política pós-1985.

Após levantamento feito sobre a produção historiográfica nacional durante os anos 1980,[46] Carlos Fico observa a predominância dos estudos sobre história do Brasil, com concentração no período republicano (59,2%), e, não sem lamentar, a presença significativa de uma história regional, marcada por aspectos que considera tradicionais, porque pouco problematizadores. Menos preocupada com a relevância das questões abordadas, tal tendência representaria uma opção cômoda e paroquialista para muitos historiadores de então, segundo o autor.[47] Além disso, observa-se a ênfase na história econômica e social e, em segundo plano, na história demográfica e da cultura, com uma mudança significativa de abordagem detectada: o crescimento do interesse dos historiadores pelos novos movimentos sociais (dos negros, das mulheres, dos homossexuais etc.), bem como pelas formas de inserção e atuação do sujeito diante das grandes estruturas sociais.

45. Falcon, Francisco, "A identidade do historiador", *Estudos Históricos*, vol. 9, n. 17, 1996, p. 17 (grifos do autor).

46. Fico, Carlos e Polito, Ronald, *A história no Brasil (1980-1989)*: elementos para uma avaliação historiográfica, Ouro Preto: Ed. UFOP, 1992, vol. 1. Ver também: Falcon, Francisco, "Historiografia brasileira: alguns problemas e perspectivas" [2001], em Falcon, Francisco, *Estudos de teoria da História e historiografia*, vol. II – Historiografia, São Paulo: Hucitec, 2015, pp. 133-149; Capelato, Maria Helena (coord.), *Produção histórica no Brasil (1985-1994)*, São Paulo, CNPq/USP/ANPUH, 1995, 3 vols.; Lapa, José Roberto do Amaral, *História e historiografia – Brasil pós-64*, Rio de Janeiro: Paz e Terra, 1985.

47. Fico, Carlos, "Alguns impasses da produção historiográfica recente no Brasil", *Anos 90*, Porto Alegre, n. 2, maio de 1994, pp. 111-127.

Outro aspecto relevante diz respeito à história do cotidiano, que retoma o empirismo, antes tão associado a uma perspectiva vista como "tradicional", preocupada em recuperar "aquilo que realmente aconteceu" por meio de um trabalho sobretudo descritivo, mas a partir dos anos 1980 mais interessada em reconstruir as experiências humanas em sua dimensão objetiva e subjetiva. O interesse dos historiadores brasileiros por temas relacionados à subjetividade ou, mais propriamente, ao imaginário, também chama a atenção do autor. Tais temáticas podem ser relacionadas à ascensão da história das mentalidades no Brasil durante a década em questão, identificada em notáveis estudos sobre a Inquisição, as práticas culturais e o cotidiano das pessoas comuns, com suas angústias e medos, seus modos de sentir e pensar.[48] Mas, os esforços mais significativos, cuja repercussão ainda é sentida, dizem respeito à expansão dos estudos que focalizam a questão social, produzidos no âmbito das ciências humanas e sociais em geral. No plano da historiografia, os trabalhos divulgados na década de 1980 abarcaram as relações de dominação tanto no mundo do trabalho como entre metrópole e colônia, revendo os antigos referenciais que até então explicavam o Brasil.

Acompanhando as transformações da historiografia no plano internacional, decorrentes em larga medida da renovação da história política, do giro linguístico, da redução da escala de análise e da ascensão da história cultural – que, arriscamos dizer, chegou ao Brasil de forma mais intensa na década de 1990 –, bem como as transformações do contexto interno, marcado pelo fim da ditadura civil-militar e pelo desenvolvimento de movimentos sociais, a historiografia brasileira dos anos 1980, a despeito da variedade de temas, abordagens e períodos de análise, passou a recusar narrativas descritivas e interpretações norteadas pela linearidade e pela previsibilidade, em função do uso de modelos estruturalistas, sobretudo economicistas, marxistas ou não. Além disso, também recusou, de forma cada vez mais evidente, as explicações construídas com base em fatores definidos a priori, externos aos próprios processos históricos. Isso contribuiu para afastar generalizações e formalizações dos processos sociais, que passaram a ser cada vez mais compreendidos a partir das ideias e ações dos atores diretamente envolvidos. Em outras palavras, esse movimento significou o abandono de modelos explicativos guiados pela perspectiva de que, na relação de dominação, os dominantes anulam os dominados, ainda que haja desequilíbrio de forças entre eles. Como observou Angela de Castro Gomes, do ponto de vista empírico, tal mudança de perspectiva

48. Exemplos notáveis de estudos publicados na década de 1980 que ainda servem como referência para a história política e para a história cultural: Carvalho, José Murilo de, *Teatro de sombras*: a política imperial, São Paulo, Rio de Janeiro: Vértice /Revista dos Tribunais/Iuperj, 1988; Carvalho, José Murilo de, *Os bestializados*: o Rio de Janeiro e a República que não foi, São Paulo: Companhia das Letras, 1987; Souza, Laura de Mello e, *O diabo na terra de Santa Cruz,* São Paulo, Companhia das Letras, 1986; Mattos, Ilmar Rohloff de, *O tempo saquarema,* São Paulo: Hucitec, 1987; Silva, Eduardo. *As queixas do povo,* Rio de Janeiro, Paz e Terra, 1988; Vainfas, Ronaldo, *Trópicos dos pecados*: moral, sexualidade e Inquisição no Brasil, Rio de Janeiro: Campus, 1989; Esteves, Martha de Abreu, *Meninas perdidas*: os populares e o cotidiano do amor no Rio de Janeiro da Belle Époque, Rio de Janeiro: Paz e Terra, 1989.

permite inserir na história um número infinito de experiências e ideias dos dominantes e dos dominados.[49]

De modo resumido, novos estudos permitiram sustentar que os atores – incluindo os trabalhadores livres e os escravos, assim como as mulheres, entre outros agentes – são sujeitos de sua própria história, deixando de lado as abordagens simplistas, dicotômicas e teleológicas, por exemplo. Trata-se de um momento de inflexão da historiografia brasileira que retoma o tema social a partir e em função de múltiplas variáveis, sobretudo políticas e culturais, com vistas a uma melhor compreensão das relações sociais historicamente situadas. Nesse movimento, categorias já bastante utilizadas, como "classe" e "ideologia", não foram necessariamente abandonadas, mas outras passaram a ser incluídas, tornando o quadro mais complexo, tais como gênero, etnia, pacto, negociação e ação, enquanto o estudo das chamadas "superestruturas" foi revisto, dando lugar à perspectiva de que os fatores políticos e culturais não são meras derivações da realidade social. Daí a necessidade de conhecer a "fala" dos diferentes sujeitos, seja por meio de terceiros ou de vestígios diretos, o que implicou a revisão da documentação produzida a partir de personagens ou posições dominantes (por exemplo, processos crimes, relatórios policiais), assim como a busca das experiências capazes de expressar formas de pensar e sentir, tais como as cerimônias, as festas, as manifestações de resistência, num exercício de politização das práticas sociais mais diversas.

CONSIDERAÇÕES FINAIS

Resumidamente, a história da historiografia brasileira entre as décadas de 1930 e 1980 foi marcada por transformações significativas do lugar social em que a história era predominantemente escrita: do IHGB e institutos históricos regionais, criados a partir do modelo das academias ilustradas setecentistas, aos

49. Acompanhamos aqui a reflexão de Gomes, Angela de Castro, "História, historiografia e cultura política no Brasil – algumas reflexões", em Soihet, Raquel *et alii* (org.), *Culturas políticas*: ensaios de história cultural, história política e ensino de história, Rio de Janeiro: Mauad, 2005, pp. 21-44. A título de exemplo, no campo dos estudos sobre a escravidão podem ser citados alguns trabalhos relevantes publicados na década de 1980: Cardoso, Ciro Flamarion, *Escravidão e abolição no Brasil*: novas perspectivas, Rio de Janeiro: Zahar, 1988; Castro, Hebe Maria Mattos, *Ao sul da história*: lavradores pobres na crise do trabalho escravo, São Paulo: Brasiliense, 1987; Lara, Silvia, *Campos da violência*: escravos e senhores na capitania do Rio de Janeiro, 1750-1808, Rio de Janeiro: Paz e Terra, 1988; Slenes, Robert *et alii* (org.), *Homens esquecidos*: escravos e trabalhadores livres no Brasil: séculos XVIII e XIX, Campinas: Unicamp, 1989. No campo dos estudos sobre o mundo do trabalho produzidos e divulgados à mesma época, ver: Chalhoub, Sidney, *Trabalho, lar e botequim*: o quotidiano dos trabalhadores no Rio de Janeiro na *Belle Époque*, São Paulo: Brasiliense, 1986; Gomes, Angela de Castro, *A invenção do trabalhismo,* São Paulo, Rio de Janeiro: Vértice/Revista dos Tribunais/Iuperj, 1988; Lopes, José Sérgio Leite (org.), *Cultura e identidade operária,* Rio de Janeiro, UFRJ/Museu Nacional/Marco Zero, 1987; Gomes, Angela de Castro e D'Araújo, Maria Celina, *Getulismo e trabalhismo,* São Paulo: Ática, 1989.

cursos universitários, é possível observar uma série de investimentos no sentido de construir outra história, afirmar novas práticas e delinear um novo perfil para o historiador – a princípio, um homem de letras, misto de erudito e autodidata, que aos poucos assumiu a identidade como professor-pesquisador. Esse processo crescente de profissionalização acompanhou a demanda por compreender e explicar o Brasil, com a nação figurando como horizonte intransponível da prática historiográfica, desde o século XIX até, supostamente, a década de 1960.

Outro aspecto que chama atenção é a permanência de alguns autores e obras como marcos desse processo, capazes de estabelecer os parâmetros para a interpretação da história do Brasil. Essa permanência pode ser associada a um trabalho da memória que apresenta certos nomes e obras como portadores de uma espécie de chave explicativa. São obras consideradas clássicas, no sentido dado por Italo Calvino: obras que nunca terminam de dizer o que têm para dizer, pois são consideradas sempre atuais e exemplares, servindo para orientar a produção de obras novas, estabelecendo a ligação entre passado, presente e futuro.[50] Acreditamos que a escolha dessas obras pode dizer algo – muito, na verdade – sobre o campo intelectual que as acolhe como tal: submetidas ao crivo de (re)leituras diversas, em um mesmo momento ou em conjunturas e locais os mais variados, tais obras, às quais nos referimos ao longo do texto, atravessam o tempo e mobilizam sentimentos individuais e coletivos, assim como podem ajudar a sustentar variadas interpretações sobre determinada temática, seja por fornecerem argumentos e exemplos, seja por servirem como uma espécie de guia ou manancial onde outros autores vão beber.

Não é outra coisa o que fazem alguns dos trabalhos analisados nas duas primeiras partes deste texto. Da década de 1930 à década de 1960, de Nelson Werneck Sodré a Antonio Candido, cada um deles é, a seu modo, representativo do momento em que se inserem, espelhando os significados que o trabalho de "pensar o Brasil" assumia para os intelectuais em seus contextos específicos. Da mesma maneira, as diferenças e as proximidades entre si expressam a dinâmica desse mesmo pensar, que constitui os referenciais da historiografia brasileira, a qual, no decorrer desse período, aproxima-se de modo definitivo dos parâmetros acadêmicos de produção do conhecimento histórico, acompanhando a afirmação dos próprios cursos superiores de História e a consequente especialização por ela acarretada.

Como antes apontado, contudo, não soa equivocado afirmar que, a partir do "prefácio de Antonio Candido", essa dinâmica paradoxalmente foi quebrada, devido à afirmação definitiva do modelo acadêmico de produção do conhecimento e suas regras. A referência do crítico à sua geração é expressiva a esse respeito, o que nos permite aventar a hipótese de que, mais do que um grupo de jovens tendentes à esquerda, os "livros que inventaram o Brasil", na expressão de Fernando Henrique

50. Calvino, Italo, *Por que ler os clássicos*, São Paulo: Companhia das Letras, 2007, p. 11.

Cardoso,[51] marcaram mesmo as gerações, no plural, que da década de 1930 em diante encontraram cada vez mais na Universidade o seu espaço de afirmação e profissionalização. Resulta daí que muitas análises posteriores – não por acaso produzidas no âmbito universitário[52] – cederam, em geral, ao risco já apontado por Maria Stella Bresciani: o de transformar certos textos em "clássicos", cujos autores são cultuados como intérpretes definitivos, devido a sua suposta capacidade de compreender e explicar um tema, bem como de a ele propor soluções. O problema é que considerar um texto como interpretação canônica pode significar, segundo a autora, uma espécie de traição aos autores, uma vez que o texto canonizado é retirado de seu próprio tempo e cristalizado em um lugar atemporal como interpretação definitiva, a partir da qual autores/leitores posteriores se ancoram, retiram conclusões e pontos de partida para outras interpretações.[53]

Nada mais "natural", assim, que disso se desdobre o conhecido lugar comum das interpretações sobre a historiografia anterior a 1930, vista como um conjunto homogêneo, monolítico, marcado por leituras ditas "autorizadas", "oficiais" e "positivistas" sobre o passado nacional, identificadas como parte de uma única e longa tradição que se estenderia desde a criação do IHGB até 1930. Neste "segundo momento", o auge da crise da ordem oligárquica teria sido capaz de abalar as interpretações predominantes sobre o país de modo a permitir um "redescobrimento do Brasil", exemplificado pelos numerosos retratos do país então produzidos. E, como outro lado desta mesma moeda, o não menos conhecido lugar comum das interpretações sobre a historiografia posterior a 1930, que a um só tempo seria iniciada e estaria limitada à tríade consagrada – Gilberto Freyre, Sérgio Buarque de Holanda, Caio Prado Junior –, com seus frutos gravitando, de forma direta ou indireta, em torno dela.

Diante da importância de ler criticamente a historiografia brasileira, procuramos chamar atenção para algo que os pesquisadores de outros campos de estudo já observaram: aquilo que comumente é definido como o "valor intrínseco" de uma obra é apenas um entre outros aspectos que contribuem para sua aceitação ou rejeição, canonização ou não-canonização.[54] Ao recuperar alguns textos que, de

51. A expressão refere-se aos livros de Freyre, Buarque de Holanda e Prado Junior e deu título à aula magna que o então ministro das Relações Exteriores do Brasil proferiu no Instituto Rio Branco em março de 1993, posteriormente publicada como artigo: Cardoso, Fernando Henrique, "Livros que inventaram o Brasil", *Novos Estudos CEBRAP*, n. 37, novembro de 1993, pp. 21-35.

52. Como exemplo de estudos realizados ainda na década de 1970, ver: Mota, Carlos Guilherme, *Ideologia da cultura brasileira, 1933-1974,* 8. ed., São Paulo: Ática, 1994 [1ª edição 1977]; Lapa, José Roberto do Amaral, *A história em questão*: historiografia brasileira contemporânea, Petrópolis: Vozes, 1976.

53. Bresciani, Maria Stella Martins, *O charme da ciência e a sedução da objetividade:* Oliveira Viana entre intérpretes do Brasil, São Paulo: Ed. Unesp, 2005, p. 16.

54. Referimo-nos, por exemplo, ao campo de estudos sobre tradução, que se afirmou como disciplina independente na década de 1980. A esse respeito, uma leitura muito útil é Lefevere, André, *Tradução, reescrita e manipulação da fama literária,* Bauru: EDUSC, 2007.

formas distintas e em diferentes momentos, ajudaram a forjar a nossa história da história e, ao mesmo tempo, compor a sua memória, observamos que a recepção dos mesmos é fundamental para que não sejam esquecidos, cabendo ao historiador da historiografia interpretá-las criticamente e, também, investigar suas (re) leituras e "reescrituras".[55]

BIBLIOGRAFIA

ARAÚJO, Ricardo Benzaquen de. "Ronda noturna: narrativa, crítica e verdade em João Capistrano de Abreu", *Estudos Históricos*, n.1, 1988, pp. 28-54.

BLANKE, Horst Walter. "Para uma nova história da historiografia", In: MALERBA, Jurandir (org.). *A história escrita: teoria e história da historiografia*, São Paulo: Contexto, 2006, p. 30.

CALVINO, Ítalo. *Por que ler os clássicos*, São Paulo: Companhia das Letras, 2007.

CAMPOS, Pedro Moacyr. "Esboço da historiografia brasileira nos séculos XIX e XX", In: GLÉNISSON, Jean. *Iniciação aos estudos históricos*, 4. ed., São Paulo: Difel, 1983 [1ª edição 1961], pp. 250-293.

DUTRA, Eliana de Freitas (org.). *O Brasil em dois tempos*, Belo Horizonte: Autêntica, 2013.

FALCON, Francisco. "A identidade do historiador", *Estudos Históricos*, v. 9, n. 17, 1996, pp. 7-30.

FERREIRA, Marieta de Moraes. *A História como ofício*, Rio de Janeiro: FGV/FAPERJ, 2013.

FRANZINI, Fábio. *À sombra das palmeiras: a Coleção Documentos Brasileiros e as transformações da historiografia nacional (1936-1959)*, Rio de Janeiro: Casa de Rui Barbosa, 2010.

FICO, Carlos; POLITO, Ronald, *A história no Brasil (1980-1989): elementos para uma avaliação historiográfica*, Ouro Preto: UFOP, 1992, v. 1.

GOMES, Ângela de Castro. *A República, a História, o IHGB*, Belo Horizonte: Autêntica, 2009.

55. Lefevere cita alguns tipos de "reescrituras" no mundo literário, como a tradução, a antologia de textos, a compilação de histórias da literatura e obras de referência, a produção de biografias e resenhas, reescritas essas por muito tempo consideradas como atividades "auxiliares". Contestando essa ideia, o autor argumenta que os "reescritores" criaram [e criam] "imagens de um escritor, de uma obra, de um período, de um gênero e, às vezes, de toda uma literatura". Além disso, as "reescrituras" costumam alcançar mais pessoas que o texto original, sendo produzidas sob restrições ou orientações de certas correntes, que são ideológicas e que não consideram vantajoso chamar atenção para si, como se fossem uma escrita secundária, apartidária e neutra. Por meio dessas "reescrituras", as obras "são retiradas de seu contexto histórico e toda a genealogia de influências e reescrituras da qual elas são parte é silenciosamente obliterada. Como resultado, o que sobreviveu a esse processo aparece como eterno, e aquilo que é eterno, obviamente, não deve ser questionado". *Ibidem*, pp. 17-19 e 44.

______. "História, historiografia e cultura política no Brasil – algumas reflexões", In: SOIHET, Raquel *et al.* (org.), *Culturas políticas*: ensaios de história cultural, história política e ensino de história, Rio de Janeiro: Mauad, 2005, pp. 21-44.

GONTIJO, Rebeca. *O velho vaqueano. Capistrano de Abreu (1853-1927): memória, historiografia e escrita de si,* Rio de Janeiro: 7Letras/ FAPERJ, 2012.

GUIMARÃES, Lucia Maria Paschoal. "Um olhar sobre o continente: o Instituto Histórico e Geográfico Brasileiro e o Congresso Internacional de História da América", *Estudos Históricos,* vol. 10, n. 20, 1997, p. 220.

______. "História e brasilidade", In: *Simpósio Nacional de História, História em debate: problemas, temas e perspectivas: Anais do XVI Simpósio da Associação Nacional dos Professores Universitários de História,* [S.l.]: CNPq/InFour, pp. 76-77.

HOLANDA, Sérgio Buarque de. "O pensamento histórico no Brasil nos últimos 50 anos" [1951], In: MONTEIRO, Pedro Meira; EUGÊNIO, João Kennedy (org.). *Sérgio Buarque de Holanda: perspectivas*, Campinas/Rio de Janeiro: Unicamp/ Uerj, 2008, pp. 601-615.

IGGERS, Georg G. *Historiography in the twentieth century: from scientific objectivity to the postmodern challenge*, Hanover /London: Wesleyan University Press, 1997.

IHGB, "Sessão Magna, comemorativa do primeiro centenário do Instituto, em 21 de outubro de 1938", *Revista do Instituto Histórico e Geográfico Brasileiro*, vol. 173, 1938, pp. 838-839.

LEFEVERE, André. *Tradução, reescrita e manipulação da fama literária*, Bauru: EDUSC, 2007.

MORAIS, Rubens Borba de; BERRIEN, William (dir.), *Manual bibliográfico de estudos brasileiros*, 2. ed., Brasília: Senado Federal, 1998 [1ª edição 1949], p. 10.

NORA, Pierre. "Entre mémoire et histoire: la problématique des lieux", In: *Les lieux de mémoire,* Paris: Gallimard, 1984, p. 19.

OLIVEIRA, Maria da Glória de. *Narrativa, crítica e método em João Capistrano de Abreu (1853-1927),* Rio de Janeiro: FGV, 2013.

RODRIGUES, José Honório. *Teoria da história do Brasil*, 4. ed., São Paulo: Companhia Editora Nacional/Instituto Nacional do Livro, 1978 [1ª edição 1949].

ROIZ, Diogo da Silva. *Os caminhos (da escrita) da história e os descaminhos de seu ensino*, Curitiba: Appris, 2012.

______; SANTOS, Jonas Rafael dos. *As transferências culturais na historiografia brasileira*: leituras e apropriações do movimento dos *Annales* no Brasil, Jundiaí: Paco Editorial, 2012.

SODRÉ, Nelson Werneck. *O que se deve ler para conhecer o Brasil*, São Paulo: Cia. Ed. Leitura, 1945.

SORÁ, Gustavo, *Brasilianas: José Olympio e a gênese do mercado editorial brasileiro*, São Paulo: EDUSP/ ComArte, 2010.

UM HAMLET INTELECTUAL: GIRO LINGUÍSTICO E INDETERMINAÇÃO HISTORIOGRÁFICA

(ENSAIO SOBRE A ESCRITA DA HISTÓRIA NO BRASIL, 1970-1980)[1]

TEMÍSTOCLES AMÉRICO CORRÊA CEZAR

Universidade Federal do Rio Grande do Sul (UFRGS)

Na introdução à coletânea *The return of grand theory to the human sciences*, publicada em 1985, Quentin Skinner, prevenia-nos de "ameaças aos fundamentos das ciências humanas", assombradas que estavam pelo "espectro do relativismo epistemológico".[2]

Evocação clássica, que adquire reputação maior com Shakespeare, o espectro é a encarnação metafórica dos receios e medos coletivos ou individuais de uma sociedade.[3] Ao mesmo tempo em que ameaça, ele instaura a dúvida (sobre sua existência, sobre suas intenções). Assim, Marx, ávido leitor tanto dos antigos quanto dos modernos, em particular, do dramaturgo inglês, conjurou-o para a anunciação de um novo tempo no *Manifesto*: "um espectro ronda a Europa; o espectro do comunismo".[4]

1. Uma primeira versão deste artigo foi publicada com o título de "Hamlet brasileiro: ensaio sobre giro linguístico e indeterminação historiográfica (1970-1980)", In *História da Historiografia*, Ouro Preto, n. 17, abril, 2015, pp. 440-461.

2. SKINNER Quentin (ed.), *The return of grand theory to the human sciences*, Cambridge: Cambridge University Press, 1985, pp. 1-20.

3. Ver: Canto 24 da *Odisséia*, William SHAKESPEARE, *Hamlet*, Ato I, Cena 1.

4. MARX, Karl & ENGELS, Friedrich, *Manifesto do partido comunista*, 1848; Jacques DERRIDA, *Espectros de Marx,* Rio de Janeiro: Relume-Dumará, 1994, pp. 19-21.

Depois dele, Paul Valéry flagra outro espectro na sua triste Europa de 1919: "Agora, em um imenso terraço de Elsinor, que vai da Basiléia até Colônia, próximo às areias de Nieuport, aos pântanos do Soma, às gredas da Champagne, aos granitos da Alsácia – o Hamlet europeu olha milhares de espectros. Ele é, porém, um Hamlet intelectual. Medita sobre a vida e a morte das verdades. Tem por fantasmas todos os objetos de nossas controvérsias".[5]

As preocupações condensadas por Skinner, em seu próprio nome e de outros, relacionam-se a um dos desdobramentos vitais para a escrita da história do movimento intelectual que ficou conhecido como "giro linguístico": o fantasma do relativismo, figura gêmea de outro espectro, aquele do ceticismo, cujo limite parece rondar as bordas do irracionalismo. Embora possa parecer, à primeira vista, uma organização disciplinar, tal movimento caracteriza-se pela dispersão de ideias e a ausência de um centro aglutinador que as unifique de fato.

Por conseguinte, se todos, de alguma forma, reivindicam, com intensidades diferentes, o legado da linguística de Ferdinand de Saussure ou da filosofia da linguagem de Ludwig Wittgenstein, o alcance do giro linguístico cobre estratos de tempo diversos e espaços – acadêmicos ou não – múltiplos. Seu impacto, seus efeitos ou potencialidades não são facilmente mensuráveis. Cada cultura historiográfica o apropriou a sua maneira, algumas cedendo mais, outras, sem abrir mão de suas idiossincrasias epistemológicas, menos.[6]

UM HAMLET IDEOLÓGICO: O ESPECTRO RONDA OS MARXISTAS BRASILEIROS

A recepção do giro linguístico pela historiografia brasileira pode ser avaliada inicialmente pelos efeitos que provocou entre os marxistas. Esses desdobramentos iniciais ocorreram em um momento difícil e potencialmente rico da história política do país: o fim da ditadura civil-militar. No Brasil, como em outros países, ele produziu simultaneamente querelas e brechas teóricas. Querelas de todas as ordens – ideológicas, epistemológicas, estéticas etc. – instauraram-se em vários campos de pesquisa e áreas de ensino, desde os mais consolidados àqueles em formação, gerando entendimentos díspares ou simples preconceitos acadêmicos.

De modo geral, a receptividade foi basicamente dos franceses, com um ou outro infiltrado, como Laurence Stone e, um pouco mais tarde, Carlo Ginzburg. Ressalte-se que a obra de Derrida, neste momento, foi praticamente ignorada pelos historiadores (e, parece-me, com justas ou injustas razões, continua sendo, salvo raras exceções), em contraposição ao conhecido artigo *Le discours de l'histoire*, de Roland Barthes, também de 1967, que, com pouco mais de dez páginas,

5. Valéry, Paul, «Essais quasi politiques», In *Œuvres*, Paris: Gallimard, 1957, (Bibl. De la Pléiade, t. I), p. 993 (tradução minha).

6. La Capra, Dominick; Kaplan, Steven (eds.), *Modern european intellectual history. Reappraisals & new perspectives,* London: Cornell University Press, 1982.

causou mais "efeito".[7] De fato, os conflitos e as diferenças de além-mar foram praticamente subsumidos em uma nova e abrangente identidade: a "teoria" da nova história, mais precisamente, a história das mentalidades.

Os historiadores marxistas (o campo e a área mais consolidados) revoltaram-se contra a tendência que se insinuava. Além da denúncia da fragmentação temática e teórica, existia o risco de o inevitável relativismo, consequência inexorável do abandono das "totalidades sociais significativas", conduzir à irracionalidade epistemológica e à letargia política. Embora tenha havido respostas mais sofisticadas, como a de Sérgio Paulo Rouanet, entre os historiadores, preponderaram análises menos densas mas, certamente, mais impactantes.[8]

Ciro Flamarion Cardoso foi quem assumiu a posição de porta-voz e defensor dos perigos que essas "distorções ou inversões radicais de perspectivas" significariam para a historiografia. Em seus "Ensaios racionalistas", de 1988, "sem ocultar" sua "oposição radical a uma 'Nova História' que se [lhe] afigura uma corrente retrógrada sob aparências de novidade e ousadia", ele apresenta seus riscos e/ou erros: "1. a valorização do periférico em relação ao central;[9] 2. valorização, não da realidade social, das condições reais de existência, e sim do seu avesso – sonhos, imaginário, ideologias;[10] 3. o tecnicismo que valoriza o computador e outras técnicas de vanguarda oculta uma grande pobreza metodológica".[11] Em suma, a Nova História tem uma função ideológica poderosa: conquanto não se trate de uma "apologia aberta do capitalismo", mas de uma "forma bem mais sutil" de apoio, "uma vez eliminados o racionalismo e em especial o marxismo, o

7. STONE, Laurence, "The revival of narrative. Reflections on a new old history», *Past and present,* n. 85, pp. 3-24, 1979; BARTHES, Roland, «Le discours de l'histoire», In *Bruissement de la langue,* Paris: Seuil, 1984, pp. 163-177; DERRIDA, Jacques, *De la grammatologie*, Paris: Les Éditions de Minuit, 1967. Além de: GINZBURG, Carlo, O *queijos e os vermes*, São Paulo: Companhia das Letras, 1987, ver: "Just one Witness", In FRIEDLANDER, Saul (ed.), *Probing the limits of representation. Nazism and the "final solution",* Cambridge: Harvard University Press, 1992, pp. 82-96; "Provas e possibilidades à margem de "Il ritorno de Matin Guerre, de Natalie Zemon Davis", In GINZBURG, Carlo, *A micro-história e outros ensaios*, Lisboa, Difel, 1989, pp. 178-220; "Montrer et citer. La vérité de l'histoire», *Le Débat*, n. 56, pp. 44-45, 1989; *Le juge et l'historien*, Lagrasse: Verdier, 1997.

8. ROUANET, Sérgio Paulo, "O novo irracionalismo brasileiro", In *As razões do iluminismo*, São Paulo: Companhia das Letras, 1987, pp. 124-146.

9. "Preferem-se, como objetos de estudo, os loucos, os marginais, os homossexuais, as bruxas, as prostitutas (ao sabor, na verdade, de modismos descartáveis)", CARDOSO, Ciro Flamarion, *Ensaios racionalistas*, Rio de Janeiro: Campus, 1988, p. 100.

10. "Numa 'leitura' que analisa o discurso verbal ou não-verbal (iconografia, por exemplo) partindo do princípio de um divórcio da evolução ideológica em relação ao econômico e social; tematicamente, pululam as danças macabras, as 'pulsões reprimidas dos desejos', os *sabbats*, os fantasmas e obsessões, e é frequente o anacronismo na forma de projeção de percepções atuais feitas em função da sociedade de hoje (feminismo, 'problema gay') a épocas em que eles carecem de qualquer sentido ou realidade", *idem.*

11. As fontes são escolhidas em forma arbitrária, tratadas sem rigor, usadas de maneira pouco crítica e racional", *idem, ibidem,* p. 94.

que permanece, embora isto não se diga, é o próprio capitalismo – e uma série de concepções que não o incomodam".[12]

Nessa primeira abordagem, embora Cardoso reconheça a validade de algumas temáticas "que são em muitos casos pertinentes e solicitadas pelo momento atual", desde que adequadamente trabalhadas, a sua crítica ainda é muito difusa: trata-se de um ataque generalizado a quase toda a produção recente que não seja orientada pelo marxismo.[13] Não há, por exemplo, uma aproximação entre Nova História, pós-estruturalismo ou pós-modernidade, como na sequência se notará, e muito menos uma demonstração do que seria o irracionalismo, em termos de teoria ou filosofia da história, de tais tendências.[14]

Com esse propósito, em 1989, Michel Zaidan Filho, publica *A crise da Razão histórica*, coletânea de textos que visam a esclarecer "o papel do marxismo – enquanto teoria da história" e "a significação da sua atual crise". Produto do Iluminismo e da razão moderna, o pensamento de Marx estaria acuado por "novas metodologias" marcadas pelo "fragmentário, o micrológico, o particular, o fortuito, o imaginário, o sexo etc.". e cujo resultado para a "cultura brasileira" seria o surgimento de "um novo surto de irracionalismo".[15] A matriz filosófica dessa doença epistemológica é, segundo o autor, "um certo *neo-nietzschia-nismo*" provocado, sobretudo, pela obra de Michel Foucault e pela "sociedade pós-moderna".[16] A concepção irracionalista da história fundamenta-se assim em uma "desreferencialização do real, operada pela ação da mídia, ao reduzir tudo ao simulacro, à simulação, à representação da realidade".[17] Paralelamente, a pós-modernidade gera uma "dessubstancialização do sujeito – que afeta, de acordo com o autor, diretamente a teoria da história –, reduzido a um mero feixe de sensações hedonistas, administradas pela sociedade de consumo".[18]

Tal como Ciro Cardoso, Zaidan Filho preocupa-se com a recepção dessa moda pela historiografia brasileira e sua relação com o contexto político. Num país atrasado em relação aos países capitalistas desenvolvidos, pela transição da ditadura para um regime mais aberto, os historiadores brasileiros estariam sendo presa fácil de um debate que se iniciara, tempos antes, nos EUA e na Europa sob a égide da "moderna e sofisticada indústria cultural: assim, não são de surpreender

12. Cardoso, Ciro Flamarion, *op. cit.*, p. 101.
13. *Idem, ibidem*, p. 114.
14. Em trabalho anterior, destinado a um público estudantil, publicado em 1981, Ciro F. Cardoso deixa entrever sua reserva em relação à chamada Nova História com críticas endereçadas exclusivamente a Paul Veyne. Ver: Cardoso, Ciro Flamarion, *Uma introdução à história*, São Paulo: Brasiliense, 1981, pp. 10-11 e p.39.
15. Zaidan Filho, Michel, *A crise da razão histórica*, Campinas: Papirus, 1989, p. 16 e 19.
16. *Idem, ibidem*, pp. 19-20.
17. *Idem, ibidem*, p. 21.
18. *Idem, ibidem*, p. 22.

os rumos anti-iluministas, anti-intelectuais, enfim, antirracionalistas que vem assumindo o debate cultural da 'Nova República'".[19]

Ele cita como exemplos, a produção de dissertações de mestrado e de estudos que reclamam "o pensamento" de Foucault, de "um certo Foucault, aquele pós-estruturalista", precisa o autor. A bem da verdade, os únicos historiadores brasileiros dignos de menção nominal, neste capítulo, em duas breves notas de rodapé, são Nicolau Sevcenko, cujo livro *Literatura como missão*, de 1983, seria uma demonstração da recepção equivocada de Walter Benjamin, principalmente do "conceito de crítica benjaminiano", e Edgar de Decca, que, em seu *O silêncio dos vencidos*, de 1981, teria ido "longe demais numa apologia orgiástica do sentido, da desrazão".[20] As pré-noções e uma boa dose de leviandade acadêmica não impedem, contudo, que Zaidan Filho reconheça que "não se pode mais ignorar os limites irracionais e ideológicos do discurso político ou teórico".[21] A solução, no entanto, não estaria no abandono da razão "como tal", mas na construção de outro paradigma racional: a "razão comunicativa", afirma o autor (sem citar Habermas!).[22]

Além do certo Foucault, Zaidan Filho salienta que a historiografia brasileira vivia sob a influência de uma miríade de novidades temáticas – "frequentemente com projeções *anacrônicas* de questões bem atuais sobre o passado longínquo" oriundas da *Nouvelle histoire*.[23] Ele cita nominalmente apenas um desses historiadores que provocam o "fascínio pelo brilho dos temas não usuais, heterodoxos", a fim de fazer "justiça", pois é preciso distinguir, ainda segundo Zaidan Filho, "autores como Ginzburg ou Vovelle e aqueles como Philippe Ariès".[24]

Para sustentar sua tese, ele busca apoio nos *Ensaios racionalistas*, com uma ressalva: "sua abordagem [a de Ciro Cardoso] se ressente, contudo, da falta de uma

19. Zaidan Filho, Michel, *op. cit.*, p. 23.

20. Ambos os estudos foram apresentados originalmente como teses de doutorado. Mais adiante, no artigo intitulado "Imaginário e História", Zaidan Filho volta a citar Sevcenko e de Decca, acrescentando as historiadoras Margareth Rago e Maria Clementina Pereira Cunha; Sevcenko, Nicolau, *Literatura como missão. Tensões sociais e criação cultural na Primeira República*, São Paulo: Brasiliense, 1983; Decca, Edgar de, *O silêncio dos vencidos,* São Paulo: Brasiliense, 1981; Rago, Margareth, *Do cabaré ao lar*, Rio de Janeiro: Paz e Terra, 1985; Cunha, Maria Clementina Pereira, *O espelho do mundo: Juquery, a história de um asilo*, Rio de Janeiro: Paz e Terra, 1987. O autor apontava, como "crime" das autoras, a influência de Foucault e da "Nouvelle histoire", Zaidan Filho, Michel, *A crise da razão histórica*, Campinas: Papirus, 1989, p. 39.

21. *Idem, ibidem*, p. 25.

22. É justo dizer que ele o cita no artigo seguinte, *Ibidem*, p. 27. Ambos os estudos foram apresentados originalmente como teses de doutorado. Mais adiante, no artigo intitulado "Imaginário e História", Zaidan Filho volta a citar Sevcenko e de Decca, acrescentando as historiadoras Margareth Rago e Maria Couvelle histoire", Zaidan Filho, Michel, *A crise da razão histórica*, Campinas: Papirus, 1989, p. 39.

23. *Idem, ibidem*, p. 23 (grifo do autor).

24. *Idem, ibidem*, pp. 23-24.

teoria articulada *da crise da modernidade*. Daí o apego e a reiteração de velhos pressupostos: o materialismo dialético, a teoria do reflexo, a teoria dos modos de produção etc.".[25] Seja como for, o leitor fica sem entender o porquê de ter de realizar tal distinção, ou seja, qual seria a necessidade de saber diferença entre os dois primeiros e Ariès.[26] O historiador italiano parece ser um modelo do novo e correto historiador, uma vez que é capaz de realizar a "reconstrução analítica da diferença entre o passado e o presente, tal como fez estudando a mentalidade de um moleiro medieval", investigação na qual o autor faz uma "dura e pertinente crítica ao 'irracionalismo' estruturalista de M. Foucault".[27]

Diferentemente de Ciro Cardoso, Zaidan Filho apresenta-se ao mesmo tempo como um crítico do marxismo ortodoxo e como um interlocutor dos "novos" historiadores desde que não violentem a razão moderna.[28] No entanto, sua análise não deixa claro o que exatamente o incomoda em termos teóricos e mesmo políticos, nem, enfim, qual seria o grande mal que se dissimularia por trás

25. Zaidan Filho, Michel, *op. cit.*, p. 24 (grifo do autor).

26. Philippe Ariès volta a ser citado como referência incômoda no capítulo 5 – "O novo olhar do historiador" –, junto com Paul Veyne, *Idem*, p. 72 e p. 74. Por outro lado, Jacques Le Goff é poupado por criticar o "esfacelamento da sociedade" em certas investigações sobre o cotidiano, *ibidem*, p. 73.

27. *Idem, ibidem*, p. 74.

28. Embora o assunto escape a meu escopo neste momento, é preciso registrar que Ciro F. Cardoso, anos depois, em 1997, procura remediar este vazio na introdução à obra coletiva organizada em conjunto com Ronaldo Vainfas. Nela, o historiador sintetiza o debate entre dois grandes paradigmas: o iluminista e o pós-moderno. Enquanto o primeiro se caracteriza pelo bom uso da razão, o segundo é marcado e atravessado por posturas "céticas e irônicas", pelo "culturalismo relativista", pelo "método hermenêutico relativista", pelo "subjetivismo", "irracionalismo", "misticismo", enfim, por um "império exclusivo do relativismo e da microanálise", Cardoso, Ciro Flamarion; Vainfas, Ronaldo (orgs.), *Domínios da história. Ensaios de teoria e metodologia,* Rio de Janeiro: Campus, 1997, pp. 1-23. Ressalte-se, contudo, que o mérito do livro é não restringir a participação de um ou outro autor em função de sua suposta posição em relação a esses dois paradigmas. Nesse sentido, ver a ponderada conclusão de Ronaldo Vainfas intitulada "Caminhos e descaminhos da História", *Idem*, pp. 441-449. Em 2012, os mesmos autores editaram os *Novos domínios da História.* A introdução intitulada "História e conhecimento: uma abordagem epistemológica", a cargo de Ciro Cardoso, centra-se nas "modalidades básicas ou principais da epistemologia da história", subdivididas em três: reconstrucionismo (principalmente, concepções "empiristas" do século XIX); construcionismo (marxismo, weberianismo e "Escola" dos *Annales*); desconstrutivismo (basicamente, exemplificadas com Hayden White e Paul Veyne)

Cardoso, Ciro Flamarion; Vainfas, Ronaldo (orgs.), *Novos domínios da História*, Rio de Janeiro: Campus, 2012, pp. 1-19. Mais uma vez, Ronaldo Vainfas, de modo elegante, faz o contraponto necessário na conclusão – "Avanços em xeque, retornos úteis" –, *relativizando* certos argumentos muito gerais de Ciro Cardoso, *Idem*, pp. 319-335). Além disso, é necessário acrescentar que, em 2005, Ciro Cardoso volta a atacar a "virada linguística" e a "desconstrução" baseando-se em um trabalho de David Carr (1991) no qual Hayden White e Hans Kellner são definidos como historiadores que negam a "existência, lá fora, de uma história que precise ser contada", Cardoso, Ciro Flamarion, *Um historiador fala de teoria e metodologia. Ensaios.* Bauru: Edusc, 2005, pp. 64-66.

do que chama de relativismo ou de irracionalismo.[29] Permaneceríamos em uma espécie de limbo epistemológico?

Carlos Fico e Ronald Polito, em trabalho de fôlego no qual procuraram mapear a produção historiográfica brasileira de 1980 a 1989, diagnosticaram essa ausência de conexão. A suposta crise da razão e suas contrapartidas pecam pelos "elos" frágeis: "a compreensão sobre o que seja a parte 'irracional' da História é sempre muito mal explicada". Para eles, a subjetividade inerente a certos temas (a história do cotidiano, por exemplo) não é facilmente explicada por "uma razão científica que suponha determinações macroestruturais". Por outro lado, isso não significa que os acontecimentos que se passam no dia a dia e que estão, portanto, sujeitos a condicionantes subjetivos "estejam definitivamente entregues a um mundo caótico e ininteligível de contingências".[30] Os autores identificam na falta de operadores conceituais e metodológicos e no "desapego à teoria por parte dos historiadores no Brasil", seja marxistas ou adeptos de outras correntes historiográficas, fatores decisivos para o debate travado em termos tão insuficientes.[31]

UM HAMLET DESASSOMBRADO: ESPECTRO, RELATIVISMO E INDETERMINAÇÃO (II)

Uma história da historiografia atenta a movimentos intelectuais de descontinuidade não poderia deixar de notar que, apesar de tudo, houve tentativas de reflexões teóricas mais apuradas e críticas desse novo "bando de ideias novas" (certamente não tão novas como as que povoaram a geração de Sílvio Romero).

29. Para uma análise mais ponderada, ver as "interrogações" da historiadora: Sílvia Petersen. "Algumas interrogações sobre as tendências recentes da historiografia brasileira: a emergência do novo e a crítica ao racionalismo", *Revista de História*, Mariana, UFOP, 1:3, pp. 108-126, 1992a.

30. Referência válida para as outras citações deste parágrafo. Fico, Carlos; Polito, Ronald, *A história no Brasil (1980-1989). Elementos para uma avaliação historiográfica*, vol. 1, Ouro Preto: UFOP, 1992, p. 168. Na mesma conjuntura e especificamente acerca da história do cotidiano, Sílvia Petersen dedica uma série de artigos sobre o tema procurando cercá-lo em termos teóricos e metodológicos: Petersen, Sílvia, *Dilemas e desafios da historiografia brasileira: a temática da vida cotidiana. História e Perspectivas,* Uberlândia, vol. 6, pp. 24-44, 1992b; Petersen, Sílvia; Maffesoli, Michel, "Um teórico da vida cotidiana", *Biblos,* Rio Grande: FURG, vol. 5, 1993, pp. 41-55; Petersen, Sílvia, "A renovação da historiografia e a temática da vida cotidiana: desfazendo alguns equívocos", In Mauch, Claudia (org.), *Porto Alegre na virada do século XIX: cultura e sociedade,* Porto Alegre: Editora da Universidade/UFRGS, 1994. pp. 112-25; Petersen, Sílvia, "O cotidiano como objeto teórico ou o impasse entre ciência e senso comum no conhecimento da vida cotidiana", In Mesquita, Zilá; Brandão, Carlos R. (orgs.), *Territórios do cotidiano: uma introdução a novos olhares e experiências*, Porto Alegre: Ed. da Universidade da UFRGS/EDUNISC, 1995, pp. 30-39.

31. Fico, Carlos; Polito, Ronald, *op. cit.,* pp. 170-175. Em 1997, Carlos Fico ainda lamentava a indiferença de boa parte dos historiadores em relação à reflexão teórica: Carlos Fico, "Algumas anotações sobre historiografia, teoria e método no Brasil dos anos 1990", In Guazzelli Cesar A. B. (org.), *Questões de teoria e metodologia da história,* Porto Alegre: Ed. da Universidade/UFRGS, 2000, pp. 27-40.

É em função dessa possibilidade analítica que penso que o "impacto" do giro linguístico foi igualmente uma brecha, um *gap* no sentido que lhe atribui Hannah Arendt, ou seja, um "estranho entremeio no tempo histórico, onde se toma consciência de um intervalo no tempo inteiramente determinado por coisas que não são mais e por coisas que não são ainda".[32]

Como ainda não temos um levantamento exaustivo da recepção do giro linguístico pela historiografia brasileira, optei por restringi-lo a alguns estudos seminais da década de 1980, sem ter o objetivo de fixar ou de determinar um começo ou uma origem nem querer com isso atribuir a esses estudos um estatuto que eles não reivindicavam nem se autoatribuíam; não por temor do anacronismo, mas por respeito intelectual.

A partir dessas considerações retomo aqui, sinteticamente, o texto de Luiz Costa Lima apresentado no "Colóquio Narrativa: ficção e história", realizado no Rio de Janeiro em novembro de 1987. Em seu trabalho, intitulado "Clio em questão: a narrativa na escrita da história", Costa Lima congrega, de modo até então inusitado, as concepções provenientes dos narrativistas anglo-americanos, com Hayden White, bem como da historiografia francesa, suas relações com a antropologia de Lévi-Strauss e com a obra de Paul Ricœur.[33]

Interessa-me aqui a apropriação que faz Costa Lima da obra de White. Sem descartar inteiramente a *Meta-história*, o centro da crítica do brasileiro privilegia dois artigos publicados por White na primeira metade dos anos 1980.[34] Discutindo a questão da distinção entre a narrativa histórica e a ficcional e a função de prefácios em um ou outro gênero por W. Dray, cuja análise teria sido prejudicada pelo exemplo escolhido, Costa Lima busca em White uma alternativa que "constituíra a hipótese de que toda a narrativa, desde o conto folclórico até o romance, supõe uma busca de ordenação, a partir de uma lei socialmente configurada".[35]

Em consequência, a escrita de anais históricos no medievo, mencionada por White, seria um problema, não necessariamente uma objeção à tese narrativista. Costa Lima desloca o caso a fim de apresentar duas "soluções": 1. considerando que a narrativa não encontra obstáculo na Antiguidade clássica, "deveríamos

32. Arendt, Hannah, *Entre o passado e o futuro,* São Paulo: Perspectiva, 1992, pp. 35-36.

33. A contribuição alemã para a discussão sobre as relações entre história e narrativa não era, segundo explica Costa Lima em uma nota, central, embora ele não deixe de observar a importância de dois livros que mereceriam atenção: um de K. Enlich, de 1980, sobre a narrativa do cotidiano e, principalmente, outro, sobre a teoria da história, organizado por R. Koselleck e J. Rüsen. Lima, Luiz Costa, "Clio em questão: a narrativa na escrita da história", In Riedel, Dirce Côrtes (org.), *Narrativa, ficção & história.* Rio de Janeiro: Imago, 1988. p. 68.

34. "The value of narrativity in the representation of reality" (1980); "The question of narrative in contemporary historical theory" (1984), In White, Hayden, *The content of form. Narrative discourse and historical representation*, The Johns Hopkins University Press, 1987.

35. Lima, Luiz Costa, "Clio em questão: a narrativa na escrita da história", In Riedel, Dirce Côrtes (org.), *Narrativa, ficção & história.* Rio de Janeiro: Imago, 1988, p. 77.

dizer que a tese não tem alcance universal porque a ordenação de princípio-meio-fim não se aplica aos exemplos medievais"; 2. em contraposição, se a ideia de lei social é elemento indispensável à ordenação narrativa, então os anais medievais estariam excluídos, pela análise de White, do âmbito da narrativa histórica. Faltariam a eles os conectores de linguagem necessários à estrutura da narração e estabelecidos por um centro social de poder. Costa Lima lembra que a ausência de Estado na Idade Média não significava anomia: "a comunidade humana ali se organizava em torno de uma lei que, inescrutável, impunha a impossibilidade de conexões causais explicativas dos eventos do mundo".[36] Logo, por um lado, Costa Lima está de acordo com que a narrativa histórica se relaciona notadamente com a instância política de uma dada sociedade e, por outro, e pela mesma razão, discorda de que os anais e crônicas medievais escapem da dimensão narrativa pela "ausência de qualquer consciência de um centro social", como parece sugerir White.[37]

Para Costa Lima, "a posição de White não se inclui simplesmente na dos narrativistas; ao invés, abre uma sucursal divergente". Segundo o autor, "os narrativistas falhariam por ver a escrita da história como determinada a fornecer apenas informações e, por conseguinte, por não suspeitarem de sua proximidade com a literatura". Contudo, ele percebe em White – e isso não era fácil de ser percebido nos anos 80 (nem hoje) – que "a bem da verdade deve-se acrescentar que White não pretende estabelecer uma identidade absoluta" entre história e literatura. Para ele, continua Costa Lima, "a narrativa histórica assim não trata de objetos ficcionais senão que aborda eventos reais, configurando-os com a ajuda das formas ficcionais vigentes em uma cultura".[38]

Não obstante, ele não concorda com certas premissas de White (o exemplo para a discordância é a análise que o americano realiza do *18 Brumário* de Marx, iniciada em *Meta-história*[39]). Apesar do desacordo, para Costa Lima, "é inegável que sua reflexão [de White] é considerável para os interessados em melhor especificar os estatutos da história e da ficção. Por força da pressão em favor de uma história científica, os historiadores têm genericamente descurado o papel que, em seu trabalho, desempenha o imaginário e, pelo temor de se afastarem da "objetividade", têm desperdiçado parte da riqueza de seu material".[40] Eis que, mais uma

36. Lima, Luiz Costa, *op. cit.*, p. 78.

37. *Idem, ibidem*, p. 77.

38. *Idem, ibidem*, 1988, p. 85 (referência para todas as citações do parágrafo).

39. Infelizmente, por uma questão de espaço, não retomarei aqui a ainda procedente crítica de Costa Lima à abordagem de White acerca do *18 Brumário* de Marx. A divergência gira em torno do tema da "farsa" e da constituição do fato histórico. Apenas ressalto que também seria interessante e possivelmente produtivo considerar a temática a partir da figura da imitação Hayden White, *Metahistory. The Historical Imagination in Nineteenth-Century Europe*, Baltimore, Johns Hopkins University Press, 1973.

40. Lima, Luiz Costa, "Clio em questão: a narrativa na escrita da história", In Dirce Côrtes Riedel, (org.), *Narrativa, ficção & história*. Rio de Janeiro: Imago, 1988. pp. 85-86.

vez, o espectro que nos ronda ressurge. No entanto, partindo de Costa Lima, não parece tão assustador.[41]

Coube a Ricardo Benzaquen de Araújo o comentário ao texto. Ele concentra-se na relação entre narrativa histórica e ficção. Para tanto, reconstitui o argumento de Costa Lima a esse propósito, passando pelos narrativistas anglo-americanos, White e Ricœur, cotejando-os com os aspectos centrais da hipótese de Lawrence Stone. Especificamente acerca das críticas de Costa Lima a White quanto ao potencial narrativo dos anais medievais, Benzaquen pondera que não se trata de privilegiar uma ordem político-social em detrimento de outra, no caso, "cosmo-teológica", mas que essa última não seria capaz de conferir "no nível do próprio texto" uma "articulação específica dos eventos humanos". Invertendo a conclusão de Costa Lima, Benzaquen argumenta que "talvez se pudesse indicar que é precisamente por supor uma explicação de fundo religioso, misterioso, 'inacessível à pobre razão humana' [frase de Costa Lima], que os anais afastam-se do modelo da narrativa, pelo menos desta narrativa escrita e moderna".[42] Além disso, o comentador chama a atenção para a cautela que se deve ter a fim de não se naturalizar a vinculação do modo narrativo de escrita da história – "seu caráter singular, contextualizado, não universal" – a um "centro social" ou "ao mundo das nações", sobretudo em se tratando do século XIX, evitando-se, dessa forma, a manipulação ou a instrumentalização da história.[43] Em relação ao debate sobre o retorno da narrativa, Benzaquen afirma: "boa parte dos trabalhos que compõem este *revival* acabam, pelo menos até certo ponto, por se distanciar de um compromisso absoluto com a totalidade, com uma exigência que lhes impusesse a construção de uma imagem coerente, exaustiva e sistemática da sociedade que estudam".[44] Portanto, segue o comentador, "não é raro que suas análises possam dar a impressão de que falta 'alguma coisa', criando um clima de inacabamento e *indeterminação* que talvez aproxime esta nova narrativa de uma determinada concepção de ensaio. (...) Se essas especulações vierem a ser confirmadas, o *revival* da narrativa terá então um alcance e um significado maiores do que podíamos inicialmente supor".[45]

41. A análise da chamada "Trilogia do controle", publicada na década de 1980, bem como o acerto de contas de Costa Lima com o debate sobre a história e os gêneros ficcionais, publicado em 2006, seriam, importantes para uma avaliação mais pormenorizada do impacto e importância destas questões, porém, em termos práticos, são inviáveis no espaço de um simples artigo: LIMA, Luiz Costa. *História. Ficção. Literatura,* São Paulo: Companhia das Letras, 2006; LIMA, Luiz Costa, *Trilogia do controle. O controle do imaginário. Sociedade e discurso ficcional. O fingidor e o censor,* Rio de Janeiro: Ed. Topbooks, 2007.

42. ARAÚJO, Ricardo Benzaquen de, "As almas da história – Comentário". In Dirce Côrtes RIEDEL (org.), *Narrativa, ficção & história*, Rio de Janeiro: Imago, 1988, p. 102.

43. "Ela [a narrativa] precisa ser minimamente qualificada, até porque corremos o risco de que se imagine que o relato histórico servisse apenas para a glorificação dos estados nacionais, como se o relato histórico fosse meramente uma peça de propaganda ou algo parecido", *Idem,* pp. 102-103.

44. *Idem, ibidem*, p. 108.

45. *Idem, ibidem,* pp. 108-109 (grifos meus).

O retorno à narrativa poderia ser responsável por "certa mudança no *ethos* do historiador", uma vez que os historiadores habitualmente empenhados na busca da verdade, dos fatos e das estruturas, tiveram sempre uma inclinação "pela transparência e pela limpidez, desprezando as possibilidades oferecidas pela polêmica, pelo confronto, por uma continua problematização".[46] Finalmente, dessa forma se ampliaria "o espaço reservado à ironia para que ela possa conviver com uma certa medida de ceticismo".[47] Agora, a figura gêmea do espectro, sob efeito controlado, parece ir ao encontro de certo neopirronismo como alternativa para a reflexão histórica. Não custa relembrar o título do comentário de Benzaquen: "As almas da história"!

Um ano após o evento do Rio de Janeiro, em 1988, no primeiro volume da revista *Estudos históricos*, em um dossiê significativamente intitulado "Caminhos da historiografia", Manoel Salgado Guimarães e o próprio Ricardo Benzaquen Araújo publicam artigos que se tornarão fontes de inspiração para a história da historiografia e para a reflexão, à revelia deles, dos efeitos do giro linguístico entre nós.[48] Contudo, não é possível neste momento realizar uma análise mais pormenorizada.[49] Apenas fazemos um breve comentário sobre cada um deles. O primeiro artigo "Nação e civilização nos trópicos: o Instituto Histórico e Geográfico Brasileiro e o projeto de uma história nacional", de Manoel Salgado Guimarães, como sabemos, é um resumo de sua tese apresentada um ano antes na Universidade de Berlim. A questão da escrita da história é estudada a partir de pressupostos que envolvem a semântica histórica de Koselleck, ancorada na leitura de Michel de Certeau e de Foucault, sem, entretanto, unificar esses autores artificialmente, mas

46. Araújo, Ricardo Benzaquen de, "As almas da história – Comentário", cit., p. 109.

47. *Idem, ibidem.*

48. Guimarães, Manoel Salgado, "Nação e Civilização nos Trópicos: o Instituto Histórico e Geográfico Brasileiro e o projeto de uma História Nacional", *Estudos Históricos*, Rio de Janeiro, n. 1, pp. 5-27, 1988; Ricardo Benzaquen de. Araújo, "Ronda noturna: narrativa, crítica e verdade em Capistrano de Abreu". *Estudos Históricos*, Rio de Janeiro, n. 1, pp. 28-54, 1988b.

49. Provavelmente, os grandes ausentes brasileiros desta análise sejam Arno Wehling e Afonso Carlos Marques dos Santos, cujos primeiros escritos se inserem neste contexto. Por razões distintas parece-me que ambos sinalizam para outro corte de recepção que não o do giro linguístico. Enquanto o primeiro participa de um movimento mais amplo da cultura historiográfica no qual a filosofia da história é um fator relevante na definição de códigos disciplinares e científicos, o segundo, a meu ver, estaria mais próximo do que poderíamos chamar, na ausência de uma definição mais qualificada, de um engajamento erudito. Daí a relevância de autores como Cornelius Castoriadis, Michel Foucault e Paul Veyne em suas pesquisas, muito mais do que de Hayden White, por exemplo. Wehling, Arno, *A invenção da história. Estudos sobre o historicismo,* Rio de Janeiro: Ed. Central; Niterói: Ed. UFF, 1994; Santos, Afonso; Marques, Carlos, *A invenção do Brasil. Ensaios de história e cultura*, Rio de Janeiro: Editora da UFRJ, 2007. Agradeço a Valdei Lopes de Araújo (UFOP) por ter me apontado essa omissão. A propósito, seu artigo – "O século XIX no contexto da redemocratização brasileira: a escrita da história oitocentista, balanços e perspectivas" – é, nesse sentido, revelador, independentemente de sua concordância com meu argumento. Araújo, Valdei Lopes de, "O século XIX no contexto da redemocratização brasileira: a escrita da história oitocentista, balanços e perspectivas". In Oliveira, Maria da Glória; Araújo, Valdei Lopes de (orgs.), *Disputas pelo passado: história e historiadores no Império do Brasil,* Ouro Preto: Edufop/PPGHIST, 2012.

servindo-se deles como instrumentos teóricos para pensar a narrativa historiográfica. Não se trata de cópia de modelos teóricos estrangeiros, mas de diálogo com outras culturas historiográficas.

Já o texto de Benzaquen, "Ronda noturna: narrativa, crítica e verdade em Capistrano de Abreu", reivindica explicitamente a contribuição de Hayden White (bem como as de Costa Lima, Koselleck, Momigliano, Ricœur, Benjamin) e, a partir dele (ou deles), a questão de fundo que emerge é a da objetividade histórica e seus modos: "resta ainda a discussão do próprio tema da objetividade, ou seja, resta indagarmos como e por que o ideal de uma disciplina absolutamente realista e imparcial adquiriu tal prestígio entre os praticantes da concepção moderna de história que, com frequência, mal percebem o caráter "informado" das formulações que, quase como "aprendizes de feiticeiro" acostumaram-se a utilizar".[50] E, na nota correspondente a esta afirmação (n. 15), o autor explica: "Se, de vez em quando, aprendizes de feiticeiro acertam a fórmula de transformar chumbo em ouro, creio que vale a pena assinalar que só muito recentemente, depois da "escola dos Anais" e de uma certa articulação da historiografia com a tradição sociológica, de um lado, e com a teoria literária, de outro, foi que se começou a encontrar historiadores dispostos a discutir de forma mais ampla o alcance e a profundidade dos seus pressupostos. Acerca desta "mutação historiográfica", pode-se procurar para uma primeira abordagem os trabalhos de Furet, 1982, e de White, 1984".[51]

Houve, assim, um "impacto" (resguardando aqui as limitações analíticas e metodológicas mencionadas anteriormente) do giro linguístico no Brasil. É necessário que se realizem mais estudos para avaliar sua dimensão e consequências efetivas. Não basta acusá-lo de relativista, irracional ou de ceticismo, nem, simplesmente, negar a importância das formas da objetividade ou de objetivação do conhecimento histórico, entre as quais se inclui a própria ideia de verdade, cuja duração, sabemos, não se reduz aos últimos 40 anos.[52]

UM HAMLET BRASILEIRO? (IN)DETERMINAÇÃO E (IN)CERTEZAS CARTESIANAS

Sem querer ser prescritivo, por fim, não seria interessante colocarmo-nos um pouco na posição daquele Hamlet intelectual? Quem seria ou o que seria

50. Araújo, Ricardo Benzaquen, "Ronda noturna: narrativa, crítica e verdade em Capistrano de Abreu". *Estudos Históricos*, Rio de Janeiro, n. 1, pp. 28-54, 1988b, p. 53.

51. *Idem, ibidem.*

52. "Dificilmente se encontrará um historiador que não almeje padrões de objetividade para seu conhecimento. Hoje, contudo, estão em jogo diversas opções de entendimento sobre o que seja tal objetividade, ou quais níveis de objetividade são possíveis serem atingidos em cada caso. São problemas teóricos complexos, maiores do que as antigas discussões sobre a possibilidade ou impossibilidade de um conhecimento histórico científico. Não enfrentá-los é retardar, ainda mais, a incorporação das discussões suscitadas pelas descobertas sobre o indeterminismo, sobre a relatividade e sobre as discrepâncias observáveis em diversos níveis do real". Fico, Carlos, "Alguns impasses da produção historiográfica recente no Brasil", *Anos 90*, Porto Alegre, UFRGS, n. 2, 1994, p. 115.

um Hamlet brasileiro? Uma pessoa? Várias? Uma corporação? Uma configuração epistemológica? Como meditarmos sobre a vida e a morte das verdades e fantasmas originados pelas nossas controvérsias? Difícil responder. Não obstante, gostaria de evocar dois poetas contemporâneos e, assim, tentar nos reaproximar do clima histórico marcado pela instabilidade, que, ao mesmo tempo, assusta e incita, e que talvez possa nos dar algumas pistas, além de nos reaproximar de um indisfarçável desejo aristotélico, contido na obra de Hayden White, de reunir poesia e história.[53]

Ambos relacionam-se, paradoxalmente, não a Aristóteles, mas a Descartes. Primeiro, imaginemos Descartes no Brasil acompanhando a comitiva de Maurício de Nassau, que se instalava em Recife no século XVII. Paulo Leminski, em 1966, em uma aula de história do Brasil, teve exatamente esse *insight*. Um Descartes – Renatus Cartésius – nos trópicos! *Catatau*, a obra que trata dessa impossibilidade, foi publicada em edição independente em 1975, em plena ditadura civil-militar: "O *Catatau* é o fracasso da lógica cartesiana branca no calor".[54] Seria uma metáfora concretista de seu tempo presente? Como ser claro e distinto em meio a obtusos generais? Nada, contudo, autoriza-nos, em princípio, a tal interpretação; salvo, talvez, o tempo transcorrido e a forte tendência que dele decorre, da qual não estou inteiramente imune, e que leva os historiadores, consciente ou inconscientemente, a associar, de alguma maneira, toda e qualquer experiência artística, de vanguarda ou contracultural, à grande história política. Como se a descontinuidade fosse um bloqueio para a compreensão e não uma de suas formas de expressão. Logo, se aqui ou hoje, como lá e ontem, o *Catatau* (a)parece (como) um exemplo da instabilidade da palavra, do texto que perturba, da incerteza que desestrutura a ordem intelectual, então não seria um exagero pensar esse "romance-ideia", na definição de seu autor, como uma espécie de manifestação estética que simboliza a indeterminação que tenho buscado apontar como indicador das possibilidades de se pensar a história da historiografia neste contexto do giro linguístico: "a lógica não é limpa, como pretende a Europa, desde Aristóteles. A lógica deles, aqui, é uma farsa, uma impossibilidade". O *Catatau* não apenas quer superar essa lógica como "lançar bases de lógica nova". Ele quer ser um tipo de entremeio entre "a eterna inadequação dos instrumentos consagrados, face à irrupção de realidades inéditas".[55]

Já o *Sr. Cogito* é uma pessoa mais comum, um pouco como o Ulrich de Robert Musil, talvez apenas um pouco menos contemplativo, que, com o passar dos anos, converte a experiência do cotidiano em questões claras e distintas sobre a existência, para fazer jus à premissa cartesiana de seu nome. Personagem de

53. White, Hayden, *The fiction of narrative. Essays on history, literature and theory (1957-2007)*, Edited and with an introduction by Robert Doran. Baltimore: The Johns Hopkins University Press, 2010, p. XI.

54. Leminski, Paulo, *Catatau,* Porto Alegre: Sulina, 1989, p. 208. Agradeço vivamente a Enrique Estrada (PUC-Rio) por me lembrar a pertinência do *Catatau* para meu argumento.

55. *Idem, ibidem*, p. 211 (referência válida também para as duas citações anteriores).

inúmeras poesias do polonês Zbigniew Herbert, *O Sr. Cogito* teria surgido em 1974. Em um desses poemas, significativamente intitulado *Mr Cogito on the Need for Precision*, ele declara:

> *A specter is haunting*
>
> *the map of history*
>
> *the specter of indeterminacy*
>
> *how many Greeks perished at Troy*
>
> *– we don't know.*[56]

BIBLIOGRAFIA

ANKERSMIT, Frank. "The linguistic turn: literary theory and historical theory", In: *Historical representation*, Stanford: Stanford University Press, 2001.

ARAÚJO, Ricardo Benzaquen de, "As almas da história – Comentário", In RIEDEL, Dirce Côrtes (org.), *Narrativa, ficção & história*, Rio de Janeiro: Imago, 1988a, pp. 90-111.

______. "Ronda noturna: narrativa, crítica e verdade em Capistrano de Abreu". *Estudos Históricos*, Rio de Janeiro, n. 1, pp. 28-54, 1988b.

ARENDT, Hannah, *Entre o passado e o futuro*, São Paulo, Perspectiva, 1992.

BARTHES, Roland. «Le discours de l'histoire», In *Bruissement de la langue,* Paris: Seuil, 1984, pp. 163-177.

CALDAS, Pedro Spinola Pereira. "Para além do giro-linguístico: uma abordagem existencialista da obra de Hayden White", *História da Historiografia*, n. 11, pp. 272-278, abril 2013.

CAMARGO, Aspásia. "Entrevista François Furet concedida a Aspásia Camargo", In OLIVEIRA, Lúcia Lippi; FERREIRA, Marieta de Moraes; CASTRO, Celso. *Conversando com...,* Rio de Janeiro: Ed. da FGV, 2003.

CARDOSO, Ciro Flamarion. *Uma introdução à história*, São Paulo: Brasiliense, 1981.

56. *Sr. Cogito e a necessidade de precisão*: "Um espectro ronda/o mapa da história/o espectro da indeterminação/quantos gregos pereceram em Tróia/Nós não sabemos" (tradução minha, revisão de Marina Araújo). Zbigniew HERBERT, *The collected poems (1956-1998),* New York, Harper Collins Publishers, 2007, pp. 404-408. Por coincidência, Troia também assombra o *Catatau* de Leminski: "Lembro do mapa, neste mapa falta Tróia mas Tróia não faz falta. (...) Por que esse medo de dizer Tróia, estória, destroyão? (...) Pleiteio uma empreitada, a estreita emboscada, introito in Tróia", Paulo LEMINSKI, *Catatau*, Porto Alegre, Sulina,1989, pp. 50, 63 e 95.

A aparente insignificância de Tróia não dissimula, entretanto, a importância da presença do jogo da indeterminação histórica.

______. "Uma "Nova História?", In *Ensaios racionalistas*, Campus: Rio de Janeiro, 1988.

______. *Um historiador fala de teoria e metodologia, Ensaios*, Bauru: Edusc, 2005.

______. VAINFAS, Ronaldo (org.), *Domínios da história. Ensaios de teoria e metodologia,* Rio de Janeiro: Campus, 1997.

______ (org.), *Novos domínios da História*, Rio de Janeiro: Campus, 2012.

CARR, David. *Time, narrative and history*, Blooming: Indiana University Press, 1991.

CERTEAU, Michel de. «Une épistémologie de transition: Paul Veyne», *Annales*, n. 6, pp. 1317-1327, 1972.

______. *L'absent de l'histoire*, Paris: Maison Mame, 1973.

______. *Histoire et psychanalyse entre science et fiction,* Paris: Gallimard, 1987.

CUNHA, Maria Clementina Pereira. *O espelho do mundo: Juquery, a história de um asilo,* Rio de Janeiro: Paz e Terra, 1987.

DANTO, Arthur. *Analytical philosophy of Science*, Cambridge: Cambridge University Press, 1965.

DECCA, Edgar de. *O silêncio dos vencidos*, São Paulo: Brasiliense, 1981.

DELACROIX, Christian. «Linguistic turn», In DELACROIX, C.; DOSSE, F.; GARCIA, P.; OFFENSTADT, N. *Historiographies, I. Concepts et débats,* Paris: Gallimard, 2010. pp. 476-490.

DERRIDA, Jacques, *De la grammatologie*, Paris: Les Éditions de Minuit, 1967.

______. *Espectros de Marx,* Rio de Janeiro: Relume-Dumará, 1994.

DRAY, William. «History and fiction as modes of comprenhension», *History and Theory*, n. 10, pp. 153-171, 1971.

DOSSE, François. *L'histoire en miettes. Des "Annales" à la "nouvelle histoire*", Paris: Gallimard, 1987.

FICO, Carlos. "Alguns impasses da produção historiográfica recente no Brasil", *Anos 90*, Porto Alegre, UFRGS, n. 2, pp. 111-126, maio 1994.

______. "Algumas anotações sobre historiografia, teoria e método no Brasil dos anos 1990", In GUAZZELLI, Cesar A. B. (org.), *Questões de teoria e metodologia da história*, Porto Alegre, Ed. da Universidade/UFRGS, 2000. pp. 27-40.

______; POLITO, Ronald, *A história no Brasil (1980-1989): elementos para uma avaliação historiográfica*, vol. 1, Ouro Preto, UFOP, 1992.

FURET, François, *L'atelier de l'histoire*, Paris: Flammarion, 1982.

GUIMARÃES, Manoel Salgado, "Nação e Civilização nos Trópicos: o Instituto Histórico e Geográfico Brasileiro e o projeto de uma História Nacional", *Estudos Históricos*, Rio de Janeiro, n. 1, pp. 5-27, 1988.

GINZBURG, Carlo. Just one Witness, In FRIEDLANDER, Saul (ed.). *Probing the limits of representation. Nazism and the "final solution",* Cambridge: Harvard University Press, 1992, pp. 82-96.

______. "Provas e possibilidades à margem de 'Il ritorno de Matin Guerre', de Natalie Zemon Davis", In *A micro-história e outros ensaios*, Lisboa: Difel, 1989, pp. 178-220.

______. «Montrer et citer. La vérité de l'histoire», *Le Débat*, n. 56, pp. 44-45, 1989.

______. *Le juge et l'historien*, Lagrasse: Verdier, 1997.

HARTOG, François, *Régimes d'historicité, présentisme et expérience du temps,* Paris: Seuil, 2003.

______. «Le regard éloigné: Lévi-Strauss et l'histoire», In *Évidence de l'histoire. Ce que voient les historiens,* Paris, Éd. de l'EHESS, 2005, pp. 175-189.

______. *Croire en l'histoire,* Paris: Flammarion, 2013.

HERBERT, Zbigniew. *The collected poems (1956-1998),* New York: HarperCollins Publishers, 2007.

KOSELLECK, Reinhart. "Introduction to Hayden White's Tropics of discourse", In *The practice of conceptual history. Timing history, spacing concepts*, Stanford: Stanford University Press, 2002.

LA CAPRA, Dominick; KAPLAN, Steven (eds.), *Modern european intellectual history. Reappraisals & new perspectives*, London: Cornell University Press, 1982.

LEMINSKI, Paulo. *Catatau*, Porto Alegre: Sulina, 1989.

LIMA, Luiz Costa. "Clio em questão: a narrativa na escrita da história", In: RIEDEL, Dirce Côrtes (org.). *Narrativa, ficção & história*, Rio de Janeiro: Imago, 1988, pp. 63-89.

______. *História. Ficção. Literatura,* São Paulo: Companhia das Letras, 2006.

______. *Trilogia do controle. O controle do imaginário. Sociedade e discurso ficcional. O fingidor e o censor*, Rio de Janeiro: Ed. Topbooks, 2007.

LOPES DE ARAÚJO, Valdei. "O século XIX no contexto da redemocratização brasileira: a escrita da história oitocentista, balanços e perspectivas", In: OLIVEIRA, Maria da Glória; LOPES DE ARAÚJO, Valdei (orgs.). *Disputas pelo passado: história e historiadores no Império do Brasil,* Ouro Preto: Edufop/PPGHIST, 2012, [s.p.].

MINK, Louis, "The autonomy of historical understanding", *History and Theory*, 1:5, 1966, pp. 24-47.

______. "History and fiction as modes of comprenhension (1970)", In COHEN, Ralph (ed.), *New directions in literary history,* London: Routledge & Kegan Paul, 1974, pp. 107-124.

MUNSLOW, Alun. *Deconstructing history*, London and New York: Routledge, 1997.

______. *The future of history*, New York: Palgrave MacMillan, 2010.

NOIRIEL, Gérard. *Sur la "crise" de l'histoire,* Paris: Belin, 1996.

NORA, Pierre; LE GOFF, Jacques (dir.). *Histoire*. Paris: Gallimard, 1974,: t. 1 *Nouveaux problèmes*, t. 2 *Nouvelles approches*, t. 3 *Nouveaux objets*; CERTEAU, Michel de. *L'écriture de l'histoire*, Paris: Gallimard, 1975.

PALTI, Elias José. *"Giro lingüístico" e historia intelectual*, Buenos Aires: Universidad Nacional de Quilmes, 1998.

PAUL, Herman. *Hayden White. The historical imagination*, Cambridge: Polity Press, 2011.

PETERSEN, Sílvia. "Algumas interrogações sobre as tendências recentes da historiografia brasileira: a emergência do novo e a crítica ao racionalismo", *Revista de História,* Mariana, UFOP, 1:3, pp. 108-126, 1992a.

______. "Dilemas e desafios da historiografia brasileira: a temática da vida cotidiana", *História e Perspectivas,* Uberlândia, vol. 6, pp. 24-44, 1992b.

______. "Michel Maffesoli: um teórico da vida cotidiana", *Biblos,* Rio Grande, FURG, vol. 5, 1993, pp. 41-55.

______. "A renovação da historiografia e a temática da vida cotidiana: desfazendo alguns equívocos", In MAUCH, Claudia (org.). *Porto Alegre na virada do século XIX: cultura e sociedade,* Porto Alegre: Editora da Universidade/UFRGS, 1994, pp. 112-25.

______. "O cotidiano como objeto teórico ou o impasse entre ciência e senso comum no conhecimento da vida cotidiana", In: MESQUITA, Zilá; BRANDÃO, Carlos R. (orgs.). *Territórios do cotidiano: uma introdução a novos olhares e experiências*, Porto Alegre: Ed. da Universidade da UFRGS/EDUNISC, 1995, pp. 30-39.

PIRES, Francisco Murari. "Indagações sobre um método acima de qualquer suspeita", *História da Historiografia*, n. 13, pp. 24-44, 2013.

POPKIN, Richard. *The history of scepticism. From Savanarola to Bayle*, Oxford: Oxford University Press, 2003.

RAGO, Margareth. *Do cabaré ao lar*, Rio de Janeiro: Paz e Terra, 1985.

ROBIN, Régine. *Histoire et linguistique*, Paris : Armand Colin, 1973.

RORTY, Richard. *The Linguistic Turn. Essays in Philosophical Method,* Chicago, London: University of Chicago Press, 1967.

RICŒUR, Paul. *Temps et Récit, Tome I: L'intrigue et le récit historique*, Paris: Éd. Seuil, 1983.

______. *Temps et Récit, Tome III: Les temps raconté*, Paris: Éd. Seuil, 1985.

ROUANET, Sérgio Paulo. "O novo irracionalismo brasileiro", In *As razões do iluminismo*, São Paulo: Companhia das Letras, 1987, pp. 124-146.

SANTOS, Afonso Carlos Marques. *A invenção do Brasil. Ensaios de história e cultura*, Rio de Janeiro: Editora da UFRJ, 2007.

SEARLE, John. *Pour réitérer les différences, réponse à Derrida*, Paris: L'éclat, 1991 [auquel Derrida a répondu dans Limited Inc. Paris: Galilée, 1990].

SEVCENKO, Nicolau. *Literatura como missão. Tensões sociais e criação cultural na Primeira República,* São Paulo: Brasiliense, 1983.

SKINNER, Quentin (ed.). *The return of grand theory to the human sciences,* Cambridge: Cambridge University Press, 1985.

SOUZA, Laura Melo de. *O diabo e Terra de Santa Cruz. Feitiçaria e religiosidade popular no Brasil colonial,* São Paulo: Companhia das Letras, 1986.

SPIEGEL, Gabrielle. "History and post-modernism", *Past and present*, n. 135, pp. 189-208, may 1992.

______. *The task of the historian*. Presidential address delivered at the 123rd annual meeting of the American Historical Association, held in New York City in 2009.

STONE, Laurence, "The revival of narrative. Reflections on a new old history", *Past and present,* n. 85, pp. 3-24, 1979.

VALÉRY, Paul. «Essais quasi politiques», In: *Œuvres,* Paris, Gallimard, 1957. (Bibl. De la Pléiade, t. I).

VANN, Richard T. "Turning Linguistic: History and Theory and History and Theory, 1960-1975", In: ANKERSMIT, Frank; KELLNER, Hans (eds.), *A New Philosophy of History,* London: Reaktion Books, 1995, pp. 40-69.

______. "The Reception of Hayden White", *History and Theory*, Middletown, 2:37, pp. 143-161, 1998.

VEYNE, Paul. *Comment on écrit l'histoire. Essais d'épistémologie*, Paris: Seuil, 1971.

WEHLING, Arno. *A invenção da história. Estudos sobre o historicismo*, Rio de Janeiro: Ed. Central; Niterói, Ed. UFF, 1994.

WHITE, Hayden. *The greco-roman tradition*, New York: Harper & Row, 1973.

______. *Metahistory. The Historical Imagination in Nineteenth-Century Europe*, Baltimore: Johns Hopkins University Press, 1973.

______. "The politics of historical interpretation: discipline and de-sublimation", In *The content of form. Narrative discourse and historical representation*, Baltimore and London: The Johns Hopkins University Press, 1987.

______. "Historical emplotment and the problem of truth", In FRIEDLANDER, Saul (ed.), *Probing the limits of representation. Nazism and the "final solution",* Cambridge: Harvard University Press, 1992. pp. 37-53.

______. *Trópicos do discurso. Ensaios sobre a crítica da cultura*, São Paulo: Edusp, 1994.

______. *The fiction of narrative. Essays on history, literature and theory (1957-2007,* Edited and with an introduction by Robert Doran. Baltimore: The Johns Hopkins University Press, 2010a.

______. *Ficción histórica, historia ficcional y realidad histórica*, Introducción de Verônica Tozzi, Buenos Aires: Prometeu Libros, 2010b.

ZAIDAN FILHO, Michel. *A crise da razão histórica*, Campinas: Papirus, 1989.

ECONOMIA

MODELOS DE DESENVOLVIMENTO E DESEMPENHO MACROECONÔMICO NO BRASIL

EDUARDO COSTA PINTO
Universidade Federal do Rio de Janeiro (UFRJ)

REINALDO GONÇALVES
Universidade Federal do Rio de Janeiro (UFRJ)

INTRODUÇÃO

O objetivo geral desse artigo é analisar o desempenho macroeconômico brasileiro em perspectiva histórica. O objetivo específico é mostrar que o atual modelo de desenvolvimento (Modelo Liberal Periférico – MLP) apresenta desempenho inferior em comparação com os outros modelos ao longo da formação econômica do Brasil. O artigo está dividido em quatro seções. A primeira seção trata dos antecedentes do Modelo Liberal Periférico. A segunda seção aborda os fundamentos analíticos do MLP e procura destacar suas características estruturais que impedem o desenvolvimento econômico estável e dinâmico no longo prazo. A terceira seção apresenta os resultados empíricos relativos ao desempenho macroeconômico desde o início do período republicano, isto é, a análise empírica cobre o período 1890-2014. A quarta e última seção resume as principais conclusões.

1. MODELO LIBERAL PERIFÉRICO: ANTECEDENTES

A Era desenvolvimentista (1930-1979) brasileira representou uma ruptura com modelo agroexportador, vigente durante a República Velha (1889-1930), configurando a passagem de uma ordem predominantemente agrícola para uma nova estrutura econômica e social marcada pela urbanização e pela industrialização. Aquele projeto teve como base constitutiva as estratégias Nacional-Desenvolvimentistas adotadas pelos países desenvolvidos capitalistas, sobretudo após a II Guerra Mundial. Essas estratégias tinham como eixo estruturante o trinômio: industrialização substitutiva de importação, intervencionismo estatal (Estado planejador e/ou produtor) e nacionalismo (frações capitalistas nacionais comandando o processo de acumulação).[1]

O projeto desenvolvimentista no Brasil teve as seguintes características: (i) fluxos e refluxos e momentos de instabilidade econômica e social; (ii) elementos constitutivos diferenciados em relação ao Nacional-Desenvolvimentismo; (iii) mudanças estruturais no plano econômico, político e da inserção internacional; e (iv) desfuncionalidades (concentração de riqueza e renda, deficiências institucionais etc.) não observadas nos países desenvolvidos que adotaram tal estratégia.

Até os anos finais da década de 1940, a industrialização substitutiva brasileira, concentrado em ramos de bens de consumo não-duráveis (setores "leves"), esteve sob impulso do investimento estatal e controle majoritário do capital nacional. Isso mudou com o avanço da industrialização "pesada" (ramos industriais voltados à produção de bens não-duráveis, intermediários e de capital), a partir da década de 1950. A industrialização enfrentava elevadas barreiras associadas à questão do financiamento interno (onde o mercado financeiro nacional era incipiente) e/ou estrangeiro (naquele momento havia escassez internacional de financiamento). Com essas dificuldades, o avanço da industrialização "pesada", sob controle da burguesia nacional, somente poderia ser realizado por meio de descolamento maciço de recursos internos de outros setores produtivos para o setor industrial. Isso requereria reformas financeiras e tributárias profundas, o que era muito difícil naquele momento em virtude do poder político e econômico de outros segmentos dominantes não industriais, especificamente as oligarquias agrárias.

Naquele contexto, a partir do governo Juscelino Kubitschek (JK), foram adotadas medidas econômicas e institucionais que conformaram uma associação entre a fração industrial nacional, o grande capital internacional e o Estado – tendo o primeiro segmento um papel de sócio menor nesse tripé do desenvolvimento dependente brasileiro. Portanto, formaram-se as bases para a retomada do processo de acumulação da indústria pesada via capital estrangeiro e financiamento inflacionário. Diferente do Nacional-Desenvolvimentismo adotado no centro, a modernização brasileira, via industrialização, se deu com forte presença

1. Pinto, Eduardo Costa; Balanco, Paulo, "Padrão de acumulação, Estado e políticas econômicas no Brasil, da República Velha ao governo provisório e constitucional de Vargas", *Revista da Sociedade Brasileira de Economia Política,* n. 23, 2008, pp. 48-49; Gonçalves, Reinaldo, *Desenvolvimento às Avessas. Verdade, má-fé e ilusão no atual modelo brasileiro de desenvolvimento,* Rio de Janeiro: LTC, 2013, capítulo 2.

do capital estrangeiro[2] (Evans, 1980, p. 200-2006; Oliveira, 2003, p. 71-80; Fiori, 2003, p. 152-153).

Essa articulação entre as frações dominantes industriais nacionais e internacionais (grandes corporações multinacionais), que viabilizou à industrialização substitutiva brasileira, em sua segunda fase, foi marcada, no início década de 1960, por resistências e conflitos tanto no bloco de poder[3] do capitalismo brasileiro como entre os dominantes e os movimentos populares que reivindicavam reformas de base (agrária, educacional, tributária, administrativa e de controle do capital estrangeiro). No final do governo JK, os conflitos distributivos entre as frações dominantes (fração industrial internacional, fração comercial nacional, oligarquias agrárias e capital industrial nacional em seu ramos "leve" e "pesado") elevaram-se. A principal causa foi a desaceleração das taxas de crescimento do PIB num contexto de (i) aumento do controle internacional de segmentos dinâmicos da acumulação capitalista brasileira e dos (ii) mecanismos de financiamento (inflacionários) utilizados pelo Estado. Com o aumento das pressões dos setores populares e da esquerda, no início da década de 1960, as frações dominantes sentiram-se ameaçadas e vislumbraram nas Forças Armadas o único meio de manutenção do controle social e de "arbitragem" dos conflitos distributivos intra-frações da classe dominantes e interclasses.

A saída interna à crise econômica e política, à época, não seria possível pelo convencimento das classes dominadas – haja vista a dificuldade histórica das frações dominantes em consolidar uma hegemonia ampla ainda mais num período de desaceleração econômica – e sim pela forte coerção. Para tanto, as frações dominantes buscaram nas Forças Armadas a direção autoritária – Regime Militar que durou aproximadamente 20 anos (entre 1964 e 1984) – para arbitrar seus conflitos e rechaçar fortemente os movimentos populares reformistas e as reivindicações salariais dos sindicatos.

O golpe militar em abril de 1964 dá início a configuração de um longo período de governos militares pautados num estado de exceção em que o controle social deu-se pela via coercitiva (autoritarismo). Esse procedimento somente obteve

2. Evans, Peter, *A tríplice aliança, as multinacionais, as estatais e o capital nacional no desenvolvimento dependente brasileiro,* Rio de Janeiro: Zahar, 1980, p. 200; Fiori, José Luis, *O voo da coruja*, Rio de Janeiro: Record, 2003, pp. 152-153; Oliveira, Francisco, *Crítica à razão dualista/o ornitorrinco*, São Paulo: Boitempo, 2003, pp. 71-80.

3. Segundo Poulantzas: "O bloco no poder constitui-se uma unidade contraditória de classes e frações politicamente dominantes sob a égide da fração hegemônica. A luta de classe, a rivalidade dos interesses entre as frações sociais, encontra-se nele constantemente presente, conservando esses interesses a sua especificidade antagônica (...). A classe ou fração hegemônica polariza os interesses contraditórios específicos das diversas classes ou frações no bloco no poder, constituindo os seus interesses econômicos em interesses políticos, representando o interesse geral comum das classes ou frações do bloco no poder: interesse geral que consiste na exploração econômica e na dominação política (...)". Poulantzas, Nicos, *Poder político e classes sociais*, São Paulo: Martins Fontes, 1977, pp.233-235.

sustentabilidade durante tanto tempo em virtude do projeto desenvolvimentista adotado por boa parte dos governos militares que viabilizaram elevadas taxas de crescimento econômico até o final da década de 1970 por meio de políticas de expansão do crédito e dos gastos públicos viabilizadas pela estruturação do mercado de capitais, por uma reforma fiscal e pelo controle salarial mais estrito. O crescimento foi o sustentáculo do regime militar, uma vez que a partir dele foi possível estabilizar os velhos conflitos entre as classes dominantes e, ao mesmo tempo, controlar com mão-de-ferro as reivindicações dos movimentos populares.[4]

A Era Desenvolvimentista resultou na formação de uma economia industrial moderna no Brasil no início dos anos 1980, provocando uma expansão e diversificação da estrutura industrial, ampliação do mercado interno e transformações positivas no padrão de comércio. O hiato produtivo e tecnológico entre o Brasil e os países desenvolvidos chegou aos seus menores níveis. Mesmo com esse avanço, o país encontrou enormes dificuldades para reduzir a sua vulnerabilidade externa estrutural,[5] em virtude do endividamento externo utilizado para avançar na industrialização – notadamente durante o II PND do Governo Geisel –, e sua vulnerabilidade social marcada pela elevada concentração de renda e riqueza e pelo enorme contingente de pessoas vivendo na pobreza extrema.

A partir do momento em que a ditadura militar – e seu aparato estatal desenvolvimentista – não conseguiu mais manter elevadas taxas de crescimento, muito mesmo arbitrar o conflito distributivo entre as frações dominantes, ocorreu sua perda de legitimidade como eixo de comando da "fuga para frente". A partir de 1985 assume a presidência da república um governante civil, José Sarney, que recebe uma herança de baixo crescimento econômico, de deterioração do cenário internacional e de crise da dívida da externa, que amplificou a vulnerabilidade externa do país. Com isso, reaparecem, com bastante virulência, as disputas entre frações dominantes pela maior apropriação dos lucros, fator que foi acentuado pela ampliação da heterogeneidade do bloco no poder do capitalismo brasileiro, haja vista a manutenção das frações existentes (industriais nacionais, capital industrial estrangeiro, oligarquias fundiárias, o capital comercial nacional) e a

4. Cano, Wilson, *Soberania e política econômica na América Latina,* São Paulo: Editora Unesp, 2000, pp. 206-220.

5. A vulnerabilidade externa estrutural é fruto das mudanças relativas ao padrão de comércio, da eficiência do aparelho produtivo, do dinamismo tecnológico e da robustez do sistema financeiro nacional. Ela é determinada, principalmente, pelos processos de desregulação e liberalização nas esferas comercial, produtivo-real, tecnológica e monetário-financeira das relações econômicas internacionais do país. Assim, a vulnerabilidade externa estrutural é, fundamentalmente, um fenômeno de longo prazo; por isso, estrutural. Quanto maior a vulnerabilidade externa estrutural menor é capacidade do país em resistir a pressões externas. Gonçalves, Reinaldo; Carcanholo, Marcelo Dias; Filgueiras, Luiz; Pinto, Eduardo Costa, "Vulnerabilidad Estructural Externa en América Latina", In Arceo, Enrique; Basualdo, Eduardo (orgs.), *Los Condicionantes de la Crisis en América Latina, inserción internacional y modalidades de acumulación,* Buenos Aires: CLACSO, 2009, v. 1, pp. 119-120.

emergência e conformação de novos segmentos sociais, tanto nacionais quanto estrangeiros, atrelados às finanças e ao agronegócio.

A aliança entre as diversas frações dominantes, que se mantivera pela força do crescimento econômico durante a Era Desenvolvimentista, se desfez na década de 1980, criando uma grande instabilidade no âmbito econômico. O reflexo dessa disputa distributiva acirrada, num contexto de deterioração dos termos de troca e crise da dívida externa, foi a aceleração da inflação que culminou com hiperinflação nos anos finais da década.[6]

Ao longo de toda década de 1980 não havia uma supremacia clara de uma fração do bloco no poder do capitalismo brasileiro, quer seja nacional ou internacional, que direcionasse os rumos do padrão de acumulação do capitalismo nacional. Qual modelo seguir? Quais seriam os novos rumos diante da crise desenvolvimentista?

Na verdade, aquele período fora marcado por uma forte disputa econômica, política e ideológica entre os segmentos sociais dominantes: segmentos industrialistas – com vestígios de perspectivas desenvolvimentistas – e segmentos bancário-financeiros – articulados a uma visão cosmopolita – que vinha ganhando força com o processo de globalização atrelado às ideias neoliberais. O primeiro grupo, em reposta à crise dos anos 1980, tentava consubstanciar um projeto neodesenvolvimentista[7] voltado à redefinição e à reforma do padrão de acumulação da Era Desenvolvimentista, buscando manter a função planejadora do Estado e avançar no desenvolvimento tecnológico. O segundo grupo tinha como proposta o modelo neoliberal de desenvolvimento – conforme Consenso de Washington[8] de 1989 – focado na liberalização econômica (comercial, produtiva e financeira)

6. Oliveira, Nelson, "Um país privado, os dilemas conjunturais de uma oposição", Salvador, *Cadernos do CEAS*, julho/agosto, n. 200, 2002, pp. 21-25.

7. Esse projeto neodesenvolvimentista se direcionava no seguinte eixo: "(...) reforma do sistema financeiro, subordinando-o ao financiamento do desenvolvimento; controle público das empresas estatais, 'preservando a capacidade produtiva dos setores estratégicos fundamentais (insumos básicos, energia, petroquímica, mineração e telecomunicações), cujo desempenho eficiente é fundamental para expansão do parque industrial brasileiro' e fechando as estatais deficitárias; uma política industrial que privilegiasse os setores capazes de irradiar novas tecnologias e permitisse avançar no processo de substituição de importações; uma política de investimentos estatais que maximizasse a geração de empregos; e 'uma nova atitude na renegociação da dívida externa'." (Bianchi, 2004, p. 117).

8. Em síntese, os pontos desse Consenso eram: *i*) a abertura da economia, tanto para bens quanto para o capital estrangeiro; *ii*) a redução drástica do tamanho do Estado – o Estado mínimo –, com redefinição de suas funções na direção da adoção do que eram consideradas funções típicas do Estado: garantir a segurança aos cidadãos, o direito à propriedade e à soberania nacional; *iii*) privatizações, desregulamentação e flexibilização do câmbio; *iv*) reestruturação do sistema previdenciário; *v*) investimentos em infraestrutura básica; *vi*) fiscalização dos gastos públicos; e *vii*) políticas sociais focalizadas.

e na redefinição do papel do Estado (privatizações, políticas sociais focalizadas, reforma da previdência etc.) e de suas políticas econômica.[9]

O país vivenciou um longo período de *transição interna* (1980-1994), marcada por crises e instabilidades, entre o fim da Era Desenvolvimentista e a configuração de um novo projeto de desenvolvimento, controlado pelo bloco de poder do capitalismo dependente brasileiro. À medida que se cristalizava a nova ordem/governança internacional neoliberal – pautada, no campo econômico, pelo monetarismo friedmaniano e, no campo político, pela visão hayekiana de competitividade individual e pela ideia de Estado *gendarme* – ganhava força o grupo dos segmentos dominantes brasileiros, sob a égide da fração bancário-financeira, que advogavam a adoção do modelo de desenvolvimento neoliberal. A reestruturação da dívida externa brasileira, apoiada pelo FMI, que implicou na imposição do ajuste estrutural neoliberal, ajudou aos segmentos dominantes nacionais levar adiante o projeto neoliberal no Brasil.[10]

Ao longo da década de 1990, o processo de liberalização produtiva, comercial e financeira e as mudanças nos modos de intervenção do Estado, iniciadas no Governo Collor e consolidadas durante o Governo FHC, conformaram no Brasil o projeto neoliberal – do bloco no poder do capitalismo brasileiro em suas relações dependentes com o capital internacional – expresso no Modelo Liberal Periférico (MLP).

2. MODELO LIBERAL PERIFÉRICO: FUNDAMENTOS E INSTABILIDADE MACROECONÔMICA

O novo padrão de produção, acumulação e distribuição no Brasil, consolidado a partir de 1995, denominado por Filgueiras[11] e por Filgueiras e Gonçalves[12] de Modelo Liberal Periférico (MLP), possui como eixos estratégicos (item 1) e características marcantes (itens 2 e 3): (1) a liberalização comercial, produtiva e financeira e a mudanças na forma de intervenção estatal por meio da privatização,

9. Bianchi, Álvaro Gabriel, "O ministério dos industriais: a federação das indústrias do estado de São Paulo na crise das décadas de 1980 e 1990", Tese de Doutoramento em Ciências Sociais, IFCH-Unicamp, Brasil, 2004, pp. 117-118; Sallum, Brasílio, "O Brasil sob Cardoso, neoliberalismo e desenvolvimento", *Tempo Social*, 2:11, outubro 1999; Sallum, Brasílio, *Labirintos, dos generais à nova república*, São Paulo: Hucitec, 1996.

10. Filgueiras, Luiz, *História do plano real, fundamentos, impactos e contradições*, São Paulo: Boitempo, 1. ed., 2000, pp. 42-57; Pinto, Eduardo Costa, "Bloco no poder e governo Lula", Tese (Doutorado), Instituto de Economia, Universidade Federal do Rio de Janeiro, 2010, pp. 236-239.

11. Filgueiras, Luiz, "O Neoliberalismo no Brasil, Estrutura, dinâmica e ajuste do modelo econômico", In Basualdo, Eduardo; Arceo, Enrique, *Neoliberalismo y Sectores Dominantes, Tendências globales y experiencias nacionales,* Buenos Aires: Clacso Libros, 2006, pp. 179-180.

12. Filgueiras, Luiz; Gonçalves, Reinaldo, *A Economia Política do Governo Lula,* Rio de Janeiro: Contraponto, 2007, p. 22 e pp. 95-96.

reformas da previdência social e desregulamentação dos mercados (notadamente o mercado financeiro e o mercado de trabalho); (2) a dominância da fração bancário-financeira na dinâmica macroeconômica tanto no que diz respeito às formulações/regime e resultados da política macroeconômica como no que se refere à acumulação e distribuição do excedente econômico entre capital e trabalho e entre frações capitalistas; e (3) aumento da dependência e, consequentemente, da vulnerabilidade externa estrutural que amplia a instabilidade macroeconômica no contexto de liberalização.

Segundo Filgueiras e Gonçalves, o modelo de desenvolvimento brasileiro adotado a partir de 1995 "é liberal porque é estruturado a partir da liberalização das relações econômicas internacionais na esfera comercial, produtiva, tecnológica e monetário-financeira; da implementação de reformas no âmbito do Estado e da privatização de empresas estatais, que implica reconfigurar a intervenção estatal na economia e na sociedade; e de um processo de desregulação do mercado de trabalho, que reforça a exploração da força de trabalho. O modelo é periférico porque é uma forma específica de realização da doutrina liberal e da sua política econômica em um país que ocupa posição subalterna no sistema econômico internacional "(...) em que se caracteriza por significativa vulnerabilidade externa estrutural nas suas relações econômicas internacionais. Por fim, a dinâmica macroeconômica do modelo subordina-se à predominância do capital financeiro e da lógica financeira".[13]

No que se refere às questões estruturais, o MLP significa transformações fragilizantes: desindustrialização; dessubstituição de importações; reprimarização; maior dependência tecnológica; desnacionalização; perda de competitividade internacional; crescente vulnerabilidade externa estrutural; maior concentração de capital; e dominação financeira. As transformações fragilizantes do MLP impõem restrições ao desempenho econômico de longo prazo. Essas restrições implicam tanto instabilidade quanto fraco desempenho macroeconômico.[14]

Os defensores (nacionais e internacionais) do projeto neoliberal, afirmavam antes mesmo da década de 1990, que os países em desenvolvimento não conseguiriam crescer de forma sustentada devido à escassez de poupança interna decorrente de mercados financeiros inexistentes (ou pouco profundos) e dos gastos públicos excessivos (com subsídios destinados à industrialização e aos bens e serviços públicos e em políticas). Com isso, a estratégia de crescimento deveria se estruturar por meio da poupança externa, que requeria plena liberalização comercial, produtiva e financeira, e pela redução dos gastos governamentais. Nesse sentido, a entrada de investimentos estrangeiros diretos (IED) e em carteira seria de fundamental importância para modernizar a economia brasileira, inserindo-a

13. Filgueiras, Luiz; Gonçalves, Reinaldo, *A Economia Política do Governo Lula,* Rio de Janeiro: Contraponto, 2007, p. 22.

14. *Desenvolvimento às Avessas. Verdade, má-fé e ilusão no atual modelo brasileiro de desenvolvimento,* Rio de Janeiro: LTC, 2013, capítulo 4.

competitivamente na globalização. Por seu turno, a abertura, no plano comercial, estabeleceria uma maior concorrência para as empresas aqui instaladas, ao mesmo tempo em que beneficiaria essas empresas por meio da importação de tecnologias mais produtivas, incorporadas aos insumos e bens de capital. Assim, segundo os defensores do projeto neoliberal, a poupança externa e a abertura comercial, associados à redução do papel do Estado, permitiriam a modernização das empresas locais, o equilíbrio do balanço de pagamentos e o crescimento econômico com distribuição de renda.[15] A forte disputa de projetos no bloco no poder somente foi "resolvida" a partir do governo Fernando Henrique Cardoso (FHC) – apesar das estratégias neoliberais terem sido iniciadas durante o governo Collor. A transição tinha se findado com a constituição de um novo modelo de desenvolvimento, o liberal periférico, a partir de 1995.

A nova correlação de forças do bloco no poder, sob a hegemonia da fração bancário-financeira, configurou, portanto, o MLP no Brasil, transformando profundamente as políticas econômicas e as estruturas industriais e institucionais durante o governo FHC. A partir daí consolidaram-se três eixos do MLP (1) a ampliação da acumulação pela via da dívida pública brasileira; (2) um novo regime de política macroeconômica; e (3) as reformas institucionais neoliberais, centradas na abertura e na redução do papel do Estado. Essas reformas provocaram, ao longo dos dois governos FHC: (i) problemas nas contas externas (aumento da vulnerabilidade externa estrutural) e nas finanças públicas do país; (ii) o baixo crescimento do PIB e do investimento; (iii) a especialização regressiva da estrutura industrial e da pauta exportadora; e (iv) a progressividade da superexploração do trabalho, decorrente da redução do preço da força de trabalho, da elevação do desemprego em suas várias formas.[16]

Nesse novo padrão de desenvolvimento, as frações dominantes bancário-financeiras nacionais (grandes grupos bancários, tais como Bradesco e Itaú, e

15. Carcanholo, Marcelo; Filgueiras, Luiz; Pinto, Eduardo Costa, "A ALCA (ainda) não Faleceu, alternativas reais para a América Latina e Caribe", In Estay, Jaime (org.), *La Crisis Mundial y sus Impactos en América Latina*, Puebla, BUAP, 2009, pp. 132-133; Pinto, Eduardo Costa, "Bloco no poder e governo Lula", Tese (Doutorado), Instituto de Economia, Universidade Federal do Rio de Janeiro, 2010, pp. 78-82.

16. Gonçalves, Reinaldo, "Distribuição de riqueza e renda, alternativa para a crise brasileira", In Lesbaupin, Ivo (org.), *O desmonte da nação, balanço do Governo FHC,* Petrópolis: Vozes, 1999, pp.167-184; Gonçalves, Reinaldo, *Desenvolvimento às Avessas. Verdade, má-fé e ilusão no atual modelo brasileiro de desenvolvimento,* Rio de Janeiro: LTC, 2013, pp. 53-57; Filgueiras, Luiz; Gonçalves, Reinaldo, *A Economia Política do Governo Lula,* Rio de Janeiro: Contraponto, 2007, pp. 96-98.

Reinaldo, Gonçalves, *Desenvolvimento às Avessas. Verdade, má-fé e ilusão no atual modelo brasileiro de desenvolvimento,* Rio de Janeiro: LTC, 2013, pp. 53-57; Luiz, Filgueiras; Eduardo Costa, Pinto, "Política econômica do governo Lula e os limites do crescimento", In Fábio Guedes, Gomes; Eduardo Costa, Pinto (orgs.), *(Des)ordem e regresso, o período de ajustamento neoliberal no Brasil, 1990-2000,* Mandacarú, São Paulo: Hucitec, 2009, v. 1, pp. 257-260.

fundos de pensão) e estrangeiras (fundos de pensão, fundos mútuos de investimentos e os grandes bancos multinacionais) assumiram a hegemonia entre as frações do bloco no poder do capitalismo brasileiro. A dívida pública tornou-se um importante instrumento de acumulação da burguesia financeira ou financeirizada, num contexto de abertura e desregulamentação dos mercados financeiros. As frações industriais nacionais, por seu turno, se inseriram de forma subordinada nos movimentos da acumulação financeirizada e do capital internacional industrial (grandes empresas multinacionais). Cabe destacar ainda o avanço das frações do capital vinculadas ao comércio exterior e ao agronegócio durante o segundo governo FHC. Com isso, no MPL reconfigurou novas relações intercapitalistas.[17]

Essas novas disputas internas ao bloco no poder do capitalismo brasileiro, no âmbito do MLP, se expressaram nas redefinições da estrutura e do funcionamento do Estado e de suas políticas econômicas. Ganharam centralidade o binômio privatização e desregulamentação e a adoção de políticas macroeconômicas adequadas ao projeto neoliberal – focalizadas apenas no combate à inflação e no controle das contas públicas – que depende das conjunturas econômicas específicas.[18]

Os processos de privatização das empresas públicas e de desregulamentação – dos mercados financeiros e da quebra dos monopólios estatais em vários setores – reduziram a presença do Estado nas atividades produtivas diretas. Houve também a restrição da capacidade do Estado de promoção e condução (planejar, coordenar e investir) do desenvolvimento brasileiro. Parte expressiva dessa redução de capacidades estatais deveu-se às reformas administrativas que tiveram como eixo central: (i) a melhoria da gestão cotidiana do Estado como fim em si mesmo (reforma gerencial), descartando os instrumentos de planejamento governamental de longo prazo; e (ii) a adoção do Programa Nacional de Desestatização (PND) que teve como objetivo vender, à iniciativa privada, empresas controladas pelo Estado para supostamente aumentar a eficiência econômica nos marcos do projeto neoliberal.[19]

17. Minella, Ary César, "Globalização financeira e as associações de bancos na América Latina", *Cadernos de pesquisa (PPGSP/UFSC)*, n. 30, junho de 2002; Filgueiras, Luiz; Pinheiro, Bruno; Philigret, Celeste; Balanco, Paulo; "Modelo liberal-periférico e bloco de poder, política e dinâmica macroeconômica nos governos Lula", In *Os anos Lula, contribuições para um balanço crítico,* Rio de Janeiro: Garamond. 2010, pp. 44-45;

18. Carcanholo, Marcelo; Filgueiras, Luiz; Pinto, Eduardo Costa, "A ALCA (ainda) não Faleceu, alternativas reais para a América Latina e Caribe", In Estay, Jaime (org.), *La Crisis Mundial y sus Impactos en América Latina*, Puebla, BUAP, 2009, pp. 131-162. Filgueiras, Luiz, "O Neoliberalismo no Brasil, Estrutura, dinâmica e ajuste do modelo econômico", In Basualdo, Eduardo; Arceo, Enrique, *Neoliberalismo y Sectores Dominantes, Tendências globales y experiencias nacionales,* Buenos Aires: Clacso Libros, 2006, pp. 194-195.

19. Cardoso Jr., José Celso; Pinto, Eduardo Costa; Linhares, Paulo de Tarso, "O Estado brasileiro e o Desenvolvimento no Brasil", In Cardoso Jr., José Celso; Bercovici, Gilberto (org.), *República, democracia e desenvolvimento, contribuições ao Estado brasileiro contemporâneo (Diálogos para o Desenvolvimento),* Brasília: IPEA, 2013, v. 10, pp. 475-489; Filgueiras, Luiz, "O Neoliberalismo no Brasil, Estrutura, dinâmica e ajuste do modelo econômico", In Basualdo,

A austeridade fiscal e a eficiência microeconômica tornaram-se os objetivos a serem seguidos pelo Estado brasileiro, sob a vigência do MLP. Nesse sentido, o Estado passou a funcionar muito mais como disciplinador da atividade econômica (Estado-regulador) e criador de novos mercados para os setores privados nacionais e estrangeiros (previdência privada, planos de saúde, ensino universitário, etc.), em vez de atuar de forma direta na atividade econômica (como planejador e/ou produtor).

A política macroeconômica do MLP, ao longo dos últimos vinte anos, foi direcionada primordialmente para estabilizar a inflação e as contas públicas. A ideia central estava referenciada à visão dos ortodoxos, mais especificamente da abordagem do *new neoclassical synthesis*. Segundo essa abordagem, as políticas econômicas somente teriam efeitos sobre a estabilidade ou instabilidade de curto prazo, ao passo que afetariam muito pouco, ou quase nada, o desenvolvimento da economia no longo prazo. O desenvolvimento seria originado de normas/regras e organizações que garantissem o direito de propriedade, a redução dos custos de transação e a melhora nas expectativas dos agentes, potencializando assim o funcionamento mais completo dos mercados, que cumpririam a função de alocar de forma mais eficiente os recursos.

Vale ressaltar que o regime de política macroeconômica sob o MLP sofreu alterações ou flexibilizações, a depender das conjunturas econômicas interna e externa – específicas (âncora cambial durante o 1.º Governo FHC; regime de sistemas de metas de inflação, de superávits primários e de câmbio flutuante durante o 2.º Governo FHC e o 1.º Governo Lula; flexibilização do regime macroeconômico durante o 2.º Governo Lula e o 1.º Governo Dilma), mas manteve-se o foco da lógica de curto prazo (estabilidade de preços e das finanças públicas).

No transcurso do segundo mandato de FHC, o otimismo fácil dos primeiros anos do governo, foi substituído pelo ceticismo, uma vez que o tão propalado caminho da "modernidade" projetado pelos neoliberais não foi alcançado, a despeito da estabilidade de preços. Muito pelo contrário, o que se verificou, ao longo do governo FHC foi a ampliação do desemprego, das desigualdades sociais e do aumento da vulnerabilidade externa estrutural. Esses fatores desencadearam fortes crises econômicas. Isso possibilitou a vitória eleitoral do candidato Lula do PT que foi eleito para mudar. No entanto, Lula e a cúpula do seu partido optaram pela linha de menor resistência, que significou consolidar e aprofundar os eixos do MLP – a mesma política econômica e as mesmas diretrizes estratégicas do governo anterior.

As linhas mestras do regime de política macroeconômica do governo FHC foram mantidas pelo governo Lula, apesar de certa flexibilização no segundo

Eduardo; Arceo, Enrique, *Neoliberalismo y Sectores Dominantes, Tendências globales y experiencias nacionales*, Buenos Aires: Clacso Libros, 2006, pp. 194-195.

mandato.[20] De maneira geral, a condução econômica dos governos Lula foi fortemente influenciada pela ortodoxia, especialmente no primeiro mandato. Essa situação foi caracterizada como um constante "estado de emergência econômico", em que as políticas ortodoxas, contrárias aos interesses dos grupos sociais tradicionalmente representados pelo Partido dos Trabalhadores, eram sempre justificadas pelas ameaças das fugas de capital, das crises cambiais e da volta da inflação, que estariam sempre rondando a economia.[21]

Do ponto de vista estrutural, o governo Lula ampliou a abertura financeira da economia brasileira, recolocou a discussão da reforma da previdência dos servidores públicos e da reforma sindical e trabalhista.[22]

Em linhas gerais, a condução da gestão macroeconômica criou, em boa parte dos últimos vinte anos, a armadilha do juro alto-câmbio valorizado, que associada à abertura comercial e financeira, gerou: 1) um ritmo modesto das taxas de crescimento do investimento e do PIB – que alcançou patamares maiores entre 2004 e 2010 – em relação à média secular brasileira; 2) a redução da competitividade da indústria de transformação nacional, provocando a especialização regressiva da estrutura industrial e a reprimarização da pauta exportadora; e 3) a ampliação da vulnerabilidade externa estrutural (comercial, produtivo-tecnológica e financeira), decorrente das mudanças na estrutura produtiva e comercial e no controle de propriedade (desnacionalização), que implicou no aprofundamento do padrão dependente do capitalismo brasileiro.[23]

Nesse sentido, a adoção do MLP provocou uma inserção passiva do Brasil aos movimentos da economia internacional, uma vez que aprofundou a vulne-

20. No segundo governo Lula, verificou-se certa flexibilização da política econômica: (i) adoção de medidas voltadas à ampliação do crédito ao consumidor e ao mutuário; (ii) aumento real no salário mínimo; (iii) adoção de programas de transferência de renda direta; (iv) criação do Programa de Aceleração do Crescimento (PAC) e da ampliação da atuação do BNDES para estimular o investimento público e privado; e (v) medidas anticíclicas de combate à crise internacional a partir de 2009.

21. Paulani, Leda Maria, *Brasil Delivery, servidão financeira e estado de emergência econômico*, São Paulo: Boitempo, 2008.

22. Filgueiras, Luiz; Gonçalves, Reinaldo, *A Economia Política do Governo Lula,* Rio de Janeiro: Contraponto, 2007, pp. 110-116; Carneiro, Ricardo (org.), "Introdução", In *A supremacia dos mercados e a política econômica do governo Lula,* São Paulo: Editora Unesp, 2006.

23. Filgueiras, Luiz; Pinto, Eduardo Costa, "Política econômica do governo Lula e os limites do crescimento", In Gomes, Fábio Guedes; Pinto, Eduardo Costa (orgs.), *(Des) ordem e regresso, o período de ajustamento neoliberal no Brasil, 1990-2000,* Mandacarú, São Paulo: Hucitec, 2009, vol. 1, pp. 257-260; Gonçalves, Reinaldo, *Desenvolvimento às Avessas. Verdade, má-fé e ilusão no atual modelo brasileiro de desenvolvimento,* Rio de Janeiro: LTC, 2013; Pinto, Eduardo da Costa, "Bloco no poder e governo Lula", Tese (Doutorado), Instituto de Economia, Universidade Federal do Rio de Janeiro, 2010, pp. 230-234; Filgueiras, Luiz, *História do plano real, fundamentos, impactos e contradições*, 1. ed. São Paulo: Boitempo, 2000, pp. 160-184; Gonçalves, Reinaldo, *Vagão descarrilhado, o Brasil e o futuro da economia global,* Rio de Janeiro: Record, 2002.

rabilidade externa estrutural nos planos: i) comercial, pois a participação das exportações de básicos e semimanufaturados ampliou-se de 42,9% em 2002 para 61,6% em 2014, evidenciando a reprimarização da pauta exportadora; ii) produtivo-real em decorrência do aumento do grau de desnacionalização, da queda na participação da indústria de transformação no PIB (de 17,2% em 2002 para 13% em 2013), da especialização produtiva em *commodities* e produtos industriais de baixa e médio-baixa intensidade tecnológica; e iii) financeira com a expansão do passivo externo líquido que alcançou o valor de US$ 727 bilhões em 2012.[24]

A fase ascendente do ciclo econômico internacional, associado à ascensão da China, permitiu a melhora dos indicadores (do saldo da balança comercial, da relação entre o saldo de transações correntes e o PIB, etc.) de vulnerabilidade externa conjuntural do Brasil entre 2003 e 2011. Com isso, foi possível obter, mesmo nos marcos do MLP, maior crescimento econômico, entre 2003 e 2010 (4,0% ao ano), e adotar políticas sociais focalizadas. A conjuntura internacional extremamente favorável, marcada pela ampla liquidez financeira internacional, com baixas taxas de juros nos países centrais, e pela expressiva melhora nos termos de troca do Brasil (37% entre 2002 e 2011), gerou um bônus macroeconômico, reduzindo a restrição externa e fiscal, permitindo a expansão da demanda doméstica. Isso possibilitou a flexibilização da política econômica no segundo mandato, ampliando os investimentos públicos em infraestrutura e os gastos em políticas de transferência de renda, que proporcionaram maiores taxas de crescimento, aumento do consumo das famílias (mercado interno) e redução da pobreza extrema.

No entanto, do ponto de vista estrutural as vulnerabilidades externas permaneceram e até elevaram-se em algumas dimensões, como já evidenciado. Isso significa dizer que o caráter instável do MLP dos anos 1990 da dinâmica macroeconômica (dependência do capital externo, vulnerabilidade das contas externas, fugas de capital, crises cambiais e financeiras) brasileiro permaneceu da década de 2000, mas de forma oculta em virtude do cenário internacional favorável. Com a reversão da bonança internacional, após o ano de 2011, os indicadores de vulnerabilidade externa conjuntural pioraram refletindo o ônus macroeconômico da dependência das *commodities* e dos produtos industriais de baixa e médio-baixa intensidade tecnológica.

A instabilidade macroeconômica é uma característica intrínseca do MLP tendo em vista a livre mobilidade de capital, a desnacionalização, a desregula-

24. Gonçalves, Reinaldo, *Desenvolvimento às Avessas. Verdade, má-fé e ilusão no atual modelo brasileiro de desenvolvimento,* Rio de Janeiro: LTC, 2013, capítulo 4; Pinto, Eduardo Costa; Gonçalves, Reinaldo, "Les transformations mondiales et le nouveau rôle de la Chine", *Revue Tiers Monde*, vol. 219, 2014, pp. 19-38; Pinto, Eduardo Costa, "Bloco no poder e governo Lula", Tese (Doutorado), Instituto de Economia, Universidade Federal do Rio de Janeiro, 2010, pp. 270-280.

mentação, a redução das capacidades estatais e a armadilha do juro alto-câmbio valorizado gestado pela política macroeconômica com dominância financeira.

É preciso observar que o debate sobre o regime de política macroeconômica nos marcos do MLP, e seus efeitos sobre a produção e distribuição, quase nunca deixa claro que a taxa de juros alta é a expressão da hegemonia da fração bancário-financeira no interior do bloco no poder. Em outras palavras, a gestão macroeconômica, mais especificamente da taxa de juros condensa ao mesmo tempo: i) a dimensão das soluções técnicas prescritivas de doutrinas do pensamento econômico neoliberal; ii) o poder político da fração bancário-financeira, que se materializa pela sua representação no "centro de poder" do sistema estatal brasileiro (Banco Central); iii) e o poder econômico dessa fração bancário-financeira, que pode ser observado pelas elevadas taxas de lucros dos grupos econômicos dos segmentos bancário-financeiro. Entre 1997-2002 e 2003-2010, as taxas de rentabilidades médias sobre os patrimônios líquidos dos maiores grupos/conglomerados financeiros que operam no Brasil cresceram de 12,4% para 18,8%; e iv) o poder ideológico dessa fração já que conseguem incorporar, de forma incontestável, no conjunto da sociedade a ideia de que o combate à inflação deve ser realizado a qualquer custo.[25]

Em suma, podemos afirmar que as políticas monetária e fiscal (financiamento via títulos públicos) transferem, a cada ano, uma massa cada vez maior de recursos para a órbita financeira local e internacional. Com isso, as altas taxas de juros funcionam como instrumento de transferência de renda e riqueza dos assalariados e da população em geral para as frações dominantes bancário-financeiras e financeirizadas, sustentando vultosas e especulativas operações cambiais, dentre outras modalidades de acumulação financeira, abrindo espaço para expressiva instabilidade e fraco desempenho macroeconômico do MLP.[26]

3. DESEMPENHO MACROECONÔMICO EM PERSPECTIVA HISTÓRICA

Essa seção examina o desempenho macroeconômico de longo prazo da economia brasileira. Dois recortes analíticos complementares são usados: o primeiro refere-se aos distintos modelos de desenvolvimento econômico adotados no Brasil; e o segundo abarca os mandatos presidenciais. Esse segundo recorte é relevante no caso brasileiro já que no sistema político do país o presidente da

25. Pinto, Eduardo Costa, "Bloco no poder e governo Lula", Tese (Doutorado), Instituto de Economia, Universidade Federal do Rio de Janeiro, 2010, pp. 276-280.

26. Minella, Ary César, "Globalização financeira e as associações de bancos na América Latina", *Cadernos de pesquisa (PPGSP/UFSC)*, n. 30, junho de 2002; Gonçalves, Reinaldo, "Desestabilização macroeconômica e dominação do capital financeiro no Brasil", In Basualdo, Eduardo; Arceo, Enrique, *Neoliberalismo y Sectores Dominantes, Tendências globales y experiencias nacionales,* Buenos Aires: CLACSO, 2006, pp. 207-236; Filgueiras, Luiz; Gonçalves, Reinaldo, *A Economia Política do Governo Lula,* Rio de Janeiro: Contraponto, 2007, pp. 175-180.

República tem, historicamente, um papel muito destacado. De fato, o sistema federativo brasileiro é frágil e, ademais, também é fraco o contrapoder exercido pelo legislativo e pelo judiciário. Ou seja, há uma forte concentração do poder na esfera do executivo, particularmente, no governo federal. Esse invertebramento institucional expressa, muito provavelmente, a própria natureza do sistema política clientelista e patrimonialista que é parte da formação histórica brasileira.[27]

Conforme mencionado, de modo geral, é possível identificar cinco fases da economia brasileira: Economia agroexportadora-escravista (1822-1889); República Velha e hegemonia da cafeicultura (1889-1930); Era Desenvolvimentista e a formação de uma economia industrial (1930-79); Instabilidade, crise e transição (1980-94); e Economia Liberal Periférica (de 1995 em diante). Em cada uma dessas fases pode ser identificado um determinado modelo de desenvolvimento econômico (padrão de produção, acumulação e distribuição).

A Tabela 1 resume os resultados empíricos referentes aos indicadores macroeconômicos do Brasil no período 1890-2014 segundo as distintas fases da formação econômica do país. Os indicadores, medidos em percentual, são: taxa de variação real do PIB (%); hiato de crescimento econômico (diferença entre a taxa de crescimento da renda per capita do Brasil e a taxa de crescimento da renda per capita do resto do mundo); taxa de variação real do investimento (formação bruta de capital fixo); taxa de inflação (deflator do PIB); fragilidade financeira (relação entre a dívida pública mobiliária federal e o PIB); e vulnerabilidade externa (relação entre a dívida externa e as exportações de bens). Na última coluna há o Índice de Desempenho Macroeconômico (IDM), que varia de zero a 100. Quanto maior o IDM, melhor o resultado. As metodologias e as fontes são apresentadas em Filgueiras e Gonçalves (2007, anexo 2).

O IDM é a média simples das variáveis reduzidas correspondentes a cada um dos indicadores macroeconômicos em cada ano. As variáveis reduzidas (índices) são calculadas com a fórmula: 100 x $[(X - X_{min})/(X_{max} - X_{min})]$. Para se reduzir o efeito de *outliers*, optou-se por valores máximos e mínimos que são os 13º maior e o 13º menor de cada série, respectivamente; ou seja, o primeiro e o último decil das séries que têm 125 observações (dados anuais, período 1890-2014). Os dados para cada fase (e mandatos, como visto adiante) são as médias geométricas de cada um dos seis indicadores macroeconômicos. No caso do IDM, adota-se o critério das médias simples já que os 13 piores desempenhos sempre têm nota zero.

27. FAORO, Raymundo. *Os donos do poder*, Rio de Janeiro: Globo, 2001, pp. 822-832.

Tabela 1 – Indicadores macroeconômicos segundo o modelo de desenvolvimento econômico brasileiro: 1890-2014

	PIB var. real (%)	Hiato (%)	Investimento, var. real (%)	Inflação (%)	Fragilidade financeira	Vulnerabilidade externa	Índice de desempenho macroeconômico
Economia agroexportadora-escravista (1850-1889)	2,0	-0,95	1,2*	2,0	20,2	61,5	57,6*
República Velha e hegemonia da cafeicultura (1889-1930)	3,5	-0,23	2,1	4,0	13,0	184,3	61,8
Era Desenvolvimentista e a formação de uma economia industrial (1930-79)	6,5	1,75	8,0	22,0	5,0	212,5	66,1
Instabilidade, crise e transição (1980-94)	1,9	-0,97	-1,3	488,1	8,1	377,0	32,8
Economia Liberal Periférica (de 1995 em diante)	3,0	0,12	3,5	11,4	37,8	252,0	44,3
FHC (1995-2002)	2,4	-1,04	1,4	16,9	31,7	395,1	35,6
Lula (2003-10)	4,0	1,34	6,5	8,4	43,0	177,0	52,2
Dilma (2011-14)	2,1	0,04	1,8	6,9	40,1	187,3	45,8
Memorando: Período republicano							
Média	4,4	0,53	4,2	36,1	8,1	212,1	57,5
Mediana	4,5	0,38	7,3	11,0	10,4	228,6	59,4

Fontes e notas: Elaboração própria. Ver Filgueiras e Gonçalves (2007), p. 238-239. (*) estimativas.

A Era Desenvolvimentista (1930-79) é, sem dúvida alguma, aquela em que a economia brasileira teve o melhor desempenho macroeconômico. O IDM na Era Desenvolvimentista é 66,1, o mais elevado no conjunto das cinco fases. No entanto, dois indicadores da Era Desenvolvimentista têm resultados menos favoráveis: relação dívida externa/exportação (vulnerabilidade externa) e, principalmente, inflação. Vale notar que nessa era a taxa média de inflação é 22,0%, ou seja, o dobro da mediana das taxas de inflação no período 1890-2014. A taxa média secular de inflação (36,1%) é fortemente afetada pela situação de alta inflação (até mesmo, hiperinflação) na fase de instabilidade e crise (1980-94). Esses desequilíbrios são próprios da Era Desenvolvimentista que tem como eixo estruturante o processo de substituição de importações.

A pior fase da formação econômica do Brasil é, certamente, o período 1980-94, marcado por instabilidade e crise. Nessa fase o IDM (32,8) é inferior à metade do IDM da Era Desenvolvimentista (66,1). Houve graves desequilíbrios internos: fraco crescimento da renda, estagnação da renda per capita, alta inflação e déficit público. O desequilíbrio externo também era extraordinário tendo em vista o elevado valor relativo da dívida externa.

No que se refere ao Modelo Liberal Periférico (1995-2014) os resultados são claramente desfavoráveis. De modo geral, os indicadores macroeconômicos do MLP estão abaixo das médias e das medianas correspondentes aos indicadores do crescimento da renda, hiato de crescimento e investimento. Por exemplo, a taxa média anual de crescimento do PIB no MLP (1995-2014) é 3,0%, significativamente menor do que a taxa média anual (4,4%) e a mediana das taxas anuais (4,5%) em todo o período em análise (1890-2014). Ademais, os indicadores macroeconômicos do MLP estão acima das médias e das medianas correspondentes aos indicadores de inflação, fragilidade financeira e vulnerabilidade externa. Por exemplo, o indicador de fragilidade financeira (relação dívida mobiliária federal/PIB) é 37,8%, superior à média secular (8,1%) e à mediana das relações anuais (10,4%).

Vale notar que a taxa de inflação é o único indicador em que a média anual no MLP (11,4%) está próxima da mediana (11,0%) da série e é significativamente menor do que a taxa média secular (36,1%). Ou seja, o MLP compara-se favoravelmente aos outros modelos de desenvolvimento econômico somente no quesito inflação. Vale repetir que a taxa média de inflação brasileira é fortemente afetada pelas taxas no período de alta inflação (1980-94).

O fraco desempenho macroeconômico do MLP é informado pelo IDM. O IDM do MLP é 44,3; portanto, significativamente menor do que o IDM médio (57,5) e a mediana dos IDMs (59,4) em todo o período. A pior fase da economia brasileira é, sem dúvida alguma, a fase de instabilidade, crise e transição (1980-94). O MLP é a segunda pior fase da formação econômica do Brasil no período republicano

O MLP é, muito provavelmente, a segunda pior fase em toda a história econômica do Brasil. Os dados históricos para o período monárquico não permitem um análise mais precisa. Não obstante, estimativas apontam para um IDM de 57,6 no período 1850-89, portanto, maior do que o IDM do MLP (44,3).

Na perspectiva histórica, o fraco desempenho comparativo do MLP é visualizado mais facilmente no Gráfico 1. Em termos de tendências de longo prazo, o gráfico evidencia aumento do IDM da proclamação da república em 1889 até o início da I Grande Guerra em 1914. O período entre-guerras é marcado pela volatilidade do IDM. A elevação do IDM é evidente no período 1950-80 (Era Desenvolvimentista). Entretanto, na primeira metade dos anos 1960 os desequilíbrios internos e externos causam queda do IDM. Após o processo de ajuste, a Era

Desenvolvimentista revela, uma vez mais, o seu dinamismo econômico, principalmente nos anos 1970. A ruptura dessa Era ocorre em 1979 e partir desse ano houve queda significativa do IDM. O fraco desempenho da economia brasileira é evidente após 1980, tanto na fase de instabilidade e crise (1980-94), como a partir de 1995 com o MLP. Houve, porém, recuperação do IDM na fase ascendente da economia mundial a partir de 2003. Essa recuperação é interrompida e revertida em decorrência do impacto da crise internacional, dos erros da gestão macroeconômica e das fragilidades do MLP.[28]

Entretanto, no MLP há distintos resultados quando se consideram os mandatos presidenciais. Esse é, na realidade, o segundo recorte analítico da nossa investigação empírica.

Os indicadores mostram que, de modo geral, o desempenho macroeconômico brasileiro é superior no governo Lula (2003-10) comparativamente aos governos Fernando Henrique Cardoso (1995-2002) e Dilma Rousseff (2011-14). Naturalmente, dada a elevada vulnerabilidade externa da economia brasileira, a conjuntura internacional é determinante da evolução dos indicadores. Sem dúvida alguma, a fase ascendente da economia mundial em 2003-07 reduziu a restrição externa e permitiu melhor desempenho no *front* interno. Por outro lado, os desempenhos macroeconômicos nos governos FHC e no governo Dilma foram negativamente afetados pela conjuntura internacional desfavorável. No governo FHC, cabe mencionar o efeito contágio da crise mexicana em 1994, das crises asiáticas em 1997, da crise russa em 1998 e da crise argentina em 2001. A transmissão dos efeitos da crise financeira global em 2008 estende-se até o final do primeiro governo Dilma. Porém, a questão central é que o impacto da conjuntura internacional sobre a economia brasileira decorre, em grande medida, da própria vulnerabilidade externa estrutural do país, que aumenta ao longo dos anos com a implantação e aprofundamento do MLP.[29]

A Tabela 2 mostra os indicadores macroeconômicos em cada mandato presidencial bem como o indicador-síntese (Índice de Desempenho Macroeconômico). Observam-se taxas relativamente altas de crescimento do investimento e, principalmente, da renda no longo período que vai do final dos anos 1920 até o final dos anos 1970. O indicador de hiato de crescimento (ou seja, a velocidade com que o país reduz a diferença entre a sua renda per capita e a renda per capita mundial) é mais expressivo na segunda metade dos anos 1950 e nos anos 1970. A pressão inflacionária é marcante nos anos 1960 e, principalmente, nos anos 1980 e na primeira metade dos anos 1990. Os desequilíbrios fiscais (dívida

28. Pinto, Eduardo Costa, "Dilma: de 'coração valente' à 'presidenta acuada'". *Texto para Discussão* 015/2015, Instituto de Economia, Universidade Federal do Rio de Janeiro, 2015, pp. 5-13, disponível em <www.ie.ufrj.br≥, última consulta: 30 de setembro 2015, pp. 5-13.

29. Gonçalves, Reinaldo, *Desenvolvimento às Avessas. Verdade, má-fé e ilusão no atual modelo brasileiro de desenvolvimento,* Rio de Janeiro: LTC, 2013, capítulo 5.

interna) que haviam se reduzido ao longo de mais de um século (da proclamação da república em 1889 até o início dos anos 1970), apresentam forte crescimento na fase do MLP. O desequilíbrio externo (dívida externa), por seu turno, tornou-se restrição crescente após a proclamação da república. A moratória e o processo de renegociação permitiram a redução drástica do endividamento externo ao longo dos anos 1930 e 1940. Esse desequilíbrio voltou a aumentar no final dos anos 1950 e no início dos anos 1960. No entanto, a partir de meados dos anos 1970s o endividamento externo tornou-se forte determinante da gestão e do desempenho macroeconômico. A eclosão da crise da dívida externa no início dos anos 1980 foi o principal determinante da fase de instabilidade e crise econômica (1980-94).[30]

Gráfico 1 – Índice de Desempenho Macroeconômico: 1890-2014

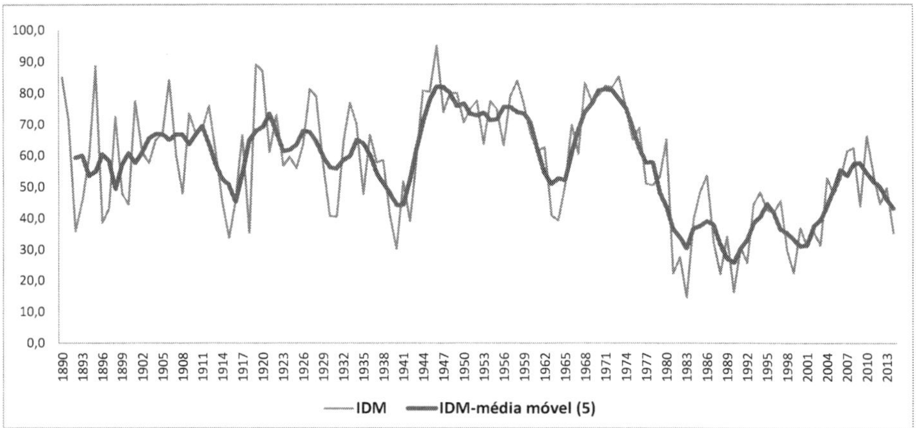

Fonte: Elaboração própria.

30. CANO, Wilson, *Soberania e política econômica na América Latina,* São Paulo: Editora Unesp, 2000, pp. 206-220.

Tabela 2 – Indicadores macroeconômicos brasileiros segundo o mandato presidencial: 1890-2014

		Período	PIB var. real (%)	Hiato (%)	Investi-mento, var. real (%)	Inflação (%)	Fragilidade financeira	Vulnerabilidade externa	Índice de desempenho macroeconômico
1	Deodoro da Fonseca	11/1889 a 11/1891	10,1	7,1	8,2	17,4	23,4	115,0	77,9
2	Floriano Peixoto	11/1891 a 11/1894	-7,5	-9,4	-10,7	14,1	15,5	102,2	46,9
3	Prudente de Morais	11/1894 a 11/1898	4,5	0,0	-9,4	10,9	13,2	141,4	60,9
4	Campos Sales	11/1898 a 11/1902	3,1	-1,5	-4,5	-10,3	13,1	145,0	57,8
5	Rodrigues Alves	11/1902 a 11/1906	4,7	-0,9	26,5	4,2	13,8	167,5	68,5
6	Afonso Pena	11/1906 a 6/1909	2,5	-1,5	6,7	-1,6	11,6	188,8	60,7
7	Nilo Peçanha	6/1909 a 11/1910	6,4	0,6	11,9	1,2	11,7	183,9	70,3
8	Hermes da Fonseca	11/1910 a 11/1914	3,5	0,6	-9,3	-4,1	12,5	222,2	62,9
9	Venceslau Brás	11/1914 a 11/1918	2,1	-2,1	-24,3	12,7	13,2	273,9	45,5
10	Epitácio Pessoa	7/1919 a 11/1922	7,5	4,9	46,0	4,6	11,7	179,0	77,6
11	Artur Bernardes	11/1922 a 11/1926	3,7	-1,3	8,3	8,8	11,2	203,2	59,0
12	Washington Luís	11/1926 a 10/1930	5,1	3,4	-1,2	-2,0	9,9	286,5	64,6
13	Getúlio Vargas I	11/1930 a 10/1945	4,3	0,3	4,0	6,5	9,3	333,6	57,7
14	Eurico Dutra	1/1946 a 1/1951	7,6	5,3	17,6	9,3	5,1	54,2	79,9
15	Getúlio Vargas II	1/1951 a 8/1954	6,2	0,2	8,3	17,0	2,6	50,6	73,4
16	Café Filho	8/1954 a 11/1955	8,8	1,2	-3,0	11,5	1,4	90,8	74,9
17	Juscelino Kubitschek	1/1956 a 1/1961	8,1	2,4	9,6	21,5	0,8	204,3	73,9
18	Jânio Quadros	1/1961 a 8/1961	8,6	3,3	-14,2	34,6	0,3	250,0	61,3
19	João Goulart	9/1961 a 4/1964	3,6	-2,0	11,5	63,7	0,2	267,2	51,8
20	Castello Branco	4/1964 a 3/1967	4,2	-2,6	8,5	60,8	0,4	227,0	53,2
21	Costa e Silva	3/1967 a 8/1969	7,8	2,0	11,9	24,4	1,7	201,6	73,7
22	Garrastazu Médici	10/1969 a 3/1974	11,9	5,7	14,9	21,2	4,8	223,9	82,1
23	Ernesto Geisel	3/1974 a 3/1979	6,7	2,7	6,6	38,6	6,5	276,7	62,2
24	João Figueiredo	3/1979 a 3/1985	2,2	-0,7	-3,5	109,1	6,0	350,0	37,0
25	José Sarney	3/1985 a 3/1990	4,5	0,5	4,8	386,3	10,8	399,0	38,0
26	Fernando Collor	3/1990 a 9/1992	-1,2	-3,0	-7,5	1061,2	5,8	377,8	24,2
27	Itamar Franco	10/1992 a 12/1994	5,0	2,9	10,2	2123,0	9,0	351,1	46,5
28	Fernando Henrique	1/1995 a 12/2002	2,4	-1,0	1,4	16,9	31,7	395,1	35,6
29	Lula	1/2003 a 12/2010	4,0	1,3	6,5	8,4	43,0	177,0	52,2
30	Dilma Rousseff	1/2011 a 12/2014	2,1	0,0	1,8	6,9	40,1	187,3	45,8
Memo									
	Média		4,4	0,53	4,2	36,1	8,1	212,1	57,5
	Mediana		4,5	0,38	7,3	11,0	10,4	228,6	59,4

Fontes: Elaboração própria. Ver Filgueiras e Gonçalves (2007), p. 238-239.

O fraco desempenho comparativo do MLP também é evidenciado no Gráfico 2 que mostra o IDM em cada um dos 30 mandatos presidenciais ao longo do período em análise.

Gráfico 2 – Índice de Desempenho Macroeconômico segundo o mandato presidencial: 1890-2014

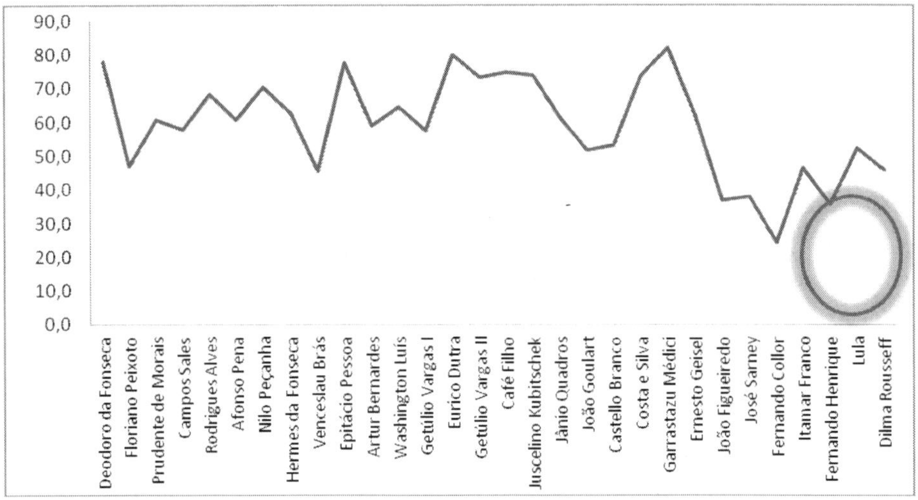

Fonte: Elaboração própria.

Na Tabela 3 os mandatos presidenciais são ordenados (ordem decrescente). Os 30 mandatos podem ser divididos em 3 grupos de 10 segundo o desempenho: ruim ou fraco; razoável ou bom; muito bom ou ótimo. No conjunto dos mandatos com desempenho muito bom ou ótimo, há 6 presidentes na Era Desenvolvimentista e 4 da República Velha. No conjunto dos mandatos com desempenho ruim ou fraco estão todos os 4 presidentes da fase de instabilidade e crise e todos os 3 presidentes do MLP (FHC, Lula e Dilma).

Vale notar que os 2 mandatos com melhor desempenho ocorreram na Era Desenvolvimentista em distintos momentos: anos 1940-50 (Dutra) e anos 1970 (Médici). Por outro lado, os 2 mandatos com pior desempenho ocorreram na fase de instabilidade e crise no início dos anos 1990 (Collor) e na inauguração efetiva do MLP em 1995 (FHC).

Tabela 3 – Indicadores macroeconômicos brasileiros segundo o mandato presidencial, ordem decrescente de desempenho: 1890-2014

		PIB var. real (%)	Hiato (%)	Investimento, var. real (%)	Inflação (%)	Fragilidade financeira	Vulnerabilidade externa	Índice de desempenho macroeconômico
1	Garrastazu Médici	11,9	5,7	14,9	21,2	4,8	223,9	82,1
2	Eurico Dutra	7,6	5,3	17,6	9,3	5,1	54,2	79,9
3	Deodoro da Fonseca	10,1	7,1	8,2	17,4	23,4	115,0	77,9
4	Epitácio Pessoa	7,5	4,9	46,0	4,6	11,7	179,0	77,6
5	Café Filho	8,8	1,2	-3,0	11,5	1,4	90,8	74,9
6	Juscelino Kubitschek	8,1	2,4	9,6	21,5	0,8	204,3	73,9
7	Costa e Silva	7,8	2,0	11,9	24,4	1,7	201,6	73,7
8	Getúlio Vargas II	6,2	0,2	8,3	17,0	2,6	50,6	73,4
9	Nilo Peçanha	6,4	0,6	11,9	1,2	11,7	183,9	70,3
10	Rodrigues Alves	4,7	-0,9	26,5	4,2	13,8	167,5	68,5
11	Washington Luís	5,1	3,4	-1,2	-2,0	9,9	286,5	64,6
12	Hermes da Fonseca	3,5	0,6	-9,3	-4,1	12,5	222,2	62,9
13	Ernesto Geisel	6,7	2,7	6,6	38,6	6,5	276,7	62,2
14	Jânio Quadros	8,6	3,3	-14,2	34,6	0,3	250,0	61,3
15	Prudente de Morais	4,5	0,0	-9,4	10,9	13,2	141,4	60,9
16	Afonso Pena	2,5	-1,5	6,7	-1,6	11,6	188,8	60,7
17	Artur Bernardes	3,7	-1,3	8,3	8,8	11,2	203,2	59,0
18	Campos Sales	3,1	-1,5	-4,5	-10,3	13,1	145,0	57,8
19	Getúlio Vargas I	4,3	0,3	4,0	6,5	9,3	333,6	57,7
20	Castello Branco	4,2	-2,6	8,5	60,8	0,4	227,0	53,2
21	Lula	4,0	1,3	6,5	8,4	43,0	177,0	52,2
22	João Goulart	3,6	-2,0	11,5	63,7	0,2	267,2	51,8
23	Floriano Peixoto	-7,5	-9,4	-10,7	14,1	15,5	102,2	46,9
24	Itamar Franco	5,0	2,9	10,2	2123,0	9,0	351,1	46,5
25	Dilma Rousseff	2,1	0,0	1,8	6,9	40,1	187,3	45,8
26	Venceslau Brás	2,1	-2,1	-24,3	12,7	13,2	273,9	45,5
27	José Sarney	4,5	0,5	4,8	386,3	10,8	399,0	38,0
28	João Figueiredo	2,2	-0,7	-3,5	109,1	6,0	350,0	37,0
29	Fernando Henrique	2,4	-1,0	1,4	16,9	31,7	395,1	35,6
30	Fernando Collor	-1,2	-3,0	-7,5	1061,2	5,8	377,8	24,2
Memo								
	Média	4,4	0,53	4,2	36,1	8,1	212,1	57,5
	Mediana	4,5	0,38	7,3	11,0	10,4	228,6	59,4

Fontes: Elaboração própria. Ver Filgueiras e Gonçalves (2007), p. 238-239.

No subconjunto de mandatos do MLP, FHC ocupa a 29ª posição (penúltima), com desempenho evidentemente medíocre. Dilma Rousseff, por seu turno, ocupa a 25ª posição e Lula a 21ª posição; ou seja, resultados ruins ou fracos.

Não há dúvida que todos os três governantes do MLP tiveram que enfrentar heranças particularmente negativas. FHC herdou extraordinária desestabilização macroeconômica nos *fronts* interno e externo, principalmente, a situação de alta inflação. Essa situação foi revertida a um custo muito elevado, inclusive, a desestabilização macroeconômica decorrente do baixo crescimento do investimento e da renda, aumento do desemprego, elevação extraordinária da dívida pública e fortes desequilíbrios externos (balanço de pagamentos e passivo externo). Durante o governo FHC a desestabilização foi ampla e profunda e o país recorreu ao FMI em 1998 e 2001. Não há como negar que essa desestabilização foi a "herança maldita" de FHC para Lula. A manutenção do acordo com o FMI durante o primeiro governo Lula expressa, de um lado, a vontade desse governo manter as regras do jogo e, de outro, a própria fragilidade da economia brasileira.

A fase ascendente da economia mundial afrouxou a restrição externa e permitiu a redução dos desequilíbrios conjunturais a partir de 2003. Entretanto, o MLP continuou se ampliando e aprofundando durante o governo Lula. Em consequência, houve aumento da vulnerabilidade externa estrutural da economia brasileira (Gonçalves, 2013, capítulo 5). Além das transformações desestruturantes (desindustrialização, reprimarização das exportações, aumento do passivo externo etc.), houve ainda erros graves de política econômica (apreciação cambial, expansão extraordinária do crédito, desoneração fiscal etc.). Essas transformações desestruturantes e os erros de política econômica fazem parte da "herança maldita" de Lula para o governo Dilma Rousseff. Nesse governo, essa herança é agravada não somente pelo impacto da conjuntura internacional desfavorável e pelos erros na política econômica (política fiscal, política de crédito, política cambial etc.) como também pela continuação das transformações fragilizantes próprias ao MLP.[31] No que se refere ao desempenho macroeconômico o resultado medíocre na Era do MLP não surpreende.

4. CONCLUSÃO

O MLP caracteriza-se pela combinação dos seguintes fatores: (i) liberalização comercial, produtiva e financeira; (ii) privatização, reformas da previdência social e desregulamentação dos mercados; (iii) dominância da fração bancária-financeira na dinâmica macroeconômica; e (iv) vulnerabilidade externa estrutural, que amplia a instabilidade macroeconômica no contexto de liberalização.

No que se refere à gestão macroeconômica a questão central é a dominação financeira. Nos termos dessa dominação, podemos afirmar que as políticas monetária e fiscal (financiamento via títulos públicos) transferem, a cada ano, uma massa cada vez maior de recursos para os rentistas nacionais e estrangeiros. As altas taxas de juros funcionam como instrumento de transferência de renda

31. Filgueiras, Luiz, "Notas para a análise de conjuntura", *Texto para Discussão* 015/2015, Instituto de Economia, Universidade Federal do Rio de Janeiro, 2015, pp. 14-25, disponível em <www.ie.ufrj.br≥, última consulta: 30.09.2015; Gonçalves, Reinaldo, "Por que a esquerda tem mais razões do que a direita para ser a favor do impedimento de Dilma e da punição de Lula?" *Texto para Discussão* 015/2015, Instituto de Economia, Universidade Federal do Rio de Janeiro, 2015, pp. 26-47, disponível em <www.ie.ufrj.br>, última consulta: 30.09.2015.

e riqueza dos assalariados e da população em geral para as frações dominantes bancário-financeiras e financeirizadas. Esses processos limitam a acumulação produtiva e causam fraco desempenho macroeconômico.

No que concerne às questões estruturais, o MLP significa transformações fragilizantes: desindustrialização; dessubstituição de importações; reprimarização; maior dependência tecnológica; desnacionalização; perda de competitividade internacional; crescente vulnerabilidade externa estrutural; maior concentração de capital; e dominação financeira. As transformações fragilizantes do MLP impõem restrições ao desempenho econômico de longo prazo. Essas restrições implicam tanto instabilidade quanto fraco desempenho macroeconômico. A questão central é que a vulnerabilidade externa estrutural é determinante da instabilidade e do fraco desempenho macroeconômico.

A análise empírica mostra que a fase atual de vigência do MLP é a segunda pior da história econômica do país. No conjunto dos mandatos presidenciais com desempenho ruim ou fraco estão todos os quatro presidentes da fase de instabilidade e crise (1980-94) e todos os três presidentes do MLP (FHC, Lula e Dilma). Os dois mandatos com pior desempenho ocorreram na fase de instabilidade e crise no início dos anos 1990 (Collor) e na inauguração efetiva do MLP em 1995 (FHC). No subconjunto de mandatos do MLP, FHC ocupa a 29ª posição (penúltima), com desempenho evidentemente medíocre. Dilma Rousseff, por seu turno, ocupa a 25ª posição e Lula a 21ª posição; ou seja, resultados medíocres, ruins ou fracos.

Certamente, a melhora da conjuntura econômica internacional e a correção dos erros da política econômica são condições necessárias para a reversão do quadro de desempenho macroeconômico medíocre (FHC), ruim (Dilma) e fraco (Lula). Entretanto, vale destacar, essas mudanças conjunturais somente terão efeitos duradouros e de longo prazo se forem acompanhadas por transformações estruturais. Não se trata, aqui, de reformas pontuais referenciadas à tributação, previdência ou ao mercado de trabalho. Muito pelo contrário, essas transformações significam, na prática, a ruptura com o MLP.

BIBLIOGRAFIA

Bianchi, Álvaro Gabriel. "O ministério dos industriais: a federação das indústrias do estado de São Paulo na crise das décadas de 1980 e 1990", Tese de Doutoramento em Ciências Sociais, IFCH-Unicamp, Brasil, 2004.

Cano, Wilson. *Soberania e política econômica na América Latina,* São Paulo: Editora UNESP, 2000.

Carcanholo, Marcelo; Filgueiras, Luis; Pinto, Eduardo Costa. "A Alca (ainda) não faleceu, alternativas reais para a América Latina e Caribe", In Estay, Jaime (org.). *La Crisis Mundial y sus Impactos en América Latina*, Puebla, BUAP, 2009, pp. 131-162.

Cardoso JR., José Celso; Pinto, Eduardo Costa; Linhares, Paulo de Tarso. "O Estado brasileiro e o Desenvolvimento no Brasil", In Cardoso JR, José Celso; Bercovici, Gilberto (org.), *República, democracia e desenvolvimento, contribuições ao Estado brasileiro contemporâneo (Diálogos para o Desenvolvimento),* Brasília, IPEA, 2013, v. 10, pp. 467-496.

Carneiro, Ricardo (org.). "Introdução", In *A supremacia dos mercados e a política econômica do governo Lula,* São Paulo: Editora Unesp, 2006.

Evans, Peter. *A tríplice aliança, as multinacionais, as estatais e o capital nacional no desenvolvimento dependente brasileiro,* Rio de Janeiro: Zahar, 1980.

Faoro, Raymundo. *Os donos do poder*, Rio de Janeiro: Globo, 2001.

Filgueiras, Luiz; Pinheiro, Bruno; Philigret, Celeste; Balanco, Paulo. "Modelo liberal-periférico e bloco de poder, política e dinâmica macroeconômica nos governos Lula", In *Os anos Lula, contribuições para um balanço crítico,* Rio de Janeiro: Garamond. 2010, pp. 35-69.

Filgueiras, Luis; Gonçalves, Reinaldo. *A Economia Política do Governo Lula,* Rio de Janeiro: Contraponto, 2007.

Filgueiras, Luis; Pinto, Eduardo Costa. "Política econômica do governo Lula e os limites do crescimento", In Gomes, Fábio Guedes; Pinto, Eduardo Costa (orgs.). *(Des)ordem e regresso, o período de ajustamento neoliberal no Brasil, 1990-2000*, Mandacarú, São Paulo: Hucitec, 2009, vol. 1, pp. 252-284.

Filgueiras, Luiz. "O Neoliberalismo no Brasil, Estrutura, dinâmica e ajuste do modelo econômico", In Basualdo, Eduardo; Arceo, Enrique, *Neoliberalismo y Sectores Dominantes, Tendências globales y experiencias nacionales,* Buenos Aires: CLACSO, 2006, pp. 179-206.

Filgueiras, Luiz. *História do plano real, fundamentos, impactos e contradições*, 1.ed. São Paulo: Boitempo, 2000.

______. "Notas para a análise de conjuntura", *Texto para Discussão* 015/2015, Instituto de Economia, Universidade Federal do Rio de Janeiro, 2015, pp. 14-25, disponível em <www.ie.ufrj.br>, última consulta: 30.092015.

Fiori, José Luis. *O vôo da coruja*, Rio de Janeiro: Record, 2003.

Gonçalves, Reinaldo; Carcanholo, Marcelo Dias; Filgueiras, Luiz; Pinto, Eduardo Costa. "Vulnerabilidad Estructural Externa en América Latina", In Arceo, Enrique; Basualdo, Eduardo (orgs.). *Los Condicionantes de la Crisis en América Latina, inserción internacional y modalidades de acumulación,* Buenos Aires, CLACSO, 2009, v. 1, pp. 119-138.

Gonçalves, Reinaldo. "Desestabilização macroeconômica e dominação do capital financeiro no Brasil", In Basualdo, Eduardo; Arceo, Enrique. *Neoliberalismo y Sectores Dominantes, Tendências globales y experiencias nacionales,* Buenos Aires, CLACSO, 2006, pp. 207-236.

Gonçalves, Reinaldo. "Distribuição de riqueza e renda, alternativa para a crise brasileira", In Lesbaupin, Ivo (org.). *O desmonte da nação, balanço do Governo FHC,* Petrópolis, RJ, Vozes, 1999.

______. *Desenvolvimento às Avessas. Verdade, má-fé e ilusão no atual modelo brasileiro de desenvolvimento,* Rio de Janeiro: LTC, 2013.

______. *O Brasil e o comércio internacional, transformações e perspectivas,* São Paulo: Contexto, 2000.

______. *Vagão descarrilhado, o Brasil e o futuro da economia global,* Rio de Janeiro: Record, 2002.

______. "Por que a esquerda tem mais razões do que a direita para ser a favor do impedimento de Dilma e da punição de Lula?" *Texto para Discussão* 15/2015, Instituto de Economia, Universidade Federal do Rio de Janeiro, 2015, pp. 26-47, disponível em <www.ie.ufrj.br>, última consulta: 30.09.2015.

MINELLA, Ary César. "Globalização financeira e as associações de bancos na América Latina", *Cadernos de pesquisa (PPGSP/UFSC)*, n. 30, junho de 2002.

OLIVEIRA, Francisco. *Crítica à razão dualista/o ornitorrinco*, São Paulo: Boitempo, 2003.

OLIVEIRA, Nelson. "Um país privado, os dilemas conjunturais de uma oposição", Salvador, *Cadernos do CEAS*, julho/agosto, n. 200, 2002, pp. 9-25.

PAULANI, Leda Maria. *Brasil Delivery, servidão financeira e estado de emergência econômico*, São Paulo: Boitempo, 2008.

PINTO, Eduardo Costa. "Dilma: de "coração valente" à "presidenta acuada"". *Texto para Discussão* 15/2015, Instituto de Economia, Universidade Federal do Rio de Janeiro, 2015, pp. 5-13, disponível em <www.ie.ufrj.br>, última consulta: 30.09.2015.

PINTO, Eduardo Costa; BALANCO, Paulo. "Padrão de acumulação, Estado e políticas econômicas no Brasil, da República Velha ao governo provisório e constitucional de Vargas", *Revista da Sociedade Brasileira de Economia Política,* n. 23, 2008, pp. 48-76.

PINTO, Eduardo Costa; GONÇALVES, Reinaldo. "Les transformations mondiales et le nouveau rôle de la Chine", *Revue Tiers Monde*, vol. 219, 2014, pp. 19-38.

______. "Bloco no poder e governo Lula", Tese (Doutorado), Instituto de Economia, Universidade Federal do Rio de Janeiro, 2010.

POULANTZAS, Nicos. *Poder político e classes sociais*, São Paulo: Martins Fontes, 1977.

SALLUM, Brasílio. "O Brasil sob Cardoso, neoliberalismo e desenvolvimento", *Tempo Social*, 2:11, outubro 1999.

______. *Labirintos, dos generais à nova república*, São Paulo: Hucitec, 1996.

SOCIEDADE

DESIGUALDADES SOCIAIS NO MEIO URBANO: ATUALIZANDO VELHOS TEMAS NA SOCIEDADE BRASILEIRA

JACQUELINE BRITTO PÓLVORA

Universidade da Integração Internacional
da Lusofonia Afro-Brasileira (UNILAB)

Os espaços são, como bem sublinhou Lefébvre,[1] produto e produtor de relações sociais. Suas formas e seus contornos, que são oferecidos para a população, refletem ao mesmo tempo que criam relações sociais, que sucedem no espaço. Este trabalho busca uma reflexão sobre como as relações sociais se evidenciam na experiência urbana das cidades brasileiras. Argumentando que tais relações sociais, cuja estrutura é violentamente hierárquica, se apresentam no espaço em diferentes versões de separações e de segregações. Assim, num constante reviver de suas estruturas históricas coloniais e pós-coloniais, as cidades brasileiras se apresentam oscilantes entre uma modernidade desejada e a prática arcaica de relações baseadas na herança de relações escravistas e seu consequente desprezo pelas pessoas pertencentes as classes mais "pobres" e consideradas de "cor". De este modo, quero propor aqui uma discussão sobre a herança que a presença da escravidão gerou nas relações sociais do Brasil, e as consequências expressas nas desigualdades sociais dos cenários urbanos contemporâneos brasileiros. A articulação de ideias e de autores que apresento aqui é uma tentativa de reunir pensamentos e traçar conexões de um debate que as Ciências Sociais, por vias diretas ou indiretas, já vem realizando. Assim, apresento a vocês, leitores, uma das entradas pelas muitas diferentes portas para pensar o racismo e as desigual-

1. LEFÉBVRE, Henry, *La production de l'espace*, Paris: Édition Anthropos, 1974.

dades sociais presentes na sociedade brasileira. Ao final, examino, rapidamente, três casos contemporâneos de segregação racial ocorridos em duas importantes cidades do Brasil como emblemáticos de tais relações.

Apesar da resistência de alguns setores sociais brasileiros, a discussão pública sobre o racismo retirou o véu do sentimento de orgulho que nutria (e nutre) a ideologia nacional mais cristalizada dentro e fora do país. Ainda que muitos dos únicos que nunca acreditaram em tal ideologia foram e são negros e afro-brasileiros, talvez uma das mitologias nacionais[2] mais vigorosa é a que elogia a "nação mestiça". O largo repertório de autores que discutem a identidade nacional concebida dessa forma, em seus diferentes âmbitos,[3] demonstra a importância do pensamento social brasileiro na configuração de como o sentido comum – ou de como culturalmente a gente comum, que comparte um sentido comum – se pensa a si mesma.[4]

As décadas iniciais do século XX, e as seguintes, contam a história de uma nação que acabou por negar a existência de qualquer tipo de racialismo, depois de haver passado por diferentes momentos de compreender a ideia de raça,[5] e de estabelecer, a partir disso, um debate sobre o positivo e o negativo da mestiçagem física, moral e cultural.[6] Como sugere Luiz Felipe Alencastro, deveríamos começar a pensar o racismo, e as relações raciais, a partir da especificidade brasileira, e do mesmo modo pensar como estas relações raciais afetam a realidade de uma sociedade que tem orgulho de ser multicultural, racial e étnica.[7]

2. Thomaz, Omar Ribeiro, "O bom povo português. Usos e costumes d'aquém e d'além-mar", *Mana*, 1:7, 2001, pp. 55-87.

3. Ortiz, Renato, *Cultura brasileira e identidade nacional*, São Paulo: Brasiliense, 2006.

4. Após a abolição da escravidão, em 1888, a proclamação da República (1889) e as primeiras décadas do século XX foram períodos de extrema importância para o pensamento sociológico que teorizou sobre a nação brasileira e a identidade nacional de uma nação republicana moderna. Junto a Sérgio Buarque de Holanda, sem dúvida a obra de Gilberto Freyre é um dos marcos importantes desse pensamento social. Freyre leu a vida social do Brasil como uma nação que, graças a herança colonial portuguesa, era constituída por diferentes gentes que interagiam, onde a distância física (das colonizações francesas e inglesas) era substituída pela proximidade entre os indivíduos e as classes (senhores e escravos), na qual o preconceito interracial era quase inexistente e, os filhos mestiços, formavam as novas gerações onde todas as culturas, raças e classes não se diferenciavam. Freyre, Gilberto, *Casa grande e senzala,* 16. ed., Rio de Janeiro: José Olympio Editora, 1973, entre outras obras do autor.

5. Lilia Schwarcz, *O espetáculo das raças. Cientistas, instituições e questão racial no Brasil (1870-1930)*, São Paulo: Companhia das Letras, 1993.

6. Ramos, Artur, *As culturas negras no novo mundo*, São Paulo: Companhia Editora Nacional, 1937; Nina Rodrigues, Raimundo, *Os africanos no Brasil*, Rio de Janeiro, 1933; Wade, Peter, *Race and Ethnicity in Latin America*, London, Sterling, Virginia: Pluto Press, 1997; Munanga, Kabengele, *Rediscutindo a mestiçagem no Brasil*, Petrópolis: Vozes, 1999; Ortiz, Renato, *Cultura brasileira e identidade nacional*, São Paulo: Brasiliense, 2006.

7. Alencastro, Luiz Felipe, *Parecer sobre a arguição de descumprimento de preceito fundamental ADPF/186, apresentada ao Supremo Tribunal Federal,* disponível em <http://

Apesar dos efeitos positivos para a autoestima nacional pensar-se como uma nação onde ideologias não-racialistas vigoram (ideologias segundo as quais não há nem diferentes, nem diferenças raciais), a história oficial e a não-oficial da resistência negra e afro-brasileira mostra outras possibilidades de formas de pensar. São diversas as versões de pensamentos que consideram a raça como um fator significativo,[8] as quais, ainda que pouco falado e por muito tempo subterrâneas – servem na estrutura social para a manutenção de diferenças e, sobretudo, de desigualdades. A resistência negra contrária as diferentes versões da manutenção das desigualdades se faz presente desde o longo processo de escravidão nos períodos colonial e imperial (até 1888), com suas formações sociais *quilombolas*.[9] Mais tarde, e saltando a passos largos sobre a história da resistência negra no Brasil e pensando no período de consolidação dos centros urbanos, os benefícios republicanos e modernos trouxeram vitórias e conquistas: sair das amarras escravistas rurais, viver em cidades e conquistar, gradualmente, suas liberdades individuais, fazendo dos espaços urbanos também espaços para esconder-se.[10] Contudo, a vida nas cidades logra reunir dois lados decorrente da situação de escravidão: por um lado, permite uma possibilidade de atuar com mais solidariedade em busca da liberdade, já que proporciona maior concentração de pessoas livres e não-livres e, com isto, o aumento de diferentes formas de resistência e, por outro lado, também proporciona maior repressão, já que as cidades crescem, e se faz necessário um maior controle e maior regulação da vida social urbana. Assim, a resistência negra que, inicialmente, se populariza pelas formas de resistência *quilombola* nos meios rurais, encontra nas periferias das cidades brasileiras sua extensão. Será nos *cortiços*, oficialmente as primeiras periferias das cidades brasileiras, onde vamos encontrar parte da repressão contra os pobres e os negros e, também, as ações que acabarão por denunciar a inoperância do mito que configurou a nação racialmente democrática.

Se, por um lado, a discussão entre deputados e acadêmicos durante os séculos XIX e grande parte do século XX tentava dar protagonismo a ideologia da mestiçagem e louvava a mistura de raças, tanto a experiência rural quanto a experiência urbana davam sinais evidentes de que esta população permanecia nos lugares mais baixos da hierarquia social. A sociedade urbana pós-escravidão não

---

www.stf.jus.br/arquivo/cms/processoAudienciaPublicaAcaoAfirmativa/anexo/stf_alencastro_definitivo_audiencia_publica.doc>, última consulta: 15.03.2011.

8. Guimarães, Antonio Sergio, *Classes, raças e democracia*, São Paulo: Editora 34, 2002; Benjamin, Medea; Mendonça, Maysa, *Benedita da Silva: An Afro-Brazilian Woman's Story of Politics and Love,* Oakland: First Food Book, 1997; Nascimento, Abdias do, *Brazil. Mixture or Massacre? Essays on the Genocide of Black People*, Dover, Massachusetts: The Majority Press, 1989.

9. Sobre os quilombos no Brasil ver: Freitas, Décio, *Palmares: a guerra dos escravos*, Porto Alegre: Ed. Movimento, 1973.

10. Pesavento, Sandra, *A emergência dos subalternos: trabalho livre e ordem burguesa*, Porto Alegre: Editora da Universidade UFRGS/FAPERGS, 1989; Chalhoub, Sidney, *Cidade Febril. Cortiços e epidemias na corte imperial*, São Paulo: Companhia das Letras, 2011.

pensava em como a transição no tempo histórico e político deveria estabelecer as relações sociais ao ponto de integrar os cidadãos livres. Os postos de trabalho, no meio urbano, eram de ajudantes domésticos, de vendedores ambulantes, carregadores, artesãos, atividades que não projetavam o individuo aos postos mais altos da estrutura social.[11] É assim que a história paralela, a do orgulho da nação mestiça, foi a história do distanciamento da população negra e pobre dos lugares acessíveis a democracia e a distribuição igualitária de bens comuns. Assim, tanto o espaço urbano se configurou separadamente com zonas menos servidas e mais periféricas em termos de infraestrutura, quanto as atividades práticas laborais também se consolidavam com enormes desigualdades em suas práticas e recompensas. Esta configuração inicial da sociedade pós-escravista serve como paradigma para que a sociedade brasileira se pense a si mesma e a sua gente como naturalmente desigual. Do mesmo modo já se efetiva o projeto racial latino-americano e brasileiro,[12] a desracialização da nação, projeto que atua em pelo menos dois planos: 1º) ao pensar-se como uma nação mestiça, não pensa como a desigualdade afeta diretamente a brancos e negros; 2º) ao pensar-se como uma nação que não considera que o pertencer racial determina lugares sociais faz menos visível a presença negra nos estratos mais baixos da estrutura. Ao mesmo tempo, os quilombos, assim como os cortiços são espaços que acabam por ser racializados,[13] porque pensados como espaços de potencial perigo, não por ser um perigo real, mas devido a população que ali habita.

A discussão aqui se situa entre pensar a sociedade brasileira como uma sociedade multirracial e a incorporação da dimensão "multi" em suas práticas cotidianas ou, como assinala Guimarães,[14] pensar e definir que tipo de inclusão pensamos: "cultural"? Política e da "igualdade de tratamento e de oportunidades"? Ou ideológica – "dos discursos teóricos que organizam a vida social?" O paradoxo da nação que se pensa multirracial e, com isto, não considera as desigualdades presentes entre brancos e negros em sua estrutura é o fator que naturaliza as desigualdades, e se converte em racismo institucionalizado, historicamente operante nas diferentes instituições nacionais. De forma que as novas estruturas econômicas e organizadoras das relações de trabalho e sociais reinantes desde o Brasil colonial, especialmente a mudança do trabalho escravo para o trabalho

11. Graham, Richard, *Alimentar a cidade. Das vendedoras de rua à reforma liberal (Salvador, 1780-1860)*, São Paulo: Companhia das Letras, 2013.

12. Omi, Michael; Winant, Howard, *Racial Formation in the United States, from 1960s to the 1980s*, New York: Routledge & Kegan Paul, 1986; Winant, Howard, *Racial Conditions: Politics, Theory, Comparisons*, Minneapolis: University of Minnesota Press, 1994.

13. Smith, Susan J., "Residential Segregation and the Politics of Racialization", In Keith, M.; Cross, M. (orgs.), *Racism, the City and the State*, London and New York: Routledge, 1993, pp. 28-49.

14. Guimarães, Antonio Sergio, "A modernidade negra", *Teoria e Pesquisa*, 42/43, jan.-jul. 2003, pp. 42-61.

livre e assalariado, fazem pouco para aniquilar a presença da raça em situar as pessoas em posições desiguais dentro da hierarquia social.[15]

Retomando a formação urbana brasileira, a atuação nos cortiços do conjunto institucional formado pela política, a polícia e outros agentes públicos,[16] junto aos "homens de Ciência" que confirmavam a relação raça, biologia e sociedade,[17] foram parte substancial da institucionalização do racismo. A lógica, nos explica o historiador Chalhoub,[18] consistia no vínculo estabelecido entre a nova classe social e o perigo que vinha a habitar as cidades: perigo porque pobres e não acumulavam, e se não acumulavam é porque trabalhavam, e se no trabalhavam era porque eram dominados pelo ócio. E o ócio lhes acomete de mas atitudes, são "delinquentes".[19] São casos que, depois de debatidos e estudados nas escolas de Direito e de Medicina, recebiam o apoio das teorias antropológicas raciais e chegavam, finalmente, até a polícia com todo um esquema teórico racialista e racializador na implementação de políticas públicas. A associação entre pobreza e crime é "um dos fundamentos teóricos da estratégia de atuação da polícia nas grandes cidades brasileiras desde, pelo menos, as primeiras décadas do século XX (2011:23)". Assim, a história de como os pobres e os negros do regime republicano e democrático foram vistos, examinados, tratados e controlados, para recordar Foucault, nos ajuda a explicar a violenta separação e segregação espacial entre brancos e negros nas cidades brasileiras. A história posterior a este período de consolidação de estas ideologias foi a derrubada do debate racialista, a partir dos anos 30, e a adoção progressiva, ordenada e perdurável da ideologia de que o Brasil é a nação da democracia racial. Junto a esta segunda parte de todo o processo de discussão sobre a nação reside o trabalho de denuncia e de resistência do movimento negro organizado, uma vez que tais ideias permanecem presentes em vários setores sociais, e formam uma experiência social sobre questões de identidade – negras e não-negras – no Brasil.

Até o presente momento, tentei remontar pontos que considero centrais para meu argumento que é o de que as cidades são cenários onde as desigualdades, separações e segregações existentes se baseiam na história das ideias da formação racial da nação e que, por isto, as cidades oscilam entre a possibilidade de se viver em bairros mesclados ou de se viver em bairros pertencentes a determinadas classes sociais e em grupos raciais exclusivos. Em outras palavras, oscila entre a modernidade que supera o pensamento racialista e o arcaico que, impregnado das

15. HASENBALG, Carlos, *Discriminação e desigualdade raciais no Brasil,* Rio de Janeiro: Graal, 1979.

16. CHALHOUB, Sidney, *Cidade Febril. Cortiços e epidemias na corte imperial,* São Paulo: Companhia das Letras, 2011, p. 23.

17. SCHWARCZ, Lilia, *O espetáculo das raças. Cientistas, instituições e questão racial no Brasil (1870-1930),* São Paulo: Companhia das Letras, 1993.

18. CHALHOUB, Sidney, *Cidade Febril. Cortiços e epidemias na corte imperial,* São Paulo: Companhia das Letras, 2011, p. 15-59.

19. *Ibidem,* p. 22-23.

ideologias do século XIX, seguem concebendo os diferentes – pobres e negros – como a mesma negatividade dessa época.

Um pouco de fatos e situações recentes que ocorrem nas grandes cidades brasileiras nos últimos anos do século XXI podem nos ajudar na compreensão de como estas ideologias adquirem diferentes dimensões na vida social dos centros urbanos do país e como a ideologia racialista se atualiza.

A primeira situação está relacionada com a vida cotidiana da classe média alta brasileira e a presença da empregada doméstica. A empregada doméstica representa, muitas vezes, a perpetuação do sistema escravista brasileiro no espaço doméstico. Esta pessoa, frequentemente, é pensada e falada como uma pessoa da família; ao mesmo tempo, não comparte dos espaços domésticos com seus "amos" e não tem acesso nem ao mesmo ascensor, nem a porta principal dos edifícios de seus patrões. A recente representação fictícia no cinema, *Que horas ela volta?*, título do filme da diretora Anna Muylaert (2015),[20] se mostra estreitamente relacionada com essa realidade. O personagem principal é Val, a empregada de uma família de classe média alta de São Paulo, situada em um dos bairros também de classe alta paulistana. Val é uma empregada doméstica que vive faz muitos anos nessa cidade e que veio de Pernambuco, Estado do nordeste brasileiro, região mais pobre onde muitas pessoas emigraram para buscar trabalho no sudeste industrializado. Val deixou para trás sua filha, para quem enviava dinheiro, fruto de seu trabalho, para que ela, Jessica, pudesse estudar. No filme, Jessica tem aproximadamente 20 anos e cresceu e viveu experiências diferentes de sua mãe. De outra geração, Jessica questiona as relações desiguais entre patrões e empregados, e não entende como sua mãe aguenta ser tratada como cidadã de segunda classe. Ao que sua mãe lhe responde: "há coisas que uma pessoa já nasce sabendo". Era o "lugar" dos empregados a que se referia Val. Ela sabia que não podia se sentar junto a mesa com seus patrões, não podia dormir nem em outra cama, nem em outro quarto que não fosse o quarto pequeno e escondido da casa, e muito menos usar a piscina, como sua filha queria e o fez. Jessica, que vinha de mudança para São Paulo, queria estudar arquitetura na melhor universidade pública local, desejo que é rebatido com certa ironia por parte da proprietária da casa. Menciona, com uma ponta de inveja, que a filha da empregada é inteligente, que "sonha alto", diferentemente de seu filho, que é um mimado e que não sabe muito bem o que quer estudar como profissão. Para completar, o marido da dona da casa é um senhor de mais ou menos 50 anos, artista, e tem o privilégio de trabalhar em casa com horários flexíveis. Sente-se atraído pela jovem Jessica, que tem a mesma idade de seu filho. Sente-se atraído pela beleza, pela juventude e sensibilidade artística da filha da empregada. Ou seja, reproduz a exoticização da mulher jovem e mestiça, famosa no período colonial e que acabou sendo fundamento para as relações sexuais interraciais e violentas.

20. Muylaert, Anna, *Que horas ela volta?*. Ver: <http://globofilmes.globo.com/filme/quehoraselavolta/>, última consulta: 09.10.2015.

Finalmente, Val, a empregada, veste um uniforme quando trabalha. Ainda que seja vista como sendo da família, a empregada deve vestir um uniforme especial, o qual garante a retidão e limpeza dentro da casa. Nesse sentido, a classe média alta brasileira utiliza o uniforme para diferenciar visualmente seus empregados. No século XXI, em Copacabana, a zona mais tradicional da classe média do Rio de Janeiro, é comum ver as criadas, *baby sitters*, cuidadoras de idosos, ou outras empregadas, vestindo uma roupa que as uniformiza, que as fazem igualmente parte das classes mais baixas.

O segundo episódio ou situação diz respeito a diferentes episódios que se popularizaram com o nome de *rolezinho*.[21] A palavra rolezinho provém de "dar um rolé", fazer um passeio. O acontecimento se populariza quando jovens de periferia decidem fazer passeios nos *shopping centers* de classe média alta em São Paulo. Conscientes de que não são pessoas bem-vindas nestes espaços chamam, através das redes sociais, grupos de jovens para fazer o que os filhos de classe média adoram: ir ao *shopping center*, olhar os produtos, provar roupas, sentar nos bancos do centro comercial, tomar um sorvete e conversar. A reação tem sido tão violenta contra estes jovens que muitas lojas cerraram (e cerram) suas portas porque temiam (e temem assaltos) ou uma reação mais descontrolada por parte dos "pobres". Os seguranças de empresas privadas caminhavam e seguiam os grupos de jovens que passeavam, vigilando-lhes. Os meios de comunicação, por outro lado, fizeram comentários assustadoramente racistas e preconceituosos. Os jovens sabiam que estavam cruzando a linha dos espaços a eles permitidos, e atrás deles vinham também muitas pessoas diferentes, famílias, vizinhos, mulheres com seus bebês em braços, todos com algo em comum: eram pobres, das periferias e simulavam uma invasão, de classe e raça, pacífica, contudo visivelmente "fora do lugar".

O terceiro episódio passou faz um par de meses no Rio de Janeiro. Era um domingo de praia, alguns jovens negros e da periferia assaltaram à população que estava na praia na zona Sul da cidade, zona esta historicamente separada do Norte, onde estão os pobres e muitas favelas.[22] A população praieira se assustou muito, corria o pânico, fugiam dos grupos de jovens e negros. Os canais de televisão fizeram muitas reportagens com os visitantes e os vizinhos do bairro defendendo o direito dessas pessoas estar na praia. O Estado, uma vez mais interveio com a polícia, parando ônibus que vinham da zona Norte muito antes que chegassem à zona Sul. No meio da rua, revistavam as pessoas buscando armas. Os policiais impediam que esses ônibus chegassem até o seu destino. Para completar, jovens brancos de classe média praticantes de artes marciais haviam decidido fazer eles

21. As noticias sobre o "rolezinho", assim como o próximo episódio que faço referência aqui são inúmeras e disponíveis nas redes sociais e Internet. Sugiro entrar no buscador Google as palavras "rolezinho no Rio" e teremos 412 mil dados, entre imagens e noticias.

22. Da mesma forma que os "rolezinhos", o acontecimento chamado de "arrastão" possui muitos dados, imagens e comentários na rede. Aconselho buscar por "arrastão no Rio de Janeiro 2015" e encontraremos aproximadamente 640 mil entradas.

mesmos justiça. Então, no fim de semana seguinte entraram nos ônibus armados com instrumentos de luta e atacavam os que consideravam suspeitos. Os canais de televisão mostraram, entrevistaram e também deram "voz" aos que aplaudiam a iniciativa, considerando que, muitos moradores da zona Sul, pensam que a polícia é pouco efetiva. Pouco a pouco, e em episódios como este, a sociedade assume sua condição inescrupulosa de executora do *apartheid tupiniquim.*[23]

* * *

Neste texto, argumentei que o pensamento social pós-abolição da escravidão no Brasil é um pensamento que todavia está presente nas relações sociais contemporâneas. É um pensamento que passa por diferentes fases e conclusões, mas todas elas vinculadas a uma ou outra ideia a respeito da presença negra no país. Se, ao final do século XIX, se pensou a sociedade brasileira a partir de teorias raciais oriundas da Europa e, portanto, foi vista como uma sociedade que não avançaria ao destino de progresso e de civilização nos moldes europeus devido à presença massiva da população negra e mestiça, no século XX, o pensamento social busca uma conversão ao pensamento não-racialista, a partir do qual a nação brasileira estava configurada por uma população mestiça, na qual as diferenças raciais não existiam. Mestiça em sua pele, em sua cor, em sua cultura. Este seria o fundamento e a riqueza da nação, a capacidade de integrar distintos elementos culturais dentro de um mesmo eixo, o nacional.

Em que pese que este pensamento nacional não-racialista foi incorporado como mito fundacional da nação, na prática a sociedade brasileira se converte em uma sociedade em que nega a diferença e a discussão de raça, ao mesmo tempo que em sua prática não apenas distingue como também se nega a contabilizar as desigualdades sociais baseadas la marca racial. Uma das consequências assinaladas aqui está expressa nas desigualdades no trato cotidiano que ocorrem nas cidades do país.

Os três episódios relatados aqui também são relevantes devido ao contexto onde acontecem, os centros urbanos. O filme de Anna Muylaert proporciona uma reflexão sobre as relações de trabalho vigentes e herdeiras das posições subalternas da escravidão. Os outros dois episódios, tão reais quanto a história contada no filme de Muylaert, nos falam de uma tremenda hierarquia encravada na realidade dos centros urbanos brasileiros. Todos reproduzem os paradoxos da sociedade

23. A palavra *Tupiniquim* é utilizada no Brasil como sinônimo de "nacional". Trata-se de uma população/etnia indígena que fala a língua Tupi, e que esteve muito presente no período colonial e no encontro entre europeus e nativos. No Brasil, se fala que algo é *tupiniquim* para indicar uma espécie de "alma" nacional, ainda que esta expressão também apresente uma conotação pejorativa e o preconceito com os indígenas não é menor que com relação aos negros e descendentes de africanos no Brasil.

que se quer democrática, mas não sabe viver senão separando espaços para os que podem e para os que não podem, para os que tem direito e os que não tem. A modernidade brasileira parece estar mais satisfeita com os edifícios envidraçados do que em compartir espaços, direitos, oportunidades ou situações.

Se é verdade que a sociedade é multirracial, o desenho do espaço urbano e das relações sociais ali inscritas separam, dividem e, sobretudo, marcam as diferenças raciais entre brancos e não-brancos. Isto é, talvez, tarefa difícil de ser alcançada em momentos em que a democracia sofre para estabelecer-se e os espaços continuam sendo disputados entre pobres e ricos, entre negros e não-negros.

BIBLIOGRAFIA

BENJAMIN, Medea; MENDONÇA, Maysa, *Benedita da Silva: An Afro-Brazilian Woman's Story of Politics and Love,* Oakland: First Food Book, 1997.

CHALHOUB, Sidney, *Cidade Febril. Cortiços e epidemias na corte imperial*, São Paulo: Companhia das Letras, 2011.

FREITAS, Décio, *Palmares: a guerra dos escravos*, Porto Alegre: Editora Movimento, 1973.

FREYRE, Gilberto, *Casa grande & Senzala,* 16. ed., Rio de Janeiro: Editora José Olympio, 1973.

GRAHAM, Richard, *Alimentar a cidade. Das vendedoras de rua à reforma liberal (Salvador, 1780-1860)*, São Paulo: Companhia das Letras, 2013.

GUIMARÃES, Antonio Sergio, *Classes, raças e democracia*, São Paulo: Editora 34, 2002.

______, "A modernidade negra", *Teoria e Pesquisa*, n.42/43, pp. 42-61, jan.-jul. 2003.

HASENBALG, Carlos, *Discriminação e desigualdade raciais no Brasil*, Rio de Janeiro: Graal, 1979.

LEFÉBVRE, Henry, *La production de l'espace*, Paris : Édition Anthropos, 1974.

MUNANGA, Kabengele, *Rediscutindo a mestiçagem no Brasil*, Petrópolis: Vozes, 1999.

NASCIMENTO, Abdias do, *Brazil. Mixture or Massacre?Essays on the Genocide of Black People*, Dover: Massachusetts, The Majority Press, 1989.

NINA RODRIGUES, Raimundo, *Os africanos no Brasil*, Rio de Janeiro, 1933.

ORTIZ, Renato, *Cultura brasileira e identidade naciona*l, São Paulo: Brasiliense, 2006.

OMI, Michael; WINANT, Howard, *Racial Formation in the United States, from 1960s to the 1980s,* New York: Routledge & Kegan Paul, 1986.

PESAVENTO, Sandra, *A emergência dos subalternos: trabalho livre e ordem burguesa*, Porto Alegre: Editora da Universidade UFRGS/FAPERGS, 1989.

RAMOS, Artur, *As culturas negras no novo mundo*, São Paulo: Cia. Editora Nacional, 1937.

SCHWARCZ, Lilia, *O espetáculo das raças. Cientistas, instituições e questão racial no Brasil (1870-1930)*, São Paulo: Companhia das Letras,1993.

SMITH, Susan J., "Residential Segregation and the Politics of Racialization", In M. KEITH; M. CROSS (orgs.). *Racism, the City and the State*, London and New York: Routledge , 1993, pp. 28-49.

THOMAZ, Omar Ribeiro, "O bom povo português. Usos e costumes d'aquém e d'além--mar", *Mana*, 1:7, 2001, pp. 55-87.

WADE, Peter, *Race and Ethnicity in Latin America*, London, Sterling/Virginia: Pluto Press, 1997.

WINANT, Howard, *Racial Conditions: Politics, Theory, Comparisons*, Minneapolis: University of Minnesota Press, 1994.

Documentos eletrônicos

ALENCASTRO, Luiz Felipe. *Parecer sobre a arguição de descumprimento de preceito fundamental ADPF/186, apresentada ao Supremo Tribunal Federal,* disponível em <http://www.stf.jus.br/arquivo/cms/processoAudienciaPublicaAcaoAfirmativa/anexo/stf_alencastro_definitivo_audiencia_publica.doc>, última consulta: 15.03.2011.

MUYLAERT, Anna, *"Que horas ela volta?"*, 2015, Disponível em <http://globofilmes.globo.com/filme/quehoraselavolta/>, última consulta: 09.10.2015.

POLÍTICA

O BRASIL E O POPULISMO TRANSFIGURADO

JANETE SILVEIRA ABRÃO

Instituto Superior de Estudios Latinoamericanos (IELAT, UAH)

INTRODUÇÃO

O populismo, como categoria analítica e como fenômeno político, se recusa a desaparecer. Não existe exercício sobre o conteúdo da palavra que não parta da dificuldade de encontrar-lhe um marco. Ou seja, um dos problemas que enfrenta o investigador ao tentar analisar o populismo (clássico ou novo) é a imprecisão conceitual. Para alguns, o populismo é uma alternativa válida de governo e uma força transformadora; enquanto que, para outros, se limita a ser uma prática política marcadamente oportunista e manipuladora. O certo é que a ambiguidade e a diversidade de significados atribuídos ao termo, tanto em forma positiva como pejorativa, em nada contribui para esclarecê-lo do ponto de vista teórico.

As teorias explicativas sobre o fenômeno podem encerrar determinados aspectos políticos, econômicos, culturais, discursivos e sociais, ainda que possam ter em conta todos esses aspectos. Em efeito, o populismo pode ser definido a partir de um conceito genérico que pretende explicar uma grande variedade de governos e de personalidades políticas presentes em diversos contextos históricos, culturais, sociopolíticos e geográficos. Por outro lado, devido à diversidade de manifestações populistas, a maioria dos teóricos elabora tipologias – e subcategorias – para tentar superar o problema da imprecisão conceitual. Não obstante, as tipologias ou são muito amplas e pretendem abarcar um número de experiências diferenciadas que têm muito pouco de substantivo em comum, ou são muito restritivas e não podem ser aplicadas na maioria dos casos. Assim sendo, se faz necessário responder a uma questão essencial: é possível alcançar uma definição consensual e completa do populismo?

De fato, não existe uma construção teórica satisfatória sobre seu significado, e até se pode questionar se a ambiguidade conceitual não é parte constitutiva de sua natureza. Apesar disso, se pode chegar a algumas conclusões: o populismo é polifacético, polissêmico, contingente, mutável.[1] Os discursos e as práticas populistas normalmente mudam segundo os contextos políticos, econômicos e sócio -históricos, mas podem ter continuidade como prática e converter-se, inclusive, em uma característica definitória de uma cultura política.[2] Sem dúvida, o conceito de populismo sofre alterações no decorrer do tempo, mas, de igual forma, também pode perder seu valor conceitual e ser reduzido a uma simples adjetivação.[3] Em última análise, não existe consenso entre os especialistas sobre o seu significado, pois diferentes autores constroem seu próprio conceito a partir de determinadas características ou traços típicos que consideram essenciais, assim como o termo pode ser definido de diferentes formas dependendo do enfoque elegido pelos investigadores. Então, como pode ser compreendido o populismo? É um tipo de liderança, um estilo de fazer política, uma estratégia, uma prática, um movimento, um discurso, uma ideologia? Quais são as condições favoráveis ao surgimento do populismo? O que o distingue de outros fenômenos? É próprio das direitas, das esquerdas, dos regimes autoritários? É parte integrante da democracia? Contribui na formação da cidadania e anima a participação autônoma? É compatível com a hegemonia liberal e o neoliberalismo? Esses são os questionamentos centrais que conduzirão as reflexões nas páginas que seguem, com o fim primordial de avançar no campo conceitual-interpretativo para uma melhor compreensão do fenômeno em análise.

Ainda que não exista uma explicação acabada e consensual quanto ao significado de populismo, é imprescindível, ademais da formulação de problemas, a elaboração de uma definição ou predefinição operativa para se referir a um fenô-

1. "O populismo foi um fenômeno político que assumiu diversas facetas frequentemente contraditórias." Weffort, Francisco, *O populismo na política brasileira,* Rio de Janeiro: Paz e Terra, 2003, p. 70.

2. Crabtree, John, "Populisms old and new: the Peruvian case", *Latin American Research*, vol. 19, 2000, pp. 164-165. A cultura política é uma síntese heterogênea e, em determinadas ocasiões, contraditória de valores, de concepções e de atitudes que se orientam no âmbito especificamente político, isto é, o conjunto de elementos que configuram a percepção subjetiva que tem a população (ou parte dela) sobre o poder político; Peschard, Jacqueline, *La cultura política democrática*, México DF: Instituto Federal Electoral, 2001, p. 9. Sobre o conceito de cultura política ver: R. Somers, Margareth, "Qué hay de político o de cultural en la cultura política y en la esfera pública? Hacia una sociología histórica de la formación de conceptos", *Zona Abierta*, 1996, n. 77/78, pp. 31-94. Tradução do castelhano ao português sob responsabilidade da autora.

3. Vilas, Carlos M., "El populismo latinoamericano: un enfoque estructural", *Desarrollo Económico*, 28:111, out.-dez. 1988, p. 323.

meno que surge de forma recorrente em nosso entorno político. Contudo, visto que os conceitos são "construções teóricas elaboradas para compreender fenômenos da realidade social",[4] que remontam a determinadas épocas ou períodos, é necessário analisar os contextos em que surgem os populismos para compreender o sentido que lhes são ou lhes podem ser atribuídos.

A partir da análise do contexto é fundamental construir hipóteses sobre o conceito, que deverão ser confirmadas ou não, de forma total ou parcial, através de estudos de casos. Nesse sentido e, em termos metodológicos, a estrutura do presente texto se divide em duas partes. Na primeira, se parte de um balanço conceitual com o objetivo de oferecer, ao leitor, uma análise matizada, e uma aproximação ao conceito de populismo que não se arroga a definição ontológica do mesmo, não nega as ambiguidades ineludíveis e não se propõe a ser uma definição superadora do fenômeno. Igualmente, a finalidade da primeira parte do artigo é explicar as condições favoráveis ao surgimento do populismo, descrever algumas de suas particularidades, e ainda, discutir suas limitações[5] e sua relação com a democracia. A análise enfoca, principalmente, o populismo enquanto discurso e estratégia.

Por sua vez, em consonância com o postulado de que um conceito pode possuir significados variados em contextos históricos diferentes, em determinado tempo e espaço, e que cada um dos processos políticos populistas tende a apresentar características diferenciadas e particulares, a segunda parte do texto se dedica a analisar a relação entre o novo populismo e neoliberalismo no Brasil, entre 1989 e 2010, durante os governos de Fernando Collor, Fernando Henrique Cardoso e Luiz Inácio Lula da Silva, principalmente no que se refere aos discursos e estratégias adotadas, assim como seus possíveis efeitos no âmbito sociopolítico.[6] É importante destacar que não obstante o termo populismo ser usado em profusão e contar com obras e textos relevantes na América Latina, se pode observar no Brasil, na última década, que a produção historiográfica sobre a relação entre neoliberalismo e "novo populismo"[7] continua sendo pouco expressiva.

4. Gomes, Ângela de Castro, "O populismo e as ciências sociais no Brasil: notas sobre a trajetória de um conceito", In Ferreira, Jorge (org.), *O populismo e sua história: debate e crítica*, Rio de Janeiro: Civilização Brasileira, 2001, p. 20.

5. Francisco Weffort menciona duas limitações do populismo: 1ª) a eficácia do líder populista nas funções de governo dependerá da margem de compromisso que ocasionalmente exista entre os grupos dominantes, e de sua habilidade pessoal para superar, como árbitro, os enfrentamentos e para encarnar a imagem da soberania do Estado, em face das forças sociais em conflito e 2ª) do lado das massas populares a manifestação populista estará sempre limitada pela pressão que espontaneamente elas podem realizar e pelo nível crescente de suas reivindicações. Weffort, Francisco *O populismo na política brasileira,* Rio de Janeiro: Paz e Terra, 2003, pp. 79-80.

6. O governo do presidente Itamar Franco (1992-1995) não se constitui, no presente estudo, em objeto de análise.

7. Neste artigo utilizo, de forma indistinta, como sinônimos, os termos "neopopulismo", "novo populismo" e "populismo transfigurado".

Dentre os autores que fundamentam as interpretações, e que compõem o referencial teórico deste estudo, destacamos: Steve Stein (1987), Carlos Vilas (1988), Brasílio Sallum Jr. (1999), Guy Hermet (2003), Flavia Freidenberg (2006) e Patrick Charadeau (2009), entre outros. Quanto aos procedimentos metodológicos, as análises centram-se nos discursos proferidos pelos ex-presidentes e nas bibliografias correspondentes ao campo historiográfico, econômico e político, levando em consideração as interpretações clássicas sobre o assunto, bem como as produções recentes que contemplam tanto explicações estruturais como conjunturais sobre o período em análise.

CONSIDERAÇÕES ACERCA DO POPULISMO

O populismo pode ser definido como um tipo de liderança, um estilo de fazer política e de mobilização social, uma estratégia, uma manifestação da cultura política, um discurso e também uma prática.[8] É um fenômeno de caráter fundamentalmente político, ainda que fatores econômicos, culturais e sociais não devem ser ignorados em sua análise. O populismo pode constituir-se em um movimento social – não há populismo sem apelo massivo –, mas não é um partido, mesmo que nos partidos possam existir políticos populistas. Tampouco é uma ideologia, embora seja compatível com distintas ideologias, ademais de ser utilizado tanto pela esquerda como pela direita política.[9]

8. Populismo como tipo de liderança, ver: CONNIFF, Michael L., *Populism en Latin America*, Tuscaloosa, The University of Alabama Press, 1999; FREIDENBERG, Flavia, *La tentación populista: una vía al poder en América Latina*, Madrid, Síntesis, 2006; como estratégia política, ver: WEYLAND, Kurt, "Clarifying a Contested Concept: Populism in the Study of Latin American Politics", *Comparative Polítics*, Ph.D. Program in Political Science of the City University of New York, 34:1, october 2001, pp. 1-22; como manifestação de cultura política, ver: WORSLEY, Peter, "El concepto de populismo", In IONESCU, Guita; GELLNER, Ernest (comps.), *Populismos, sus significados y características nacionales*, Buenos Aires: Amorrortu, 1970, pp. 258-304; como discurso, ver: LACLAU, Ernest, *La razón populista*, Buenos Aires: Fondo de Cultura Económica, 2005; como um movimento social, ver: GERMANI, Gino, *Política y sociedad en una época de transición*, Buenos Aires: Paidós, 1965.

9. Sobre este tema, Norberto Bobbio, em sua obra "Derecha e Izquierda: razones y significados de uma distinção política", defende a relevância da dicotomia tradicional, oferecendo um argumento mínimo para situar o debate contemporâneo sobre o assunto. De acordo com Bobbio, "ambos lados podem ser definidos por sua relação com o paradigma da igualdade. De um lado, a direita afirma que a igualdade não só se trata de uma utopia perigosa, como afirma que, o progresso depende, em grande parte, de uma certa assimetria social, algo que inspira, (...), a competitividade e a inovação. Em outras palavras, o progresso deve ser, até certo ponto, o ímpeto e o espírito criativo e empreendedor resultantes de metas sociais a ser enfrentadas. A esquerda, por outro lado, trabalha com o paradigma da igualdade como propósito. Não se trata, todavia, de igualar tudo de forma absoluta, mas, de acreditar que a política tem como objetivo a redução das desigualdades sociais." BOBBIO, Norberto, *Derecha e Izquierda: razones y significados de una distinción política*, Madrid: Editorial Taurus, 1998. Tradução do castelhano ao português sob responsabilidade da autora.

Cabe esclarecer que, no contexto da Revolução Francesa, em fins do século XVIII, começa o culto à soberania do "povo". Durante todo o século XIX, "povo" e "popular" eram palavras relacionadas com a esquerda política. Todavia, em inícios do século XX, isso mudou. Significou mais do que um expediente retórico quando Mussolini, em 1914, após romper com os socialistas, deu ao seu jornal o nome de *Il Popolo d'Italia*. De igual forma, o principal jornal de Adolf Hitler se chamava *Volkischer Beobachter* ("Observador Popular"). Havia nisso mais que títulos atrativos de jornais. No século XX, os movimentos e os partidos de direita e de extrema direita passaram a se autointitular "populares". Em realidade, ainda que as origens do populismo remontam à segunda metade do século XIX – na Rússia e nos Estados Unidos –, ocorreu um giro da política e do fenômeno populista à direita (e à extrema direita) nas primeiras décadas do século passado. Ou seja, a retórica e a prática populista passaram a ser utilizadas tanto pela esquerda como pela direita política, inclusive nos Estados Unidos. Apesar disso, o populismo pode não apresentar uma orientação ideológica determinada, ser coadunável com uma suposta ausência de razão ideológica – como pode ser observado nas "democracias de mercado" – ou servir a uma ideologia eclética e difusa, de forma não explícita[10] ou sem espírito de classe manifesto. Portanto, o populismo pode estar a serviço de diferentes ideologias, difundi-las e ser compatível com elas, mas não possui propriamente um corpo doutrinal.

Do exposto, é mais adequado definir o populismo como um discurso – carregado ideologicamente –, um estilo, um tipo de liderança, uma estratégia e uma práxis política. Nesse sentido, se diferencia da demagogia, com a qual é frequentemente confundido e identificado, pois o populismo se refere não somente a discursos, mas também à ações. Outrossim, se pode entender o populismo como uma estratégia ou tática de uso limitado para alcançar ou manter o poder; uma estratégia política pensada para dar legitimidade à política de um governo, por exemplo, assim como pode ser considerado um estilo e uma forma contínua de fazer política para conquistar o poder, assegurar a governabilidade ou implementar determinadas políticas de governo. Além disso, o discurso e as ações populistas podem apresentar matizes mais ou menos progressistas, autoritários, conservadores ou reacionários.

Sobre o tipo de liderança populista, é lícito afirmar que se trata de um estilo personalista, normalmente paternalista, encabeçado por um líder que costuma ser carismático,[11] que ambiciona ter seguidores e o apoio de todas as classes sociais. A mobilização política populista, de uma maneira geral, passa por alto as mediações organizativas ou institucionais[12] e, a atuação do líder busca, entre outros

10. Roberts, Kenneth, "El neoliberalismo y la transformación del populismo en América Latina. El caso peruano", In Mackinnon, María Moira; Petrone, Mario Alberto (comps.), *Populismo e neopopulismo na América Latina: el problema de la cenicienta*, Buenos Aires, Editorial Universitaria, 1999, p. 88.

11. Sobre o carisma ver: Weber, Max, *Economia e sociedade*, São Paulo: Ed. UnB, 2004.

12. *Idem.*

fatores, constituir uma grande base ou expansão eleitoral.[13] Segundo esclarece Carlos de la Torre, o líder populista

> "(...) é socialmente construído como o símbolo da redenção, enquanto que seus inimigos são criados como a encarnação de todos os problemas da nação. O líder afirma ser um homem comum do povo que, devido a seus esforços, sobre-humanos, se converteu em uma pessoa extraordinária. Em vez de desenvolver uma ideologia, pede a seus seguidores que confiem em sua honestidade e em sua dedicação aos interesses da pátria e do povo."[14]

As campanhas eleitorais e os programas de governo dos líderes populistas prometem mudanças radicais ou reformas, assim como o líder apela e exalta à vontade "soberana" do povo como fonte de sua legitimidade política. Fernando Henrique Cardoso, ainda que não consultou o "povo" sobre as reformas neoliberais que pretendia realizar e que perfez 54% dos votos em sua eleição à presidência, afirmou, em seu discurso de posse, em 1995, que: "ao escolher a mim para sucedê-lo [Itamar Franco], a *maioria absoluta* dos brasileiros fez uma opção pela continuidade do Plano Real, e pelas reformas estruturais necessárias para afastar de uma vez por todas o fantasma da inflação".[15]

O "povo", no discurso populista, é idealizado como o depositário de todas as virtudes sociais de justiça e moralidade, embora nunca seja definido com precisão, senão que se manifesta no plano discursivo através de poéticas imagens. Em outras palavras, o povo é

> "(...) um conjunto de imagens 'calidamente coloridas', capaz de criar uma moral superior, um estado de ânimo épico, e impulsar a ação. Ademais da virtude, o que caracteriza o povo é seu sofrimento; em consequência, um traço distintivo do mesmo é a 'privação'. Os despossuídos, os 'descamisados', os camponeses miseráveis do populismo russo, os oprimidos granjeiros norte-americanos de fins do século XIX, isto é, o elemento social mais deprimido é apresentado com frequência como o protótipo do povo. Isto

13. Conniff, Michael L., "Neopopulismo en América Latina. La década de los 90 y después", *Revista de Ciencia Política*, Santiago de Chile, 23:1, 2003, p. 32.

14. "(...) es socialmente construido como el símbolo de la redención, mientras que sus enemigos son creados como la encarnación de todos los problemas de la nación. El líder afirma ser un hombre común del pueblo que, debido a sus esfuerzos sobrehumanos, se ha convertido en una persona extraordinaria. En lugar de desarrollar una ideología, pide a sus seguidores que confíen en su honestidad y en su dedicación a los intereses de la patria y del pueblo". De La Torre, Carlos, "¿ Es el populismo la forma constitutiva de la democracia en América Latina? In Gaete, Julio Aibar, (coord.), *Vox Populi. Populismo y democracia en Latinoamérica*, México: FLACSO, 2007, p.59.

15. Fernando Henrique Cardoso, *Discurso de posse no Congresso Nacional*, disponível em <www.biblioteca.presidencia.gov.br>, última consulta: 17.12.2015. As palavras em negrito foram colocadas no texto pela autora.

não significa, em absoluto, a exclusão dos outros setores sociais pois, para o populista, para ser povo basta 'sentir-se povo'."[16]

Como salienta o teórico político argentino, Ernest Laclau, o populista necessita de uma *plebs* que reclame ser o único *populus* legítimo, isto é, uma parcela que quer funcionar como a totalidade da comunidade.[17] De qualquer forma, o povo é pensado como um todo mais ou menos homogêneo. Daí que, o populismo advoga o governo pelo povo em seu conjunto. Luiz Inácio Lula da Silva, na cerimônia de posse relativa ao seu segundo mandato, proferiu as seguintes palavras:

> "Quero olhar na cara de cara homem e de cada mulher e dizer para vocês: eu e o companheiro José Alencar [vice-presidente], se for necessário, daremos a nossa vida para que a gente possa cumprir (...) cada compromisso que assumimos com vocês, (...). Quero dizer para vocês que sou Presidente de todos, sem distinção de credo religioso, sem distinção de compromissos ideológicos. Sou presidente de todos sem me preocupar com a origem social de cada um. Mas não se enganem, mesmo sendo Presidente de todos eu continuarei fazendo o que faz uma mãe, eu cuidarei primeiro daqueles mais necessitados, daqueles mais fragilizados, daqueles que mais precisam do Estado brasileiro.[18]"

Não obstante, segundo o historiador, sociólogo e cientista político Guy Hermet, "o critério da referência ao povo não é, portanto, 'discriminatório'. Não distingue o populismo de outros objetos políticos, da democracia em especial, e provavelmente também de certos fenômenos, como o fascismo, em particular",[19] pois também o povo é o principal referente discursivo.

Igualmente, o populismo é compatível com bases sociais diferentes ou interesses econômicos diversos. De um modo geral, o populismo se vale de uma coalizão política heterogênea e formada por diversas classes sociais, a qual tem por finalidade conquistar ou manter determinada política de governo, bem como, em alguns casos e, paradoxalmente, o líder populista pode sustentar, em seus

16. "(...) un conjunto de imágenes 'calidamente coloreadas', capaz de crear una moral superior, un estado de ánimo épico, e impulsar la acción. Además de la virtud, al pueblo le caracteriza su sufrimiento; en efecto, un rasgo distintivo del mismo es la 'privación'. Los desposeídos, los 'descamisados', los campesinos miserables del populismo ruso, los oprimidos granjeros norteamericanos de finales del siglo XIX, es decir, el elemento social más deprimido es presentado con frecuencia como el prototipo del pueblo. Esto no significa, en absoluto, la exclusión de los otros sectores sociales, pues, para el populista, para ser pueblo basta 'sentirse pueblo'." Guerrero, Andrés de Blas (Dir.), *Enciclopedia del nacionalismo*, Madrid: Alianza Editorial, 1999, p. 626.

17. O termo "povo" pode ser entendido como *populus*, isto é, como o corpo de todos os cidadãos, ou como *plebs*, sendo estes últimos os menos privilegiados da sociedade. Laclau, Ernest, *La razón populista*, Buenos Aires, Fondo de Cultura Económica, 2005.

18. Silva, Luiz Inácio Lula da, *Pronunciamento à nação do Presidente da República, Luiz Inácio Lula da Silva, na cerimônia de posse*, Palácio do Planalto, 01.01.2007, disponível em <www.biblioteca.presidencia.gov.br>, última consulta: 17.12.2015. As palavras em negrito foram colocadas no texto pela autora.

19. Hermet, Guy, "O populismo como concepto", *Revista de Ciencia Política*, Santiago de Chile, 23:1, 2003, p. 7. Tradução do castelhano ao português sob responsabilidade da autora.

discursos, a aparente harmonia entre interesses contraditórios.[20] No entanto, a sociedade no discurso populista gira em torno a algum antagonismo. Conforme sustenta a cientista política, Flavia Freidenberg, o líder "fala em nome do povo e potencia discursivamente a oposição deste com 'os outros'",[21] os quais podem ser a oligarquia, as elites, o imperialismo,[22] o capital financeiro, o imigrante/estrangeiro, a plutocracia, o comunismo, o socialismo, a oposição política, o sistema vigente ou uma combinação de vários e outros elementos. Por sua vez, o estilo discursivo populista unifica de forma simbólica posições muito diferentes e muito fragmentadas em uma simplificação do espaço político, que o dicotomiza entre povo e elites. Para De Blas Guerrero, "a imagem de um inimigo ameaçador, de uma continua conspiração contra o 'povo', é o elemento paranoico típico da retórica populista".[23] Todavia, Hermet matiza a questão ao afirmar que:

> "(...) se bem é certo que os populistas idealizam seu povo imaginário e se apresentam como justiceiros e moralistas, em uma perspectiva quase maniqueísta, não são os únicos neste caso. Os democratas não ficam atrás na diabolização do adversário. Condenam, sem exame prévio, todo regime que não seja democrático. E na medida em que elevam o mecanismo majoritário a um valor majestoso, quando não é mais que um artifício técnico, idealizam o povo, ao ponto de sugerir que só ele tem direito a se equivocar através da irracional decisão da maioria."[24]

Em realidade, tanto os políticos democráticos como os autoritários (e fascistas), como foi mencionado anteriormente, podem fazer uso da retórica populista e de algum tipo de manipulação em determinadas circunstâncias. Contudo, no discurso populista nem sempre a "causa do mal" costuma designar-se de forma clara, pois pode ser mencionada de forma vaga, através da sugestão de que existem *complots* ou "forças ocultas" a obstaculizar os planos de governo.

20. Refiro-me aqui, especificamente, ao governo neopopulista de Lula da Silva, no Brasil, o qual será analisado na segunda parte do trabalho.

21. Freidenberg, Flavia, *La tentación populista: una vía al poder en América Latina*, Madrid: Síntesis, 2006, p. 12.

22. Normalmente, o líder populista é nacionalista, identifica nação com povo, ainda que tal identificação não seja explícita; de fato, os movimentos populistas costumam ter uma base nacionalista e os nacionalistas se valem do discurso populista para alcançar seus objetivos políticos e econômicos. Abrão, Janete Silveira, *Nacionalismo cultural e político: la doble cara de un proyecto único: Cataluña*, Tese de Doutorado, Barcelona, Universidade de Barcelona, 2007.

23. Guerrero, Andrés de Blas (Dir.), *Enciclopédia del nacionalismo*, Madrid: Alianza Editorial, 1999, p. 627.

24. "(...) si bien es cierto que los populistas idealizan su pueblo imaginario y se presentan como justicieros y moralistas, en una perspectiva casi maniquea, no son los únicos en este caso. Los demócratas no se quedan atrás en la diabolización del adversario. Condenan, sin examen previo, todo régimen que no sea democrático. Y en la medida en que elevan el mecanismo mayoritario a un valor majestuoso cuando no es más que un artificio técnico, idealizan el pueblo, al punto de plantear que sólo él tiene derecho a equivocarse a través de la irracional decisión de la mayoría." Hermet, Guy, "O populismo como concepto", *Revista de Ciencia Política*, Santiago de Chile, 23:1, 2003, p. 8.

Deve-se levar em conta ao analisar o discurso de um líder populista que nem todo seu discurso é populista ou se apresenta como tal. A maioria dos políticos, na América Latina e na Europa, por exemplo, nega que seu governo seja populista e, usualmente, populista é "o outro". Por outro lado, também existem políticos que chegam a reivindicar a qualidade de populista, dando-lhe, portanto, um sentido positivo: "Se ser populista é reconhecer que o povo tem a faculdade de opinar, o direito a expressar-se e de ser ouvido, então sim, porque significa também ser democrata".[25] Não obstante, segundo assevera Hermet, com fina ironia, "todos [os políticos] por igual recorrem a uma dose de populismo para serem eleitos, começando pelas nossas instituições democráticas que devem sacar o essencial de sua legitimidade de uma argumentação profundamente populista... Mas, silêncio... Isto seria uma revelação inoportuna, de fato, digna de um populista (...)".[26]

Mas, o que distingue o populismo de outros fenômenos políticos? Guy Hermet baseando-se no pensamento do sociólogo brasileiro Hélio Jaguaribe, acredita que "os populistas mantêm com o tempo uma relação particular, radicalmente distanciada da relação que os praticantes comuns da política têm com o mesmo".[27] Isto é, o que constitui o elemento de definição essencial do populismo é sua dimensão temporal. Conforme assegura Jaguaribe:

> "Preocupados em cativar seu auditório, apresentando-se como autores de milagres imediatos, os lideres populistas desenvolvem um estilo de comunicação política que se destina a satisfazer as esperanças e a ganhar a confiança de uma clientela (...) sobre a base da afirmação absoluta da realização de (suas) expectativas sociais se logram adquirir um poder suficiente."[28]

Assim sendo, o que é típico do populismo, além do caráter direto da relação (vertical) entre o líder e as "massas" (o líder, geralmente, reconhece mediações organizativas ou institucionais), é o fato de que descansa na espera da realização rápida das metas prometidas. No entanto, ainda que a dimensão temporal é, seguramente, uma maneira de mobilizar esperanças bastante utilizada nos discursos populistas, a realização de promessas, em um lapso muito breve, não está presente em todos os discursos populistas. Efetivamente, alguns líderes populistas podem negar tal aspecto, afirmando que o que em séculos outros políticos e partidos não fizeram nada para reverter a situação, eles não podem, como em um "passe de mágica", solucioná-la. É comum também ao político populista dizer que necessitará, inclusive, um segundo mandato para alcançar as promessas de campanha. Enfim, o tempo tampouco é um aspecto "discriminatório" ou fator de diferen-

25. Charadeau, Patrick, "Reflexiones para el análisis del discurso populista", *Discurso y Sociedad*, 3:2, 2009, p. 257.

26. Hermet, Guy, "O populismo como concepto", *Revista de Ciencia Política*, Santiago de Chile, 23:1, 2003, p. 6. Tradução do castelhano ao português sob responsabilidade da autora.

27. *Idem, ibidem*, p. 10.

28. Jaguaribe, Helio *apud* Hermet, Guy, "O populismo como concepto", *Revista de Ciencia Política*, Santiago de Chile, 23:1, 2003, p. 10. Tradução do castelhano ao português sob responsabilidade da autora.

ciação do populismo no que se refere a outras correntes políticas. Em realidade, quase não se observa diferença com o que define o discurso político em geral. De acordo com o linguista Patrick Charadeau, o populista "se serve das estratégias persuasivas de qualquer discurso, que consistem em captar o seu público em nome de valores simbólicos que afetam a razão e a emoção".[29] A diferença primordial, para o autor, reside no excesso:

> "(...), o discurso populista só pode ser visto como uma transformação do contrato político, como uma estratégia de manipulação, na medida em que maneja as mesmas categorias que o discurso político, mas em excesso, um excesso que joga sobre a emoção em detrimento da razão política, emoção capaz de enganar o povo sem que este suspeite. Se aplica para encenar: (1) uma descrição catastrófica da situação social, na qual o povo é vítima; (2) uma denúncia dos culpados, entre os quais se encontram a classe política, as elites distanciadas do povo, as instituições que perderam toda autoridade e a burocracia, fonte de todos os males; (3) a exaltação de valores e (4) o surgimento de um homem/mulher providencial, carismático, visionário, capaz de romper com o passado e que será o salvador da sociedade."[30]

Explica também Charadeau que "a maneira de proceder a esta encenação e os modos de manipulação discursiva dependem do contexto cultural e das circunstâncias históricas nas quais se desenrola este discurso".[31]

Outro teórico do populismo, Kurt Weyland, afirma que a estratégia do populismo reside em estabelecer conexões diretas com o eleitorado através do apelo à cultura popular, mas também são criados vínculos emocionais e afetivos entre o líder e seus seguidores, os quais logram mediante o carisma. Nesse sentido, os líderes populistas têm como objetivo a demonstração de proximidade com a gente comum, e se possuem carisma tanto melhor para o processo de identificação entre ele e o "povo". O processo de identificação se alcança mediante recorrentes mobilizações coletivas e através da presença frequente do líder nos meios de comunicação, onde se dirige ao "povo", o qual afirma representar, para lhes comunicar que ele sabe as circunstâncias nas quais vive a maioria da população, porque as

29. Charadeau, Patrick, "Reflexiones para el análisis del discurso populista", *Discurso y Sociedad*, 3:2, 2009, p. 264.

30. "(...), el discurso populista sólo puede ser visto como una transformación del contrato político, como una estrategia de manipulación, en la medida que maneja las mismas categorías que el discurso político, pero en exceso, un exceso que juega sobre la emoción en detrimento de la razón política, emoción capaz de engañar al pueblo sin que éste sospeche. Se aplica para escenificar: (1) una descripción catastrófica de la situación social de la que la víctima es el pueblo; (2) una denuncia de los culpables, entre los cuales se encuentran la clase política, las élites aisladas del pueblo, las instituciones que han perdido toda autoridad y la burocracia, fuente de todos los males; (3) la exaltación de valores y (4) la aparición de un hombre/mujer providencial, carismático, visionario, capaz de romper con el pasado y que será el salvador de la sociedad." *Idem, ibidem.*

31. *Idem, ibidem.* Quanto à avaliação do líder, esta pode ser espontânea, mas também se trata de um recurso manipulado de forma ideológica e difundida pelos meios de comunicação de massa.

experimenta cotidianamente ou já as experimentou em sua trajetória de vida.[32] Por esta razão, o núcleo de suas promessas gira em torno da inclusão de todos os marginalizados da vida política, econômica e social e, assim sendo, promete romper com as práticas políticas do passado, com a corrupção, por exemplo, ou com a indiferença das elites ou da classe política as queixas do "povo". Em síntese, o populista afirma estar atento às demandas populares e se declara próximo do povo. Fernando Henrique Cardoso, em entrevista à Rede Globo, após sua vitória nas eleições de 1994, poeticamente assegurou que: "(...) eu vou entrar no Palácio [do Planalto] com muita esperança, não por entrar num palácio, mas por sentir que os palácios, hoje, ou ouvem muito de perto as ruas ou são casas vazias".[33] Por sua vez, o presidente Luiz Inácio Lula da Silva, demonstrando sua proximidade com o "povo", pronunciou, durante campanha eleitoral para a sua reeleição, em 2006, o seguinte discurso: "Eu não sou produto da elite política deste país, eu sou produto das greves operárias de 1978, da convivência com os sem-teto, da luta pela reforma agrária, da luta de pessoas que tiveram enchentes nas suas casas. Eu senti na pele e na carne o que passa o povo pobre deste país".[34] De acordo com Charadeau: "a ruptura e a proximidade são temas característicos do discurso populista".[35] Sobre a linguagem e a retórica populista, o autor explica que,

> "O líder populista deve ser um 'mestre da palavra' pelo manejo de uma linguagem e de uma retórica que formam parte da dramaturgia política. Uma vez mais, leva ao excesso as características do discurso político, visto que usa e abusa de frases nominalizadas e de giros impessoais com modalidades que expressam a evidência, já que se trata de comover as consciências mediante o emprego de fórmulas, às vezes metafóricas, destinadas a essencializar o mal que padece o povo, a figura dos culpados ou a esperança de dias melhores (...). Desde o ponto de vista do que se denomina o registro de língua, o populista utiliza, com frequência, um vocabulário familiar, às vezes, vulgar, inclusive escatológico ou insultante sobre os adversários, às vezes, aguerrido, que se permite, (...), grosserias, jogos de palavras, reflexões irônicas que atuam como flechas envenenadas."[36]

32. WEYLAND, Kurt, "Clarifying a Contested Concept: Populism in the Study of Latin American Politics", *Comparative Politics*, New York, Ph.D. Program in Political Science of the City University of New York, 34:1, out. 2001, pp. 1-22.

33. CARDOSO, Fernando Henrique, Entrevista à Rede Globo, *Retrospectiva*, 1994.

34. *Folha de S.Paulo*, "Lula afirma que 'pobres são cada célula do seu corpo e cada gota do seu sangue'", 12.09.2006, p. 6.

35. CHARADEAU, Patrick, "Reflexiones para el análisis del discurso populista", *Discurso y Sociedad*, 3:2, 2009, p. 264.

36. "El líder populista debe ser un 'maestro de la palabra' por el manejo de un lenguaje y de una retórica que forman parte de la dramaturgia política. Una vez más, lleva al exceso las características del discurso político, puesto que usa y abusa de frases nominalizadas y de giros impersonales con modalidades que expresan la evidencia, ya que se trata de conmover las consciencias mediante el empleo de fórmulas, a veces metafóricas, destinadas a essencializar el mal que padece el pueblo, la figura de los culpables o la esperanza de días mejores (...). Desde el punto de vista de lo que se denomina el registro de la lengua, el populista utiliza a menudo un vocabulario familiar, a veces vulgar, incluso escatológico o insultante respecto de los

Ademais, a linguagem deve ser simples e compreensível, mas não necessariamente verdadeira:

> "(...), devido a que envolve atores coletivos, toda palavra que circula no espaço público está submetida a uma exigência de simplicidade, já que dirigir-se às massas é dirigir-se a um conjunto de indivíduos heterogêneos desde o ponto de vista de seu nível de instrução, de sua possibilidade de compreensão e de sua experiência da vida coletiva: simplicidade da língua por eleição de uma sintaxe e de um vocabulário simples, simplicidade na argumentação, o que conduz o orador a abandonar o rigor da razão em favor da força de verdade do que está enunciando, dizendo não tanto o que é verdadeiro, senão o que ele acredita ser verdadeiro e que deve crer-se como verdadeiro."[37]

Ademais, nos discursos, o "povo" e o líder encontram-se unidos por um vínculo emocional que costuma ser qualificado de místico. O presidente e candidato à reeleição, em 2006, Lula da Silva, durante um comício em Goiânia, proferiu o seguinte: "Qual o orgulho que eu tenho? É que hoje vocês têm consciência de que qualquer um de vocês está preparado para governar este país. Cada um de vocês é uma célula do meu corpo, cada um de vocês é uma gota do meu sangue".[38]

O líder populista costuma ser representado como o "salvador da pátria" (Fernando Collor de Mello), o "pai dos pobres" (Getúlio Vargas), a "alma da nação" (Juan Domingo Perón) e, normalmente, afirma em seus discursos que foi eleito pela vontade dos homens e abençoado por Deus (Lula da Silva). Flavia Freidenberg assevera que, nas relações entre o líder populista e seus seguidores, esses últimos "estão convencidos das qualidades extraordinárias do líder e acreditam que graças à elas e/ou ao intercâmbio clientelar que tem com ele – material ou simbólico – conseguirão melhorar sua situação pessoal ou de seu entorno".[39] Cabe

adversarios, a veces aguerrido, que se permite, (...), exabruptos, juegos de palabras, reflexiones irónicas que actúan como flechas envenenadas." Charadeau, Patrick, *op. cit.*, p. 271.

37. "(...), debido a que implica actores colectivos, toda palabra que circula en el espacio público está sometida a una exigencia de simplicidad, ya que dirigirse a las masas es dirigirse a un conjunto de individuos heterogéneos desde el punto de vista de su nivel de instrucción, de su posibilidad de comprensión y de su experiencia de la vida colectiva: simplicidad de la lengua por la elección de un sintaxis y de un vocabulario simples, simplicidad en el razonamiento, lo que conduce al orador a abandonar el rigor de la razón en favor de la fuerza de verdad de lo que está enunciado, diciendo no tanto lo que es verdadero, sino lo que él cree verdadero y que debe creerse como verdadero." *Idem*, p. 262.

38. *Folha de S.Paulo*, "Lula afirma que pobres são 'cada célula do seu corpo e cada gota do seu sangue'", 12.09.2006, p. 6. Ademais, em seu discurso de posse, em 2003, assegurou que: "Eu não sou o resultado de uma eleição. Eu sou o resultado de uma história. Eu estou concretizando o sonho de gerações e gerações que, antes de mim, tentaram e não conseguiram". Silva, Luiz Inácio Lula da, "Pronunciamento à nação do presidente da República, Luiz Inácio Lula da Silva, na cerimônia de posse", Brasília, 01 de janeiro de 2003, disponível em <http://www.biblioteca.presidencia.gov.br/ex-presidentes/luiz-inacio-lula-da-silva/discursos>, última consulta: 10.12.2015.

39. Freidenberg, Flavia *La tentación populista: una vía al poder en América Latina*, Madrid, Síntesis, 2006, p. 12. Tradução do castelhano ao português sob responsabilidade da autora.

atentar para o fato de que, apesar do vínculo emocional que costuma existir entre o líder populista e seus seguidores, são indispensáveis as trocas clientelares, tanto materiais como simbólicas ("dignidade simbólica" a setores excluídos), para que o projeto populista não fracasse. Por conseguinte, o populismo utiliza métodos redistributivos ou clientelares com o objetivo de construir uma base material para obter o respaldo dos setores populares,[40] o que explicaria, em parte, o caráter "místico" do vínculo. E, aqui, cabe levantar questões de fundo: o populismo é parte integrante da democracia? Costuma contribuir à formação da cidadania e fomenta a participação autônoma?

Com relação à América Latina, para Freidenberg, "o populismo tem sido uma força fundamental na democratização e na incorporação simbólica e efetiva de setores que se encontravam excluídos tanto política como economicamente do sistema".[41] De outro ponto de vista, Steve Stein concebe o populismo como a principal forma de controle na América Latina, produto de uma cultura política patrimonialista, herdeira de um passado colonial e ibérico, e revestida por um forte catolicismo que enfatiza a hierarquia e a estrutura organicista.[42] No caso do Brasil, se pode também afirmar que governos de centro-esquerda e de centro direita se assentam sobre estruturas sociais e estatais, claramente herdadas de regimes oligárquicos e de concepções paternalistas e patrimonialistas de Estado.[43] Isso implica que os líderes populistas se integrem às "massas", mas não lutam por transformar o modo pelo qual camadas significativas da população se tornem sujeitos políticos autônomos. Os políticos populistas, segundo atesta Stein, se limitam a distribuir concessões materiais e simbólicas que lhes sustentam no poder (ou lhes possibilitam ganhar o voto dos eleitores) e lhes dão também a vantagem de se manterem no papel de "válvula de segurança", para quando os coletivos demandantes façam pressões potencialmente revolucionárias.[44] Desta

40. ROBERTS, Kenneth "El neoliberalismo y la transformación del populismo en América Latina. El caso peruano", In MACKINNON, María Moira; PETRONE, Mario Alberto (comps.), *Populismo y Neopopulismo en América Latina: el problema cenicienta*, Buenos Aires: Editorial Universitaria, 1999, pp. 380-381.

41. FREIDENBERG, Flavia *La tentación populista: una vía al poder en América Latina*, Madrid: Síntesis, 2006, p. 12. Tradução do castelhano ao português sob responsabilidade da autora.

42. STEIN, Steve "Populism and Social Control", In ARCHETTI, Eduardo; CAMMACK, Paul; ROBERTS, Bryan (eds.), *Sociology of developing societies: Latin America*, London: Macmillan, 1987, pp. 119-135.

43. Por certo, a concepção patrimonialista do Estado por parte dos políticos, no Brasil, era (e é) uma realidade desde o regime monárquico, no qual os cargos públicos e o próprio Estado eram concebidos pelos políticos como um instrumento de complementação de renda, de enriquecimento ou de conquista e manutenção de privilégios. Sobre esse assunto ver a obra clássica, publicada em 1958, de FAORO, Raimundo, *Os donos do poder: formação do patronato político brasileiro*, Porto Alegre: Globo, 2001.

44. STEIN, Steve, "Populism and Social Control", In ARCHETTI, Eduardo; CAMMACK, Paul; ROBERTS, Bryan (eds.), *Sociology of developing societies: Latin America*, London: Macmillan, 1987, pp. 119-135.

forma, os populistas não lideram uma reforma necessária das estruturas para de forma efetiva transformar o país e, de fato, buscar desenvolver a democracia em bases sólidas, fomentando a participação cidadã. O que se pode inferir é que, com este tipo de liderança política, as elites hegemônicas podem estar mais tranquilas do que elas creem.

O populismo ainda que seja parte integrante da democracia – pois não nega o principio da representação democrática –, pese a que sirva, em praticamente todos os casos, como via de expressão das insatisfações e das aspirações populares ignoradas ou reprimidas, e mesmo que incorpore à política setores desfavorecidos ou excluídos, não promove a capacidade de organização e de participação autônoma desses setores na vida pública. Como sustenta Norbert Lechner, um dos mais rigorosos estudiosos das Ciências Políticas na América Latina, "é bastante diferente ter democracia do que ter políticas democráticas".[45] De todos os modos, conforme afirma Nadia Urbinati: "o debate sobre os significados do populismo é um debate sobre a interpretação da democracia".[46]

Por fim, por que surge o populismo? Seguramente, o fenômeno está diretamente relacionado a determinados contextos históricos, mas também é possível que responda a problemas relativamente similares em outros contextos. Não obstante, uma das condições fundamentais para o surgimento de políticas e lideranças populistas é a crise do sistema de representação, isto é, quando os partidos no governo são incapazes de dar uma resposta aos problemas mais urgentes da cidadania.[47] Em efeito, a confiança e os sentimentos de identificação a ditos partidos sofrem um rápido desgaste, assim como ocorre um descenso da confiança dos cidadãos nas instituições, pois amplos grupos sociais se sentem excluídos (em termos econômicos, sociais, políticos) e não encontram uma maneira para que as suas necessidades e demandas sejam atendidas pelos governos.[48] Ou seja, quando uma parte importante da sociedade percebe que nenhum dos partidos que governa (ou partidos tradicionais) representa seus interesses. A falta de representatividade política abre espaço, principalmente na América Latina – devido a profunda desigualdade social, entre outros fatores estruturais –, para a emergência de discursos, práticas, estratégias, lideranças, estilos e políticas de caráter populista. De acordo

45. Lechner, Norbert, "La política ya no es lo que fue", *Nueva Sociedad*, Buenos Aires, n.144, jul.-ago. 1996, p. 175. Tradução do castelhano ao português sob responsabilidade da autora.

46. Urbinati, Nadia, "Democracy and Populism", *Constellations*, 5:1, march 1998, p. 124. Tradução do inglês ao português sob responsabilidade da autora.

47. Segundo José Murilo de Carvalho, "Ligada à preferência pelo Executivo está a tendência à busca de um messias político, um salvador da pátria. Como as experiências de governo democrático têm sido curtas e os problemas sociais têm persistido, ou se agravado, cresce também a impaciência popular com a lentidão e baixa eficácia do sistema representativo". Carvalho, José Murilo de, "Cidadania, estadania, apatia", *Jornal do Brasil*, Rio de Janeiro, 24.06.2001, p. 8.

48. Paramio, Ludolfo, "Giro a la izquierda y regreso del populismo: el caso brasileño", *Nueva Sociedad*, Buenos Aires, n. 205, septiembre-octubre 2006, pp. 65-68.

com Luidmila Okuneva, os desejos e as demandas dos que se sentem excluídos se refletem nos discursos, programas e consignas dos novos líderes e, "por isso, los descontentes [que incluem não somente o conjunto dos trabalhadores, os marginados, os pauperizados, mas também setores da média, normalmente a baixa] se unem à sombra das bandeiras do líder populista e esta união significa seu protesto comum contra o governo".[49]

De fato, as tensões populares com o governo são utilizadas pelo líder populista em sua busca pela ascensão ao poder estatal. Por outro lado, o populista, quando governa, se vale das tensões populares para anular ou bloquear a oposição e, assim, manter o poder. Contudo, cabe acrescentar que o populismo, no Brasil, não se restringe a uma mera manipulação ideológica de um povo sem expressão, de uma "massa" e, portanto, "moldável"; esta seria uma compreensão bastante elitista da política e da relação entre a liderança populista e o que se denomina de forma genérica "povo", pois o populismo também surge como estratégia política, como "válvula de escape", diante de pressões e revoltas populares que costumam ameaçar o *status quo* e os interesses das elites econômicas e políticas representadas pelo Estado.

O POPULISMO TRANSFIGURADO PELAS POLÍTICAS DE CORTE NEOLIBERAL NO BRASIL

Antes de analisar a relação entre o novo populismo e as políticas de corte neoliberais no Brasil, é preciso diferenciar o "novo populismo" do populismo denominado "clássico" ou "histórico". Ainda que o debate sobre o populismo surge no país nos anos 1950, ser considerado populista em meados do século XX era um elogio ou apresentava um sentido positivo. Em uma sociedade em que as elites políticas se encontravam distanciadas do povo, populista significava àquele que estava próximo do povo, ouvia suas queixas e compreendia suas aflições e, assim sendo, as classes menos favorecidas viam no líder populista uma alternativa para que suas demandas fossem atendidas. No entanto, o termo começou a receber uma conotação pejorativa ou negativa quando os populistas passaram a ocupar espaços no sistema político, vencendo os liberais e os conservadores nas eleições, a partir dos anos 1930.

É preciso acrescentar que o populismo, na América Latina, havia encontrado uma certa funcionalidade ao servir de alternativa à ameaça comunista, pois o populismo representava a promessa de um Estado forte e personalista que, aliado a uma legislação social e a uma liderança carismática, combateria o "perigo

49. Okuneva, Liudmila, "Algunas reflexiones acerca del populismo: el caso brasileño", *Sociedad y Discurso, Revista del Departamento de Lengua y Cultura de la Universidad de Aalborgn*, 2009, pp. 22-23.

comunista" no continente.[50] Apesar disso, no Brasil, a partir dos anos 1930, a presença de lideranças carismáticas marginais às elites políticas tradicionais passou a interferir de maneira negativa nos interesses dessas últimas. Em consequência, o conceito de populismo passou a receber uma conotação pejorativa no âmbito político, ganhando *status* negativo no sentido comum. O resultado foi a "diabolização" dos populistas e seus adeptos, que terminou moldando a visão liberal, defendida por políticos que faziam parte do *establishment* combatido pelo discurso populista.

É importante esclarecer que o surgimento do populismo clássico está relacionado à passagem dos partidos e da política de "notáveis" aos partidos e à política de massas, ou seja, quando a política orientada pela dinâmica eleitoral, a partir da década de 1930, se transforma em política de massas.[51] O populismo clássico que, segundo a historiografia, se estende no Brasil até 1964, surge como resposta a uma serie de demandas econômicas, sociais e políticas associadas, entre outros fatores, ao contexto de industrialização, ao êxodo rural, à urbanização e à luta pela dissolução das estruturas políticas oligárquicas que concentravam firmemente o poder político no período anterior, isto é, durante a República Velha (1889-1930). Por conseguinte, a gênesis desse tipo de populismo no país se relaciona com a "Revolução de 30", que derrubou a arcaica república oligárquica e colocou no poder Getúlio Vargas Dornelles. Vargas, que viria a ser a figura central da política e do populismo clássico brasileiro até seu suicídio em 1954, soube reunir e conduzir, ao mesmo tempo, a política populista, a nacionalista, a trabalhista e a autoritária, de uma maneira acentuadamente engenhosa. Vargas criou um projeto de desenvolvimento nacionalista para o país e soube fazer suas as necessidades de grande parte dos trabalhadores e de todos os descontentes. Durante seu governo, realizou reformas importantes: a substituição de importações, a nacionalização de certas atividades econômicas (como, por exemplo, a indústria do petróleo e a da mineração), tentou regulamentar o capital estrangeiro e concedeu – este é o termo adequado – direitos sociais.[52] Contudo, conforme afirma José Murilo de Carvalho, em seu estudo sobre cidadania, entre 1930 e 1964,

> "O populismo, no Brasil, na Argentina, ou no Perú, implicava uma relação ambígua entre os cidadãos e o governo. Era avanço na cidadania, na medida em que incorporava as massas à política. Mas, em contrapartida, colocava os cidadãos em posição de dependência com relação aos líderes, aos quais dedicavam lealdade pessoal pelos benefícios que eles de fato ou supostamente lhes

50. Capelato, Maria Helena R., "Populismo latino-americano em discussão", In Ferreira, Jorge (org.), *O populismo e sua história: debate e crítica*, Rio de Janeiro: Civilização Brasileira, 2001, pp. 125-165.

51. Mackinnon, María Moira; Petrone, Mario Alberto (comps.), *Populismo y Neopopulismo en América Latina: el problema cenicienta*, Buenos Aires: Editorial Universitaria, 1999.

52. Sobre este assunto ver: Vilas, Carlos M., "El populismo latinoamericano: un enfoque estructural", *Desarrollo económico*, 28:111, out.-dez. 1988, pp. 323-352.

tinham distribuído. A antecipação dos direitos sociais [por parte dos governos populistas] fazia com que os direitos não fossem vistos como tais, como independentes da ação do governo, senão como um favor em troca do qual se devia gratidão e lealdade. A cidadania que daí resultava era passiva e receptora antes que ativa e reivindicadora."[53]

De fato, não se pode negar que o populismo contribuiu para a configuração de uma cidadania passiva e receptora no Brasil, fruto de uma relação ambígua entre governantes e governados. No entanto, não se pode esquecer que, durante a República Velha (1889-1930), o Estado Novo (1937-1945) e a Ditadura militar (1964-1985), a luta pelos direitos sociais, no país, era considerada caso de polícia. Igualmente, é certo, que o tipo de liderança populista, no caso de Vargas, por exemplo, apresentava um caráter místico e paternalista e, sua política, não fomentou à participação política autônoma dos cidadãos. Mas, a antecipação de direitos sociais, os quais nos fala Murilo de Carvalho, precisa ser matizada, pois não se restringiu ao âmbito das políticas populistas, mas resultou da necessidade, na época, de superar o atraso em termos de direitos e políticas sociais e, assim, incorporar os trabalhadores urbanos à política industrial e nacional-desenvolvimentista do segundo governo Vargas. Por sua vez, é questionável rotular o governo de João Goulart de populista. Ainda que se possam evidenciar traços populistas em alguns de seus discursos, o ex-presidente, popularmente conhecido como Jango, ao que tudo indica, foi um reformista social (mesmo que herdeiro do trabalhismo e do nacionalismo de Vargas), e centrou sua política, assim como os intelectuais que compunham seu governo, não em políticas populistas, mas no desenvolvimento de reformas estruturais – reforma agrária, a administrativa, a tributária, a urbana, a bancária, a cambial, a eleitoral e a educacional/universitária – que se destinavam, segundo ele, a "transformar uma nação arcaica em um país moderno, verdadeiramente democrático e livre.[54] Como é sabido, as reformas de base foram um dos motivos principais da destituição arbitrária do presidente em 31 de março de 1964. Nesse sentido, acredito que no que concerne ao governo João Goulart não se pode confundir reformismo social com populismo. Para os fins do presente artigo, penso que é suficiente este questionamento e esta pequena reflexão que deverão ser analisados a partir de uma investigação aprofundada sobre o tema.[55] Ou seja, aqui também se abre espaço, em breves parágrafos, para tentar refletir sobre o que não é ou não pode ser considerado populista.

Em 1964, um golpe civil-militar sequestrou a democracia no Brasil e se instaurou uma ditadura que se estendeu por mais de duas décadas. Se, os anos

53. José Murilo de Carvalho, *Cidadania no Brasil. O longo caminho*, 12 ed., Rio de Janeiro: Civilização Brasileira, 2009, p.125.

54. Goulart, João, *Os novos tempos e as novas tarefas do povo brasileiro. Introdução à Mensagem Presidencial de Abertura da Sessão Legislativa de 1964*, Brasília, 1964, p. V.

55. O pensamento político, social, econômico e nacionalista de João Goulart, assim como as reformas de base fazem parte de um projeto de investigação da autora que está em andamento.

entre 1930 e 1964, foram os do desenvolvimentismo nacionalista, defensor da industrialização (com a ajuda de capitais nacionais e estrangeiros) e do desenvolvimento econômico planificado e regulado pelo Estado, a partir da ditadura, o modelo econômico adotado foi o do desenvolvimentismo não nacionalista, isto é, favorável ao processo de industrialização compatível com a estabilidade macroeconômica e a forte participação de capitais estrangeiros.

Os generais presidentes, e sua elite de tecnocratas, se orgulhavam de haver acabado com o populismo no país. Em realidade, durante os 21 anos de regime ditatorial, além da tortura, da repressão, da ampla abertura aos capitais estrangeiros, dos projetos megalomaníacos, do arrocho salarial e de outras "façanhas", era comum os ditadores afirmarem, em cadeia nacional de televisão, que a razão de existir do regime era consolidar a democracia no Brasil. Tratava-se, portanto, de um discurso mais do que populista: era demagógico e mefistofélico.

Com a redemocratização do país, a partir de 1985, as eleições diretas se transformaram em instrumento de expressão do descontentamento dos menos favorecidos em relação às elites políticas e econômicas tradicionais. Os anos 80 ficaram conhecidos como a "década perdida", marcada pela estagnação econômica, retração da produção industrial, volatilidade dos mercados e menor crescimento da economia como um todo. Uma década caracterizada pelas elevadas taxas de desemprego, hiperinflação, perda do poder de consumo pela população. Em realidade, o capitalismo passava por mais uma crise estrutural que tinha suas origens nos anos 1970. Por sua vez, a transição democrática no Brasil não transformou as estruturas de poder tradicionais. A grande burguesia nacional aliada ao capital estrangeiro – especialmente estadunidense –, os grandes proprietários de terras, os exportadores de produtos primários e de recursos minerais e as oligarquias, continuavam influindo decididamente na política do país.

Em 1989, ocorreram as primeiras eleições diretas para presidente da República. O candidato vencedor foi Fernando Affonso Collor de Mello (PRN – Partido da Reconstrução Nacional), representante de uma das oligarquias do nordeste brasileiro. Collor deu inicio à aplicação da agenda neoliberal no país, prescrita pelos interesses do capital financeiro no Brasil. Ou seja, Collor implementou as chamadas políticas de ajuste ou reformas neoliberais que, a partir dos anos 1990, constituíram, por um lado, a resposta do capital à crise estrutural e, por outro, tornavam realidade o projeto ideológico do neoliberalismo, mediante a execução de um programa ou agenda que incluía, entre seus principais elementos, a desregulamentação das relações de trabalho, amplos programas de privatização de empresas estatais e dos serviços públicos e uma dilatada abertura da economia aos investimentos externos com a desregulamentação dos movimentos de capital internacional. Todas essas iniciativas tiveram, portanto, o objetivo de restaurar a rentabilidade do capital.[56] Servindo e difundindo, de forma plena, a ideologia

56. Laurell, Asa Cristina, "La nueva ley del seguro social y el viraje en la política social", *Acta sociológica*, México, n. 17, p. 11-37, 1996.

neoliberal no Brasil, Fernando Collor afirmou que, "a economia de mercado é a forma comprovadamente superior de geração de riqueza, de desenvolvimento intensivo e sustentado. Daí a certeza de que, no plano internacional, são as economias abertas as mais eficientes e competitivas, além de oferecerem bom nível de vida aos seus cidadãos, com melhor distribuição de renda".[57] Contudo, assegurou, em seu discurso de posse, em março de 1990, que: "não deixarei o problema da pobreza à mercê do automatismo do mercado. (...), sou um democrata moderno e não um demagogo populista".[58] Segundo Collor, a finalidade maior de seu governo era "libertar o Brasil da vergonha da miséria e da injustiça".[59] Em tom marcadamente populista, pregou que o Estado deveria recuperar sua capacidade de executar políticas públicas, pois "só assim geraremos renda e emprego que, ao lado de boa política social, arrancarão nossa gente marginalizada das garras da carência e da miséria".[60] Além disso, diante do Congresso Nacional, declarou que:

> "Nada repugna mais ao espírito de cidadania que a corrupção, a prevaricação e o empreguismo. Bem sabem Vossas Excelências que fiz da luta pela moralidade do serviço público um dos estandartes de minha campanha. E assim fiz porque senti, desde o primeiro momento, quando ainda governador, a profunda, a justa revolta do povo brasileiro, de Norte a Sul, nas cidades e nos campos, em todas as classes sociais, contra aqueles que, ocupantes de cargos públicos, desservem o Estado pelo mandonismo ou absenteísmo, o proveito próprio, o nepotismo, ou simplesmente a ociosidade remunerada, com o dinheiro do contribuinte, por conta de funções supérfluas, fruto da infatigável imaginação fisiológica dos que insistem em conceber o Estado como instrumento de ganho pessoal ou familiar."[61]

Como bem afirma Kenneth Minogue, "a mentira não é desconhecida dos políticos, mas muito mais desconcertante é a complexa relação entre as palavras e a realidade".[62] Contrariamente ao que tanto havia predicado em sua campanha política, Collor estabeleceu, durante o seu governo, um grande esquema de corrupção, utilizando o tráfico de influências e o *lobby* governamental para a troca de subornos por favores políticos. Menos de dois anos de sua posse, Collor renunciava ao cargo de presidente, antes que o processo de *impeachment* fosse aprovado contra ele, o que efetivamente se consumou. Com a renúncia, assumiu o poder o vice-presidente, Itamar Franco (1992-1994), que continuaria aplicando a agenda neoliberal, bem como, seu sucessor, o sociólogo Fernando Henrique Cardoso (1995-2002), do Partido da Social Democracia Brasileira (PSDB).

57. MELLO, Fernando Collor de, Discurso na cerimônia de posse no Congresso Nacional, 15.03.1990, p. 15, disponível em <http://www.biblioteca.presidencia.gov.br/ex-presidentes/fernando-collor/discurso-de-posse/posse-collor.pdf/view>, última consulta: 17.11.2015.

58. *Idem, ibidem*, p. 18.

59. *Idem*.

60. *Idem*.

61. *Idem*, p. 13.

62. MINOGUE, Kenneth, *Política: uma brevíssima introdução*, Rio de Janeiro: Jorge Zahar, 1998, p. 15.

Cardoso, em seu discurso de posse relativo ao seu segundo mandato (1998-2002), reafirmaria os compromissos assumidos pelos seus antecessores e prosseguiria "com firmeza na privatização".[63]

No que se refere ao populismo, se Collor apelava durante a sua campanha presidencial aos "descamisados" contra os "marajás", e que se eleito fosse acabaria com a miséria e a corrupção, Cardoso, além de criticar o clientelismo e, de igual forma, a corrupção, reprovou os privilégios de poucos, "de uma pequena elite, que sempre pôde tudo",[64] e prometeu "diminuir ou até mesmo acabar com a desigualdade social".[65] No seu discurso de posse, em 1.º de janeiro de 1995, afirmou que:

> "Falta a justiça social. É esse o grande desafio do Brasil neste fim de século. Será esse o objetivo número um do meu Governo. (...) nós nos horrorizamos vendo compatriotas nossos – e ainda que não fossem brasileiros –, vendo seres humanos ao nosso lado subjugados pela fome, pela doença, pela ignorância, pela violência. Isso não pode continuar! (...). (...), eu tenho bem presente que o meu mandato veio do voto livre dos meus concidadãos. Da maioria deles, independentemente da sua condição social. Veio também, e em grande número, dos excluídos; dos brasileiros mais humildes, que pagavam a conta da inflação sem terem como se defender; dos que são humilhados nas filas dos hospitais e da Previdência; dos que ganham pouco pelo muito que dão ao País nas fábricas, nos campos, nas lojas, nos escritórios, nas ruas e estradas, nos hospitais, nas escolas, nos canteiros de obra; dos que clamam por justiça porque têm, sim, consciência e disposição para lutar por seus direitos - a eles eu devo em grande parte minha eleição. Vou governar para todos. Mas, se for preciso acabar com privilégios de poucos para fazer justiça à imensa maioria dos brasileiros, que ninguém duvide: eu estarei ao lado da maioria."[66]

No entanto, tanto Collor como Cardoso não acabariam com a miséria e a desigualdade social como prometeram; assim como os cidadãos que não podiam pagar planos de saúde privada, continuariam sendo humilhados nas filas dos hospitais públicos e, efetivamente, o "governar para todos" se restringiu a governar para poucos, atendendo aos interesses das elites do país e do exterior.[67] Se os populistas clássicos molestaram, com discursos e medidas, os investidores

63. Oliveira, Miguel Darcy de (org.), *Discursos selecionados do presidente Fernando Henrique Cardoso*, Brasília: Fundação Alexandre de Gusmão, 2009, p. 12.

64. *Idem, ibidem*, p. 46.

65. *Idem*, p. 15.

66. *Idem*, p. 12.

67. Com base nos dados oficiais do Radar Social/IPEA (2005), o Brasil possuía alta incidência de pobreza e elevada desigualdade na distribuição da renda. Do total de habitantes que informaram sua renda, em 2003, cerca de um terço da população brasileira foi considerado pobre, o que representou 53,9 milhões de pessoas e quanto aos muitos pobres ou indigentes, estes representaram 21,9 milhões de pessoas. Radar Social. IPEA, 2005, disponível em <www.ipea.gov.br/portal/> última consulta: 06.12.2015. Em 2003, o número de residentes no Brasil era de 176.876.443, disponível em <www.ibge.gov.br>, última consulta: 12.12.2015.

estrangeiros e as elites ligadas ao capital externo, as políticas populistas de Collor e Cardoso não incomodavam o capital financeiro internacional, ao contrário, eram orientadas e tuteladas por ele.

É preciso ressaltar que, com a agenda neoliberal, posta em prática pelos governos a partir da década de 1990, desejava-se lograr a eficiência e a supremacia do mercado e, consequentemente, combater o Estado nacional regulador e de bem-estar social (*Welfare State*), transformando-o, na medida do possível, em um "Estado mínimo". Na época, os principais credores (Banco Mundial, Fundo Monetário Internacional etc.), coordenados com os Estados Unidos, renegociaram a dívida externa e assinaram acordos de garantia do capital investido. Conforme explica Perla Valero, "os países credores impuseram aos devedores as políticas econômicas neoliberais que foram acompanhadas do discurso ideológico da 'modernização' que implicaria a chegada da eficiência, da produtividade, da competitividade e o tão esperado desenvolvimento da periferia".[68] No entanto, esse modelo importador de serviços, bens e insumos só se sustenta mediante fluxos constantes de capital estrangeiro, o que provoca um aumento da dívida e, consequentemente, da dependência externa, bem como descontinuidade no crescimento e alta suscetibilidade às crises econômicas internacionais.[69]

Os resultados dessas políticas, no Brasil, resultaram desastrosas para a maioria da população. Segundo assevera Francisco de Oliveira, foram perdidos no país mais de 3 milhões de postos de trabalho assalariado, dos quais 2 milhões pertenciam ao setor industrial; a taxa de desemprego alcançou a cifra de 9,6% da população economicamente ativa; quatro de cada cinco empregos criados nessa década correspondiam ao setor informal e 40% dos trabalhadores viviam de empregos informais, isto é, não regulados.[70] Para este autor, as reformas neoliberais – executadas por Fernando Collor e Fernando Henrique Cardoso –, ocasionaram a dissolução da classe operária industrial, que havia surgido durante o período nacional-desenvolvimentista. Em dezembro de 1994, Fernando Henrique Cardoso, em seu discurso de despedida na tribuna do Senado, após ser eleito presidente da República, anunciou o fim da Era Vargas:

> "Acontece que o caminho para o futuro desejado ainda passa, a meu ver, por um acerto de contas com o passado. Eu acredito firmemente que o autoritarismo é uma página virada na História do Brasil. Resta, contudo, um pedaço do nosso passado político que ainda atravanca o presente e retarda o avanço da sociedade. Refiro-me ao legado da Era Vargas – ao seu modelo de desenvolvimento

68. Valero, Perla, "El gobierno Lula: macroeconomia ortodoxa e políticas de bienestar social", *Sures y Nortes*, disponível em http://suresynortes.com/, última consulta: 12.10.2015. Tradução do castelhano ao português sob responsabilidade da autora.

69. Cano, Wilson, "Soberanía y política económica: el retroceso después de 1979", In *Soberanía y política económica en América Latina*, Cartago, Libro Universitario Regional, 2001, pp. 13-79.

70. Oliveira, Francisco de, "Lula no labirinto", *New Left Review*, n. 42, nov.-dez. 2006, pp. 5-22.

autárquico e ao seu Estado intervencionista. (...). Atravessamos a década de 80 às cegas, sem perceber que os problemas conjunturais que nos atormentavam – a ressaca dos choques do petróleo e dos juros externos, a decadência do regime autoritário, a hiperinflação – mascaravam os sintomas de esgotamento estrutural do modelo varguista de desenvolvimento. No final da "década perdida", os analistas políticos e econômicos mais lúcidos, das mais diversas tendências, já convergiam na percepção de que o Brasil vivia, não apenas o somatório [*sic*] de crises conjunturais, mas o fim de um ciclo de desenvolvimento de longo prazo. (...). Que a manutenção dos mesmos padrões de protecionismo e intervencionismo estatal sufocava a concorrência necessária à eficiência econômica e distanciaria cada vez mais o Brasil do fluxo das inovações tecnológicas e gerenciais que revolucionavam a economia mundial."[71]

Então, um programa de caráter neoliberal foi executado, entre 1995 e 2002, a partir das seguintes premissas: o Estado não cumpriria funções empresariais, que seriam transferidas para a iniciativa privada; as finanças do Estado deveriam ser equilibradas; os estímulos diretos dados à iniciativa privada e não se poderia mais sustentar privilégios para categorias de funcionários. Neste sentido, o governo FHC – como ficou conhecido – estimulou o Congresso Nacional a aprovar uma lei complementar, que regulava as concessões de serviços públicos para a iniciativa privada (que o Congresso aprovou com facilidade); executou de um programa de privatizações e de venda de concessões tanto no âmbito federal como no estadual; manteve o câmbio sobrevalorizado junto ao dólar e outras moedas; adotou uma política de juros altos, tanto para atrair o capital estrangeiro como para reduzir o nível de atividade econômica interna, evitando que o crescimento das importações provocasse maior desequilíbrio nas contas externas.[72] Nas palavras de Behring e Boschetti, nos anos 1990,

> "(...) houve o desmonte e a destruição, numa espécie de reformatação do Estado brasileiro para a adaptação passiva à lógica do capital. Revelou-se, sem surpresas, a natureza pragmática, imediatista, submissa e antipopular das classes dominantes brasileiras. E foram medidas que, em alguns setores, fizeram com que o país evoluísse de forma inercial e, em outros, o fizeram permanecer no mesmo lugar ou até mesmo andar para trás, se pensamos nos critérios de Florestan Fernandes: a ruptura com a heteronomia e com o drama social. Houve, portanto, uma abrangente contra-reforma do Estado no país, cujo sentido foi definido por fatores estruturais e conjunturais externos e internos, e pela disposição política da coalizão de centro-direita protagonizada por Fernando Henrique Cardoso."[73]

71. Cardoso, Fernando Henrique, *Discurso de despedida do Senado Federal – Filosofia e diretrizes de governo*, 14.12.1994, Brasília, Presidência da República, Secretaria de Comunicação Social, disponível em <http://www.biblioteca.presidencia.gov.br/ex-presidentes>, última consulta: 10.10.2015.

72. Brasilio Sallum Jr, "O Brasil sob Cardoso: neoliberalismo e desenvolvimentismo", *Tempo Social*, São Paulo, USP, 2:11, pp. 23-47, out. 1999.

73. Behring, Elaine Rossetti; Boschetti, Ivanete, *Política Social: fundamentos e história*, 9. ed, São Paulo: Cortez, 2011, p. 147.

Em realidade, a questão social continuou inalterada, mas passou a ser tratada de forma diferente. O Estado deveria desenvolver algumas estratégias de políticas públicas. Em efeito, Cardoso deu inicio à aplicação de políticas sociais neoliberais,[74] isto é, de políticas compensatórias (transferência de renda, focalização),[75] tais como o "Bolsa Escola" e o "Bolsa Família".

Seu sucessor, Luiz Inácio Lula da Silva (2003-2010), do Partido dos Trabalhadores (PT) deu continuidade e ampliou as políticas compensatórias,[76] assim como prosseguiu com a política macroeconômica de seus antecessores, sem tocar nos interesses do capital. Conforme elucida Perla Valero, o Partido dos Trabalhadores (PT)

> "(...) chegou ao poder sem ser a principal força política, ademais de que seus princípios ideológicos próximos a social-democracia lhe permitiram fazer alianças com os grupos mais conservadores do Brasil para garantir a governabilidade e sem tocar os interesses das elites e do capital estrangeiro. Alguns autores qualificam à combinação de política macroeconômica neoliberal e política social assistencialista centrada na luta contra a pobreza extrema, como um 'social liberalismo à brasileira' ou 'liberal desenvolvimento', porque o Estado todavia pretende regular uma parte da economia, como sucede no país continente."[77]

Contudo, em 2002, em sua "Carta ao Povo Brasileiro", escrita e divulgada antes de assumir a presidência, afirmou que o povo "recusa qualquer forma de continuísmo, seja ele assumido ou mascarado".[78] O povo brasileiro, segundo ele,

> "(...) quer mudar para valer. (...). Quer trilhar o caminho da redução de nossa vulnerabilidade externa pelo esforço conjugado de exportar mais e de criar um amplo mercado interno de consumo de massas. Quer abrir o

74. Laurell, Asa Cristina, Avançando em direção ao passado: a política social do neoliberalismo. In: *Estado e políticas sociais no neoliberalismo*, São Paulo: Cortez, 1995.

75. A política social, segundo o neoliberalismo, encerra três aspectos fundamentais: a) a focalização, que responde à necessidade de confrontar à massificação dos problemas sociais com fundos recortados, buscando o uso mais eficiente dos escassos recursos destinados; b) o assistencialismo, que consiste em dar ajuda aos grupos sociais mais vulneráveis em questões centrais e emergenciais para a sobrevivência de pessoas em extrema pobreza; c) a descentralização da política social desde os governos regionais e locais. Sobre o assunto ver: Laurell, Asa Cristina, "Avançando em direção ao passado: a política social do neoliberalismo". *Estado e políticas sociais no neoliberalismo*, São Paulo: Cortês, 1995.

76. Druck, Graça; Filgueiras, Luiz, "Política social focalizada e ajuste fiscal: as duas faces do governo Lula", *Revista Katál*, Florianópolis, 1:10, pp. 24-34, janeiro-junho 2007; ver ainda: Pacheco, Everton Bonato, "As políticas sociais compensatórias: impactos do Bolsa Família", disponível em <http://www.ufjf.br/graduacaocienciassociais/files/2010/11/As-pol%C3%ADticas-sociais-pdf>, última consulta: 12.12.2015.

77. Valero, Perla, "El gobierno Lula: macroeconomia ortodoxa e políticas de bienestar social", *Sures y Nortes*, n.1, 2012, disponível em http://suresynortes.com/, última consulta: 12.10.2015. Tradução do castelhano ao português sob responsabilidade da autora.

78. Silva, Luiz Inácio Lula da, *Carta ao povo brasileiro*, disponível em <http://novo.fpabramo.org.br/uploads/cartaaopovobrasileiro.pdf>, última consulta: 14.12.2015.

caminho de combinar o incremento da atividade econômica com políticas sociais consistentes e criativas. O caminho das reformas estruturais que de fato democratizem e modernizem o país, tornando-o mais justo, eficiente e, ao mesmo tempo, mais competitivo no mercado internacional. O caminho da reforma tributária, que desonere a produção. Da reforma agrária que assegure a paz no campo. Da redução de nossas carências energéticas e de nosso déficit habitacional. Da reforma previdenciária, da reforma trabalhista e de programas prioritários contra a fome e a insegurança pública."[79]

Em seu discurso de posse, em janeiro de 2003, expressou estar ciente das circunstâncias nas quais viviam milhões de pessoas no país e prometeu vencer a fome das "irmãs" e dos "irmãos" brasileiros, – coisa que outros governos, em quinhentos anos de história não fizeram, – através de um programa assistencialista. De acordo com suas palavras,

> "Num país que conta com tantas terras férteis e com tanta gente que quer trabalhar, não deveria haver razão alguma para se falar em fome. No entanto, milhões de brasileiros, no campo e na cidade, nas zonas rurais mais desamparadas e nas periferias urbanas, estão, nesse momento, sem ter o que comer. Sobrevivem milagrosamente abaixo da linha da pobreza, quando não morrem de miséria, mendigando um pedaço de pão. Isso é uma história antiga. O Brasil conheceu a riqueza dos engenhos e das plantações de cana-de-açúcar nos primeiros tempos coloniais, mas não venceu a fome; proclamou a independência nacional e aboliu a escravidão, mas não venceu a fome; conheceu a riqueza das jazidas de ouro, em Minas Gerais, e da produção de café, no Vale do Paraíba, mas não venceu a fome; industrializou-se e forjou um notável e diversificado parque produtivo, mas não venceu a fome. Isso não pode continuar assim. Enquanto houver um irmão brasileiro ou uma irmã brasileira passando fome, teremos motivos de sobra para nos cobrirmos de vergonha. Por isso, defini entre as prioridades do meu Governo um programa de segurança alimentar que leva o nome de 'Fome Zero'. (...), se, ao final do meu mandato, todos os brasileiros tiverem a possibilidade de tomar café da manhã, almoçar ou jantar, terei cumprido a missão da minha vida."[80]

De fato, em um país onde as pessoas ainda morrem de fome, prometer as três refeições básicas pode ser considerada uma grande estratégia populista. No entanto, apesar da crítica situação social herdada, segundo Lula da Silva, era preciso "manter sob controle as nossas muitas e legítimas ansiedades sociais, para que elas possam ser atendidas no ritmo adequado e no momento justo".[81]

79. Silva, Luiz Inácio Lula da, "Pronunciamento do presidente da República, Luiz Inácio Lula da Silva, na sessão solene de posse no Congresso Nacional, Brasília, 01.01.2013, disponível em <http://www.biblioteca.presidencia.gov.br/ex-presidentes/luiz-inacio-lula-da-silva>, última consulta: 10.12.2015.

80. Silva, Luiz Inácio Lula da, "Pronunciamento do presidente da República, Luiz Inácio Lula da Silva, na sessão solene de posse no Congresso Nacional, Brasília, 01.01.2013, disponível em <http://www.biblioteca.presidencia.gov.br/ex-presidentes/luiz-inacio-lula-da-silva>, última consulta: 10.12.2015.

81. *Idem, ibidem.*

Com relação às reformas, Lula prometeu fazer uma "reforma agrária pacífica, organizada e planejada", "sem afetar de modo algum as terras que produzem, porque as terras produtivas se justificam por si mesmas e serão estimuladas a produzir sempre mais, a exemplo da gigantesca montanha de grãos que colhemos cada ano". Assim, apesar da "gigantesca montanha de cereais" o povo, paradoxalmente, morria de fome, necessitando, portanto, de um programa assistencialista, financiado pelo Banco Mundial.[82] Cabe mencionar que a prometida reforma agrária ainda não ocorreu no país. Por outro lado, Lula da Silva reafirmou, em seu discurso de posse, em 2003, seu compromisso com as políticas econômicas de corte neoliberal, ao declarar que era preciso "criar condições macroeconômicas favoráveis à retomada do crescimento sustentado para a qual a estabilidade e a gestão das finanças públicas são valores essenciais".[83]

Cabe aqui esclarecer as diferenciações entre o populismo clássico e o novo populismo, suas respectivas políticas sociais, bem como analisar a relação e a possível harmonização entre neopopulismo e neoliberalismo. Conforme Sergio Zermeño e Kurt Weyland, entre outros autores, o "populismo clássico" se baseou particularmente na classe trabalhadora urbana em ascensão e nos setores populares, enquanto que o "novo populismo" ou o populismo transfigurado pelas políticas neoliberais (e, atualmente, ultraliberais), o apoio principal provém dos setores urbanos informais e os pobres do meio rural da América Latina. Ainda que cada país latino-americano tem matizes específicos, resultado de uma trajetória particular, se pode sustentar que os primeiros constituíam uma base mais estável, menos volátil que os segundos; tinham mais capacidade organizativa, autonomia relativa e, portanto, uma maior capacidade de pressão sobre as ações do Estado. Além disso, os setores informais[84] não possuem veículos de representação estável e, em consequência, a ação coletiva se atomiza e/ou se transforma em uma combinação caótica de elementos.[85]

82. SILVA, Luiz Inácio Lula da, "Pronunciamento do presidente da República, Luiz Inácio Lula da Silva, na sessão solene de posse no Congresso Nacional, Brasília, 01.01.2003, disponível em <http://www.biblioteca.presidencia.gov.br/ex-presidentes/luiz-inacio-lula-da-silva>, última consulta: 10.12.2015; The World Bank, "Project appraisal document on a proposed adaptable program loan in the amount of US$572.2 million to the Federative Republic of Brazil for a Bolsa Família Project in support of the first phase of the Bolsa Família Program", 25.05.2004, disponível em <http://www-wds.worldbank.org>, última consulta: 03.12.2015.

83. SILVA, Luiz Inácio Lula da, "Pronunciamento do presidente da República, Luiz Inácio Lula da Silva, na sessão solene de posse no Congresso Nacional, Brasília, 01.01.2003, disponível em <http://www.biblioteca.presidencia.gov.br/ex-presidentes/luiz-inacio-lula-da-silva>, última consulta: 10.12.2015.

84. Sobre cidadania social e setor informal na América Latina, ver: ROBERTS, Brian; BAYÓN, María Cristina; ZARAVI, Gonzalo A., "Ciudadanía social y sector informal en América Latina", *Perfiles Latinoamericanos*, n. 13, dez. 1998.

85. ZERMEÑO, Sergio, "El regreso del líder: crisis, neoliberalismo y desordem", *Revista Mexicana de Sociología*, 51:4, out.-dez. 1989, pp. 115-150; WEYLAND, Kurt, "Clarifying a Contested Concept: Populism in the Study of Latin American Politics", *Ph.D. Program in Political Science of the City University of New York*, 34:1, out. 2001, pp. 1-22.

Com relação às políticas sociais, o populismo clássico implementou políticas destinadas a reforçar o processo de acumulação mediante investimentos na infraestrutura social e a ampliação do consumo coletivo dos trabalhadores através de políticas de emprego, salários e preços. Portanto, a política social era concebida como um investimento, não como um gasto. Já a política social neoliberal é entendida como um conjunto de medidas orientadas a compensar os efeitos negativos das reformas e ajustes macroeconômicos em alguns setores da população. É pensada como política transitória pois, após os ajustes iniciais, haveria supostamente crescimento sem inflação e geração de empregos, de modo que não seria necessário manter os programas sociais de forma indefinida. Com a economia de mercado, poucos seriam os que necessitariam de ajuda governamental. Desta maneira, para o neoliberalismo, a política social se percebe como um gasto (inicial), não como investimento. O investimento social seria orientado para as pequenas empresas com a finalidade de dotá-las de competitividade e rentabilidade, enquanto que a política social teria um caráter assistencialista, dirigida à população vulnerável, em situação de extrema pobreza. Carlos Vilas afirma que a política social neoliberal tem uma função semelhante a de um "bombeiro", porque apenas atua em situações limite, que podem se converter em focos de tensão política, além de estar inevitavelmente ligada à conjunturas políticas como as eleições e o descontentamento social.[86] Portanto, é neste sentido que os governos que adotaram as políticas sociais neoliberais, a partir dos anos 1990, podem ser qualificados de neopopulistas.

O neopopulismo está fundamentado em instrumentos de controle político da miséria e nas "ansiedades e vulnerabilidades sociais" com o fim de dar continuidade, de forma pacífica, às políticas e aos programas de caráter neoliberais, como os programas sociais compensatórios (de focalização). Apresentados como instrumentos de combate à pobreza extrema, as políticas sociais compensatórias são responsáveis por boa parte da popularidade dos governos populistas, considerados de centro-esquerda, na América Latina. Com os neopopulistas, esses programas ganharam importância, foram reconhecidos internacionalmente, e se ampliaram, servindo para reforçar a suposta imagem de "combate à pobreza" dos presidentes. Contudo, esse tipo de programa não é exclusividade dos governos supostamente de esquerda. Os de centro-direita e os de direita também aplicaram essas medidas, como Alan García, ex-presidente peruano, ou os governos do México (com os programas "Oportunidades" e "Vivir Mejor", dos ex-presidentes Vicente Fox e Felipe Calderón, respectivamente). Inclusive, a cidade de Nova Iorque, nos Estados Unidos, tem um programa semelhante, o *Opportunity NYC*, iniciado em 2007.

86. Vilas, Carlos, "De ambulancias, bomberos y policías: la política social del neoliberalismo (notas para una perspectiva macro", *Desarrollo económico*, 144:36, jan.-mar. 1997, pp. 111-141.

Os programas de transferência de renda e de focalização respondem a uma recomendação de uma das principais instituições do capital financeiro internacional, o Banco Mundial.[87] Com o avanço das políticas de ajustes neoliberais nos anos 1990 – privatização, flexibilização financeira e laboral, diminuição dos orçamentos destinados às áreas da saúde e ajudas públicas aos hospitais privados, desmantelamento e precariedade dos hospitais públicos, mercantilização da educação (os alunos são considerados "clientes" pelas instituições de ensino privado), pagamento dos juros das dívidas externas e internas, entre outros desastres que um humanista se nega a compreender –, a instituição passou a defender a criação de mecanismos que amortizassem o desemprego e a miséria, a desigualdade social abissal produzida, em parte, pelos interesses do capitalismo financeiro internacional.

Dessa forma, o Estado deveria diminuir seus gastos sociais (aposentadorias, educação e saúde públicas, principalmente) para subsidiar um programa que oferecesse uma garantia preventiva diante de uma provável revolta dos excluídos pelas políticas de caráter neoliberal. Um dos objetivos dos credores é que os países devedores economizem para pagar os juros ou a dívida externa.[88] Em 2013, Otaviano Canuto, vice-presidente da Rede de Redução da Pobreza e Gerenciamento Econômico do Banco Mundial, afirmou que o "Bolsa Família", carro-chefe dos programas de transferência de renda do governo do Partido dos Trabalhadores, "é bastante eficiente e tem um custo relativamente baixo (0,5% do PIB nacional)".[89] Assim, o Banco Mundial não se cansou de elogiar as políticas sociais brasileiras como o "Bolsa Família",[90] principalmente durante o governo Lula da Silva. Em última análise, conforme asseveram Graça Druck e Luiz Filgueiras, "combinam-se perfeitamente a flexibilização e a precarização do trabalho e as políticas focalizadas e flexíveis de combate à pobreza. Ambas regidas pela mesma lógica, isto é, as intervenções pontuais e precárias que, para não se opor 'à ordem econômica neoliberal' e às determinações do Banco Mundial, subordinam-se ao reino da volatilidade, sem mudar e intervir sobre as causas estruturais dos

87. Banco Mundial, *Poverty Reduction and Growth: Virtous and Vicious Circles*, Washington, 2006.

88. Segundo dados do Banco Central do Brasil, a posição da dívida externa bruta estimada para janeiro de 2016 totalizou 332,1 bilhões de dólares e a dívida externa de longo prazo atingiu 277,2 bilhões de dólares, enquanto o endividamento de curto prazo somou 54,9 bilhões, o que evidencia o grau de dependência (ou interdependência) do país ao capital financeiro internacional. Banco Central do Brasil, *Setor Externo*, disponível em <http://www.bcb.gov.br/?ECOIMPEXT>, última consulta: 23.02.2016.

89. Canuto, Otaviano, *Rede de Redução da Pobreza e Gerenciamento Econômico do Banco Mundial*, disponível em <http://www.ipea.gov.br/portal/index>, última consulta: 03.12.2015.

90. "Banco Mundial elogia Bolsa Família e replica modelo em outros países", disponível em <http://amigosdopt.com.br/index.php?option=com_content&view=article&id=566:banco-mundial-elogia-bolsa-familia-e-replica-modelo-em-outros-paises&catid=50:inclusao&Itemid=73>, última consulta: 23.11.2015.

problemas fundamentais da sociedade brasileira".[91] Em outros termos, neoliberalismo e novo populismo são totalmente compatíveis.

As políticas compensatórias também se transformaram em um formidável instrumento eleitoral para os governos populistas. No Brasil, através da dependência entre um setor da sociedade à concessão do programa "Bolsa Família", o Partido dos Trabalhadores (PT) há obtido uma importante base eleitoral. Dado que as novas políticas sociais tendem a ser focalizadas mais do que estar baseadas em direitos universais, resulta inevitável que elas se prestem a uma manipulação clientelar tanto por parte dos provedores como dos receptores. Assim sendo, os programas sociais compensatórios resultaram, a partir dos anos 1990, em instrumento eleitoral e de controle político das massas desorganizadas em tempos de hegemonia liberal, de discurso e de estratégias de populismos transfigurados.

CONSIDERAÇÕES FINAIS

Levando em consideração as limitações de espaço próprias de um artigo, pode-se inferir, a partir do que foi exposto, que o Brasil precisa superar o populismo e determinadas maneiras de se pensar e se fazer política no país. É preciso, igualmente, desenvolver um modelo de desenvolvimento alternativo e um projeto de nação. Esse projeto nacional não pode ser uma concessão do Estado, mas deve ser construído com a participação de amplos setores da sociedade, de forma democrática. Assim sendo, para desenvolver um modelo alternativo de desenvolvimento e sobrepujar o populismo (clássico ou transfigurado) é indispensável fomentar a participação política autônoma. É imprescindível incentivar as associações de bairro, os movimentos sociais que advogam pelo exercício pleno da cidadania, a formação de plataformas cidadãs, que lutem por uma nova forma de pensar e fazer política, pois em lugar de construir um projeto nacional que beneficie a maioria dos cidadãos, os governos neopopulistas vêm administrando os planos econômicos, políticos e ideológicos de um liberalismo fundamentalista que busca aliviar a pobreza produzida, em grande parte, pelas próprias políticas de caráter neoliberal, que atendem apenas a interesses específicos. A outra parte responsável pela pobreza e pela falta de infraestruturas básicas é a corrupção, realizada por todos aqueles que pensam que o cargo público se destina ao enriquecimento pessoal. Nesse sentido, pensar a política de forma diferente implica superar a concepção patrimonialista de Estado e as relações clientelistas.

Além de fecharem os olhos para a corrupção política e a impunidade, que uma vez prometeram combater, os governos neopopulistas, com a adoção de um paradigma econômico e social excludente, levaram (e sentenciam) milhões de brasileiros ao emprego informal, aos baixos salários, à criminalidade, à deficiente

91. DRUCK, Graça; FILGUEIRAS, Luiz, "Política social focalizada e ajuste fiscal: as duas faces do governo Lula", *Revista Katál*, Florianópolis, 1:10, pp. 24-34, jan.-jun. 2007.

formação educacional[92] e profissional, à precariedade em termos de saúde pública e à falta de infraestruturas básicas, ademais de reforçarem a dependência econômica do país.[93] Por sua vez, nas últimas décadas, as classes sociais politicamente desorganizadas podem ser consideradas "classes de apoio" desse modelo econômico, social e ideológico e do populismo transfigurado. Acreditam, de forma equivocada, que a política social dos líderes neopopulistas significa ampliação da cidadania e, ao mesmo tempo, proteção do Estado. Nada mais ilusório. As políticas sociais adotadas pelos governos neopopulistas, ainda que tenham diminuído a pobreza, são paliativas e recomendadas por instituições que não foram eleitas de forma democrática (como o Banco Mundial e o FMI), tendo como resultado final a despolitização do debate sobre a questão social e a legitimação e a consolidação da estratégia política liberal.

Em contrapartida, o país precisa de um projeto de nação que se fundamente na implantação de medidas, políticas e reformas estruturais, como a reforma agrária, a eleitoral, a tributária (com o aumento dos impostos das grandes fortunas), a auditoria para o pagamento da dívida externa, a formação de cooperativas de pequenos produtores locais que abasteceriam os municípios, a assistência técnica e garantia de compra da produção aos pequenos produtores por parte do Estado, o impulso a programas de desenvolvimento da agricultura ecológica, que se destinaria não só à exportação, mas também ao abastecimento do mercado interno. E, acima de tudo, é fundamental uma reforma constitucional que possibilite todas essas reformas.

O projeto de desenvolvimento brasileiro deve estar centrado na educação pública, em que se priorize a excelência em termos de formação e o emprego de investimentos massivos, em que se destine parte dos impostos pagos pelos cidadãos ao Estado não à iniciativa privada, mas à instituições públicas voltadas para o desenvolvimento da Ciência, da Tecnologia e da formação humanística. Mas, também é necessário abandonar a prática de "construir a casa pelo telhado", isto é, o país precisa de mais investimentos na educação fundamental e secundária do que na internacionalização, ainda que importante. E, desta forma, é imprescindível ter como prioridade a erradicação do analfabetismo, tanto absoluto como funcional, além da inclusão nos currículos de uma "educação para a cidadania".

92. Segundo dados oficiais, a taxa de analfabetismo funcional, em 2001, era de 27,3% e de 18,3%, em 2012. *Relatório Educação para Todos no Brasil*, 2000-2015, Ministério da Educação e Cultura, disponível em <http://portal.mec.gov.br/index.php?option=com_docman&view=download&alias=15774-ept-relatorio-06062014&Itemid=30192>, última consulta: 03.11.2015. A taxa de analfabetismo brasileiro para pessoas de 15 anos ou mais foi de 8,5% em 2013, o que corresponde a 13 milhões de pessoas. O dado é da Pesquisa Nacional por Amostra de Domicílios (Pnad), divulgada pelo Instituto Brasileiro de Geografia e Estatística (IBGE), disponível em <http://agenciabrasil.ebc.com.br/educacao/noticia/2014-09/Analfabetismo-cai-0,4-pontos-percentuais-mas-ainda-atinge-13-milh%C3%B5es>, última consulta: 08.11.2015.

93. Sobre dependência e neoliberalismo ver: Martins, Carlos Eduardo, *Globalização, dependência e neoliberalismo na América Latina*, São Paulo: Boitempo, 2011.

É preciso investir, igualmente, na educação ambiental e no desenvolvimento iminente de energias renováveis (solar e eólica), visando substituir o consumo de combustíveis fósseis pois, afinal, pouco se faz por utilizar os recursos naturais do país de forma sustentável.

Todas essas iniciativas fomentariam a geração de emprego e a mobilidade social, assim como a execução de um programa nacional de combate à profunda desigualdade social existente. Diminuir a desigualdade social é fazer uma política acertada de distribuição de renda. A justiça social, tão alardeada nos discursos dos políticos populistas não reside na adoção de medidas assistencialistas e relações clientelistas, mas em atacar a origem da desigualdade.

As políticas sociais devem estar voltadas para o atendimento dos direitos universais, pois as de corte neoliberal, neopopulistas, portanto, não acabarão com a miséria, e são absolutamente ineficazes para combater as raízes da desigualdade social. Os problemas relativos à pobreza e à desigualdade são estruturais e, portanto, as soluções também deveriam ser pensadas e discutidas, de forma democrática, a partir dessa perspectiva.

É certo que o Brasil não chegou a construir um Estado de bem-estar social pois, dentre outros fatores, as recorrentes políticas populistas produziram apenas um simulacro de bem-estar (baseado especificamente no consumo de massa) e impossibilitaram um modelo econômico e político alternativo.

Enfim, as políticas de corte neoliberal continuam a ser desenvolvida no país, sem que para isso sejam necessárias revoluções, contrarrevoluções ou ditaduras. Nunca o populismo serviu tão bem ao capitalismo financeiro e à democracia de mercado como no Brasil.

Entender e superar o populismo, dois desafios que o país precisa afrontar, de forma ineludível, se pretende que a democracia e a cidadania não sejam apenas marcos de referência.

BIBLIOGRAFIA

ABRÃO, Janete Silveira, *Nacionalismo cultural e político: la doble cara de un proyecto único: Cataluña*, Tese de Doutorado, Barcelona, Universidade de Barcelona, 2007.

BEHRING, Elaine Rossetti; BOSCHETTI, Ivanete, *Política Social: fundamentos e história*, 9. ed, São Paulo: Cortez, 2011.

BOBBIO, Norberto, *Derecha e Izquierda: razones y significados de una distinción política*, Madrid: Editorial Taurus, 1998.

CAPELATO, Maria Helena R., "Populismo latino-americano em discussão", In FERREIRA, Jorge (org.), *O populismo e sua história: debate e crítica*, Rio de Janeiro: Civilização Brasileira, 2001, pp. 125-165.

CANO, Wilson, "Soberanía y política económica: el retroceso después de 1979", In *Soberanía y política económica en América Latina*, Cartago: Libro Universitario Regional, 2001, pp. 13-79.

CARVALHO, José Murilo de, *Cidadania no Brasil. O longo caminho*, 12. ed., Rio de Janeiro: Civilização Brasileira, 2009.

CHARADEAU, Patrick, "Reflexiones para el análisis del discurso populista", *Discurso y Sociedad*, 3:2, 2009, pp. 253-279.

CRABTREE, John, "Populisms old and new: the Peruvian case", *Latin American Research*, vol. 19, 2000, pp. 163-176.

CONNIFF, Michael L., *Populism en Latin America*, Tuscaloosa: The University of Alabama Press, 1999.

______, "Neopopulismo en América Latina. La década de los 90 y después", *Revista de Ciencia Política*, Santiago de Chile, 23:1, 2003, pp. 31-38.

DE BLAS GUERRERO, Andrés (Dir.), *Enciclopédia del nacionalismo*, Madrid: Alianza Editorial, 1999.

DE LA TORRE, Carlos, "¿ Es el populismo la forma constitutiva de la democracia en América Latina? In GAETE, Julio Aibar (coord.), *Vox Populi. Populismo y democracia en Latinoamérica*, México: FLACSO, 2007, p.59.

DRUCK, Graça; FILGUEIRAS, Luiz, "Política social focalizada e ajuste fiscal: as duas faces do governo Lula", *Revista Katál*, Florianópolis, 1:10, jan.-jun. 2007, pp. 24-34.

FAORO, Raimundo, *Os donos do poder: formação do patronato político brasileiro*, Porto Alegre: Globo, 2001.

FREIDENBERG, Flavia, *La tentación populista: una vía al poder en América Latina*, Madrid: Síntesis, 2006.

GOMES, Ângela de Castro, "O populismo e as ciências sociais no Brasil: notas sobre a trajetória de um conceito", In FERREIRA, Jorge (org.), *O populismo e sua história: debate e crítica*, Rio de Janeiro: Civilização Brasileira, 2001, pp. 17-57.

HERMET, Guy, "O populismo como concepto", *Revista de Ciencia Política*, Santiago de Chile, 23:1, 2003, pp. 5-18.

LACLAU, Ernest, *La razón populista*, Buenos Aires: Fondo de Cultura Económica, 2005.

LAURELL, Asa Cristina, "La nueva ley del seguro social y el viraje en la política social", *Acta sociológica*, México, n. 17, 1996, pp. 11-37.

LECHNER, Norbert, "La política ya no es lo que fue", *Nueva Sociedad*, Buenos Aires, n. 144, julio-agosto 1996, pp. 175-187.

MACKINNON, María Moira; PETRONE, Mario Alberto (comps.), *Populismo y Neopopulismo en América Latina: el problema cenicienta*, Buenos Aires: Editorial Universitaria, 1999.

MINOGUE, Kenneth, *Política: uma brevíssima introdução*, Rio de Janeiro: Jorge Zahar, 1998.

OLIVEIRA, Miguel Darcy de (org.), *Discursos selecionados do presidente Fernando Henrique Cardoso*, Brasilia: Fundação Alexandre de Gusmão, 2009.

OLIVEIRA, Francisco de, "Lula no labirinto", *New Left Review*, n. 42, nov.-dez. 2006, pp. 5-22.

OKUNEVA, Liudmila, "Algunas reflexiones acerca del populismo: el caso brasileño", *Sociedad y Discurso, Revista del Departamento de Lengua y Cultura de la Universidad de Aalborgn*, 2009, pp. 18-35.

PARAMIO, Ludolfo, "Giro a la izquierda y regreso del populismo: el caso brasileño", *Nueva Sociedad*, Buenos Aires, n. 205, set.-out. 2006, pp. 62-74.

PESCHARD, Jacqueline, *La cultura política democrática*, México DF: Instituto Federal Electoral, 2001

ROBERTS, Kenneth, "El neoliberalismo y la transformación del populismo en América Latina. El caso peruano", In MACKINNON, María Moira; Mario Alberto PETRONE (comps.), *Populismo y neopopulismo en América Latina: el problema de la cenicienta*, Buenos Aires: Editorial Universitaria, 1999, pp. 375-408.

SALLUM Jr, Brasílio, "O Brasil sob Cardoso: neoliberalismo e desenvolvimentismo", *Tempo Social*, São Paulo, USP, 2:11, out. 1999, pp. 23-47.

STEIN, Steve, "Populism and Social Control", In ARCHETTI, Eduardo; CAMMACK, Paul; ROBERTS, Bryan (eds.), *Sociology of developing societies: Latin America*, London: Macmillan, 1987, pp. 119-135.

URBINATI, Nadia, "Democracy and Populism", *Constellations*, 5:1, mar. 1998, pp. 110-124.

VILAS, Carlos M., "El populismo latinoamericano: un enfoque estructural", *Desarrollo Económico*, 28:111, out.-dez. 1988, pp. 323-352.

______, "De ambulancias, bomberos y policías: la política social del neoliberalismo (notas para una perspectiva macro)", *Desarrollo económico*, 144:36, jan.-mar. 1997, pp. 111-141.

WEFFORT, Francisco, *O populismo na política brasileira,* Rio de Janeiro: Paz e Terra, 2003.

WEYLAND, Kurt, "Clarifying a Contested Concept: Populism in the Study of Latin American Politics", *Comparative Polítics*, Ph.D. Program in Political Science of the City University of New York, 34:1, out. 2001, pp. 1-22.

WORSLEY, Peter, "El concepto de populismo", In IONESCU, Guita; GELLNER, Ernest (comps.), *Populismos, sus significados y características nacionales*, Buenos Aires: Amorrortu, 1970, pp. 258-304.

ZERMEÑO, Sergio, "El regreso del líder: crisis, neoliberalismo y desordem", *Revista Mexicana de Sociología*, 51:4, out.-dez. 1989, pp. 115-150.

Documentos

Banco Mundial, *Poverty Reduction and Growth: Virtuous and Vicious Circles*, Washington, 2006.

Goulart, João, *Os novos tempos e as novas tarefas do povo brasileiro. Introdução à Mensagem Presidencial de Abertura da Sessão Legislativa de 1964*, Brasília, 1964.

Documentos eletrônicos

Banco Central do Brasil, Setor Externo, disponível em <http://www.bcb.gov.br/?E-COIMPEXT>, última consulta: 23.02.2016.

"Banco Mundial elogia Bolsa Família e replica modelo em outros países", disponível em <http://amigosdopt.com.br>, última consulta: 23.11.2015.

The World Bank, "Project appraisal document on a proposed adaptable program loan in the amount of US$572.2 million to the Federative Republic of Brazil for a Bolsa Família Project in support of the first phase of the Bolsa Família Program", 25.05.2004, disponível em <http://www-wds.worldbank.org>, última consulta: 03.12.2015.

Canuto, Otaviano, *Rede de Redução da Pobreza e Gerenciamento Econômico do Banco Mundial,* disponível em <http://www.ipea.gov.br/portal/index>, última consulta: 03.12.2015.

Cardoso, Fernando Henrique, *Discurso de despedida do Senado Federal - Filosofia e diretrizes de governo*, 14 de dezembro 1994, Brasília, Presidência da República, Secretaria de Comunicação Social, disponível em <http://www.biblioteca.presidencia.gov.br/ex-presidentes>, última consulta: 10.10.2015.

______, *Discurso de posse no Congresso Nacional*, disponível em <www.biblioteca.presidencia.gov.br>, última consulta: 17.12.2015.

Mello, Fernando Collor de, *Discurso na cerimônia de posse no Congresso Nacional*, 15.03.1990, p. 15, disponível em <http://www.biblioteca.presidencia.gov.br/ex-presidentes/fernando-collor/discurso-de-posse/posse-collor.pdf/view>, última consulta: 17.11.2015.

Pacheco, Everton Bonato, "As políticas sociais compensatórias: impactos do Bolsa Família", disponível em <http://www.ufjf.br/graduacaocienciassociais/files/2010/11/As-pol%C3%ADticas-sociais-pdf>, última consulta: 12.12.2015.

Radar Social/IPEA, 2005, disponível em <www.ipea.gov.br/portal/> última consulta: 06.12.2015. Em 2003, o número de residentes no Brasil era de 176.876.443, disponível em <www.ibge.gov.br>, última consulta: 12.12.2015.

Relatório Educação para Todos no Brasil, 2000-2015, Ministério da Educação e Cultura, disponível em <http://portal.mec.gov.br/index.php?option=com_docman&view=download&alias=15774-ept-relatorio--06062014&Itemid=30192>, última consulta: 03.11.2015.

SILVA, Luiz Inácio Lula da, *Carta ao povo brasileiro*, disponível em <http://novo.fpabramo.org.br/uploads/cartaaopovobrasileiro.pdf>, última consulta: 14.12.2015.

SILVA, Luiz Inácio Lula da, "Pronunciamento do presidente da República, Luiz Inácio Lula da Silva, na sessão solene de posse no Congresso Nacional, Brasília, 01.01.2013, disponível em <http://www.biblioteca.presidencia.gov.br/ex-presidentes/luiz-inacio-lula-da-silva>, última consulta: 10.12.2015.

SILVA, Luiz Inácio Lula da, "Pronunciamento à nação do presidente da República, Luiz Inácio Lula da Silva, na cerimônia de posse", Brasília, 01.01.2003, disponível em <http://www.biblioteca.presidencia.gov.br/ex-presidentes/luiz-inacio-lula-da-silva/discursos/1o-mandato/pdfs-2003/1o-semestre/01.01.2003-pronunciamento-a-nacao-do-presidente-da-republica-luiz-inacio-lula-da-silva-apos-a-cerimonia-de-posse/view>, última consulta: 10.12.2015.

VALERO, Perla, "El gobierno Lula: macroeconomia ortodoxa e políticas de bienestar social", *Sures y Nortes*, disponível em <http://suresynortes.com/>, última consulta: 12.10.2015.

Artigos de Jornal

FOLHA DE S.PAULO, "Lula afirma que pobres são 'cada célula do seu corpo e cada gota do seu sangue'", *Folha de S.Paulo*, São Paulo, 12.09.2006, p. 6.

CARVALHO, José Murilo de, "Cidadania, estadania, apatia", *Jornal do Brasil*, Rio de Janeiro, 24.06.2001, p. 8.

QUANTA VERDADE O BRASIL SUPORTARÁ? UMA ANÁLISE DAS POLÍTICAS DE MEMÓRIA BRASILEIRAS[1]

CAROLINE SILVEIRA BAUER

Universidade Federal do Rio Grande do Sul (UFRGS)

INTRODUÇÃO

No dia 16 de maio de 2015, em uma cerimônia no Palácio do Planalto, sede do governo brasileiro, a presidente Dilma Rousseff apresentou os membros da "Comissão Nacional da Verdade". Em seu discurso, Rousseff fez as seguintes referências sobre os trabalhos da Comissão, cuja orientação seria a "busca da verdade":

> "A verdade, de fato, não morre por ter sido escondida. Nas sombras somos todos privados da verdade, mas não é justo que continuemos apartados dela à luz do dia. Embora saibamos que regimes de exceção sobrevivem pela interdição da verdade, temos o direito de esperar que, sob a democracia, a verdade, a memória e a história venham à superfície e se tornem conhecidas, sobretudo, para as novas e as futuras gerações. (...) Eu acrescentaria que a força pode esconder a verdade, a tirania pode impedi-la de circular livremente, o medo pode adiá-la, mas o tempo acaba por trazer a luz. Hoje, esse tempo chegou."[2]

1. Uma versão deste texto foi publicada no Brasil pela revista *Dimensões*, vol. 32, pp. 148-169, 2014.

2. *Discurso da presidenta da República Dilma Rousseff na Cerimônia de Instalação da Comissão da Verdade*. Brasília, DF, disponível em <http://www2.planalto.gov.br/imprensa/

Este texto busca analisar os limites das políticas de memória brasileiras, desde a Lei 9.140/1995, conhecida como "Lei dos Desaparecidos", até o primeiro ano de trabalho da Comissão Nacional da Verdade, instaurada em 16 de maio de 2012.

As características das ações impulsadas pelo Estado desde meados da década de 1990 permitem questionar a eficácia dessas medidas, que estão condicionadas pela forma como foi realizada a transição política à democracia e como se construíram determinados sentidos do passado ditatorial brasileiro, como a chamada "ideologia da reconciliação".

Para uma melhor exposição dos argumentos, este texto está dividido em quatro tópicos. A primeira parte fará uma breve análise sobre a transição política brasileira, dando ênfase aos seus aspectos de continuidade frente às estratégias de implantação do terror, que possibilitaram a construção de determinados sentidos do passado norteadores e presentes na elaboração das políticas de memória atuais. Posteriormente, serão realizadas algumas considerações sobre as políticas de memória e reparação no âmbito da justiça de transição, principalmente no que se refere ao direito à verdade. Em um terceiro momento, analisar-se-á as ações do Estado brasileiro na garantia desse direito, de meados da década de 1990 até o final do primeiro ano de trabalho da Comissão Nacional da Verdade. Por fim, serão tecidas algumas considerações sobre os obstáculos em elaborar efetivas políticas de memória no presente.

A METÁFORA DA TRANSIÇÃO POLÍTICA BRASILEIRA ENQUANTO GARANTIA DOS DIREITOS HUMANOS

A transição da ditadura civil-militar à democracia foi realizada de acordo com as características dos processos históricos anteriores, com a tradição cultural e jurídica para a resolução de conflitos e conforme a realidade do final da década de 1970. Diversos autores criticam o uso dos conceitos de "democratização" ou "redemocratização" para se referir ao período, pois consideram esse fenômeno incompleto desde o ponto de vista da cidadania plena, principio básico da democracia.[3]

Durante esse processo, se desativam, pouco a pouco-, por vezes, somente em parte-, as estratégias de implementação do terror e as instituições que o produziam. Assim, as construções de sentido sobre a ditadura e a repressão não tiveram o mesmo ritmo de transformações que as alterações institucionais e políticas, caracterizando uma continuidade na vigência do medo, que tem sido transmitido através das gerações; o fim da ditadura não significou o término do terror e a

---

discursos/discurso-da-presidenta-da-republica-dilma-rousseff-na-cerimonia-de-instalacao-da-comissao-da-verdade-brasilia-df>, última consulta: 30.08.2013.

3. Dillon Soares, Glaucio Ary; D'Araújo, Maria Celina; Castro, Celso (orgs.), *A volta aos quartéis: a memória militar sobre a abertura*, Rio de Janeiro: Relume-Dumará, 1995, p. 14.

superação dos traumas,[4] os fatos sim terminavam, mas não suas consequências. Os medos permaneceram e condicionaram as ações políticas dos governos da transição e das primeiras administrações civis pós-ditadura. O temor em relação aos contornos da futura democracia e a um possível caos político "era tão grande como o medo à ordem ditatorial",[5] pois era necessário enfrentar as responsabilidades penais e sociais com respeito às violações dos direitos humanos.

Em consequência, foi forjada durante este processo a chamada "ideologia da reconciliação", baseada na premissa da equiparação da violência do Estado e das organizações guerrilheiras, o que permitia responsabilizar a todos pela violência do período e, assim, permitir o esquecimento recíproco através da desmemória e do silêncio. A premissa de que não se pode construir uma democracia baseada no esquecimento não foi considerada em nenhum momento.[6]

"Ideologia da reconciliação" foi um termo formulado pelo historiador catalão Ricard Vinyes para fazer referência às ações estatais de equiparação ética e da impunidade equitativa em relação a crimes cometidos em conjunturas autoritárias, como a ditadura civil-militar brasileira. Segundo o autor:

> "Una ideología –por ejemplo la de la reconciliación–, lejos de asentarse en la realidad pretende crearla, o a lo sumo evitarla. Es un instrumento de asimilación, su vocación es devorar cualquier elemento antagónico y expandir las certezas absolutas en que se sostiene a través de ritos y símbolos que, más que una historia (una verdad provisional) conmemoran una memoria tranquilizadora, por lo general la memoria de un éxito conseguido tras sufrimiento y voluntad. Aunque a menudo el sufrimiento y la voluntad no acaben en éxito. Sus sujetos son héroes o víctimas, o las dos cosas resueltas en una sola, puesto que a veces la víctima es identificada con el héroe y al revés. La ideología no tiene capacidad de diálogo porque no nace para eso, y la memoria por ella creada, la memoria única o 'buena memoria', tampoco."[7]

Implementada como campanha de ação psicológica por parte dos governos transicionais – militares e civis – a "ideologia da reconciliação" teve como consequência o estabelecimento da desinformação e do silêncio, assim como o desenvolvimento de certa apatia política devido, principalmente, ao medo residual do

4. BECKER, David; CALDERÓN, Hugo, "Traumatizações extremas, processos de reparação social, crise política", In RIQUELME, Horacio U., (ed.), *Era de névoas: direitos humanos, terrorismo de Estado e saúde psicossocial na América Latina,* São Paulo: EDUC, 1993, p. 71.

5. *Idem, ibidem*, p. 75.

6. JELIN, Elizabeth, ¿Quiénes? ¿Cuándo? ¿Para qué? Actores y escenarios de las memorias. In VINYES, Ricard (ed.), *El Estado y la memoria: gobiernos y ciudadanos frente a los traumas de la historia*, Barcelona: RBA, 2009, p. 117.

7. VINYES, Ricard, *Sobre víctimas y vacíos; ideologías y reconciliaciones; privatizaciones e impunidades.* 2009b, Mimeo.

terrorismo de Estado, mas também a "demonización de los referentes y tradiciones políticas representadas siempre en su versión de caos y perturbación".[8]

Partindo da falsa premissa da superação dos conflitos reais e simbólicos – junto ao temor de que houvesse uma "argentização" da transição, uma referência aos processos contra os integrantes da Junta Militar da última ditadura argentina, a "ideologia da reconciliação" pode ser considerada, nos termos de Hannah Arendt[9] como uma mentira organizada pelo Estado. Foi decretada como extinta a polarização da sociedade, sem realizar os processos de reparação necessários para uma verdadeira reconciliação,[10] que

> "(...) surge del conflicto histórico y de la necesidad de resolverlo del modo más satisfactorio para todos aunque no contente a todos, por lo que requiere discusión, negociación, acuerdo relativo y una decisión mayoritariamente compartida. Se gesta y evoluciona, o se deshace. El proyecto político de la reconciliación tiene su expresión práctica y emblemática en el Parlamento y la Constitución. Ambas instituciones expresan los grados de reconciliación logrados durante la transición a la dictadura y tras ella. La eficacia de esas expresiones institucionales de la reconciliación depende de cómo se llevó el proceso histórico en el que nacieron, pero en cualquier caso no substituyen la sociedad y las memorias que la sociedad contiene."[11]

A "ideologia da reconciliação" tomou formas concretas, por exemplo, com a promulgação da Lei de Anistia, de 28 de agosto de 1979. Embora se trate de uma medida jurídica que impede o processamento penal, instituindo um perdão punitivo, essa lei, ao conceder anistia recíproca, estabelecia o controle do passado a partir de sua interdição, vetando o direito à verdade e, por consequência, o conhecimento dos fatos relacionados à ditadura civil-militar. O direito à verdade, assim, não era necessário, pois se considerava a ditadura "página virada" e, em última instância, uma ameaça à possibilidade de reciprocidade à anistia.

A anistia recíproca, convalidando a lógica da "ideologia da reconciliação", recupera outras características da formação social brasileira, como o "estigma da cordialidade". Recuperando as análises de Sergio Buarque de Hollanda presentes em "Raízes do Brasil", Zilda Iokoi afirma que a cordialidade tornou-se um impeditivo das disputas por direitos e uma ameaça à consolidação da democracia, tentando-se neutralizar conflitos e disputas através de uma representação de conciliação e passividade. Todos aqueles que se opuseram aos caminhos da

8. Vinyes, Ricard, "La memoria del Estado", In Vinyes, Ricard (ed.), *El Estado y la memoria: gobiernos y ciudadanos frente a los traumas de la historia*, Barcelona: RBA, 2009, pp. 31-32.

9. Arendt, Hannah, "Verdade e política", In *Entre o passado e o futuro*, São Paulo: Perspectiva, 2003, pp. 288-297.

10. Antonio, Gustavo Miranda, "Promoção da reconciliação nacional", *Revista Jurídica da Presidência*, Brasília, 105:15, fev.-maio 2013, pp. 69-92.

11. Vinyes, Ricard, *Sobre víctimas y vacíos; ideologías y reconciliaciones; privatizaciones e impunidades*, 2009b, Mimeo.

transição brasileira, foram considerados radicais e revanchistas, não entenderam que se vivia em um clima de transição e lhes acusavam de desconhecer as virtudes conciliatórias dos brasileiros.[12]

Pela permanência de políticas de desmemória e de esquecimento fomentadas durante a ditadura, bem como pela configuração de uma relação entre civis e militares de tutela amistosa – manutenção da autonomia militar e/ou enclaves autoritários dentro do aparelho do Estado[13] –, pode-se afirmar que a transição política caracterizou-se por uma série de aspectos de continuidade em relação às violações de Direitos Humanos – seja na permanência de práticas e instituições, ou na omissão de investigações. De acordo com Zilda Iokoi, tratou-se de uma "transição metaforizada", indicativa de uma retórica de mudança *sem* mudanças.[14] Foi um processo pactuado, onde os onze longos anos do processo de abertura "lenta, gradual e segura" contribuíram sobremaneira para a diluição das responsabilidades, bem como para postergar as obrigações do Estado brasileiro em relação às violações de Direitos Humanos. Tratou-se da "lógica da protelação",[15] repetida pelas administrações civis, onde "la espera del paso del tiempo para la resolución de los problemas del pasado, la espera de la extinción del problema a través del deceso tanto de los culpables como de los afectados. Esto es lo que hará que el conflicto se supere definitivamente".[16]

POLÍTICAS DE MEMÓRIA E REPARAÇÃO: UM ACERTO DE CONTAS COM O PASSADO E COM O FUTURO

Políticas de memória é o conjunto de ações dos Estados para garantir processos individuais e coletivos de reparação – entendidos para além de indenizações pecuniárias –, que estabeleçam quais são os parâmetros éticos e morais que sustentam os regimes democráticos e, desta forma, se combata todas as violações aos Direitos Humanos, cometidas no passado e as que ainda permanecem no presente. Seu objetivo retroativo, ou seja, direcionada à ditadura civil-militar, é reconhecer o terrorismo de Estado e as suas consequências para coletividade,

12. Iokoi, Zilda Márcia Gricoli, "A longa transição de conciliação ou estigma da cordialidade: democracia descontínua e de baixa intensidade" In Santos, Cecília Macdonell; Teles, Edson; Teles, Janaína de Almeida (orgs.), *Desarquivando a ditadura: memória e justiça no Brasil*, São Paulo: Hucitec, 2009, 2 vols., pp. 501-502.

13. Zaverucha, Jorge, *Rumor de sabres: controle civil ou tutela militar?* São Paulo: Ática, 1994, p. 10.

14. Iokoi, Zilda Márcia Gricoli, "A longa transição de conciliação ou estigma da cordialidade: democracia descontínua e de baixa intensidade" In Santos, Cecília Macdonell; Teles, Edson; Teles, Janaína de Almeida (orgs.), *Desarquivando a ditadura: memória e justiça no Brasil*, São Paulo: Hucitec, 2009, 2 vols., p.501.

15. D'Araújo, Maria Celina; Castro, Celso, "Introdução", In _____, *Democracia e Forças Armadas no Cone Sul*, Rio de Janeiro: FGV, 2000, p.13.

16. Ricard Vinyes, La memoria del Estado, In ______, *El Estado y la memoria: gobiernos y ciudadanos frente a los traumas de la historia*, Barcelona: RBA, 2009, p.26.

permitindo que distintas memórias sobre o passado traumático ganhem espaço público e legitimidade, fazendo com que setores da sociedade possam elaborar seus lutos.

> "En ese sentido, las políticas de reparación han sido una expresión de reconocimiento del daño causado a las víctimas y han abierto la posibilidad de un proceso de elaboración del pasado, permitiendo a los afectados poder integrar en sus vidas las experiencias penosas, traumáticas y abusivas ocurridas a causa de la represión política padecida en su propio pasado."[17]

A reparação, objetivo primordial das políticas de memória, tem por objetivos que o Estado assuma a responsabilidade pelos crimes cometidos durante a ditadura e, desta forma, desenvolva ações de compensação, restauração e/ou indenização para a coletividade. Objetiva, ainda, realizar ações simbólicas que marquem diferenças com o passado autoritário, como um pedido de perdão público, ou a promoção de uma verdadeira reconciliação, como afirmado anteriormente. Mesmo que se saiba que a reparação é obrigatória para os Estados pós-regimes ditatoriais, não existe consenso sobre como reparar situações que, por definição, são irreparáveis, principalmente em se tratando dos desaparecidos políticos. "Em nosso juízo, nada do que se destruiu se conseguirá recuperar nas mesmas condições em que se perdeu. Ninguém poderá dar vida aos mortos, fazer reaparecer os detidos-desaparecidos, eliminar a experiência da tortura da mente das pessoas que a sofreram".[18] Para Zalaquett, são três os propósitos de uma política para lidar com o passado:

> "(...) compensação, prevenção e revelação. A compensação, não só financeira, é a reconquista da paz. A prevenção pode se dar pela punição ou pela clemência, e a prisão não é a única alternativa de punição. Enfim, a verdade precisa ser apurada e admitida, verdade devida à memória das vítimas, às famílias e à nação que não se deseja num pêndulo esquizofrênico entre versões."[19]

A reparação não é uma tarefa individual e, também, não pode ser individualizada. A sociedade como um todo foi vítima das estratégias de implantação do terror, cujas ameaças concretizaram-se para algumas pessoas. Para David Becker e Hugo Calderón:

> "Se a sociedade não reconhece a realidade do dano e a necessidade de repará-lo, este se manterá reduzido ao espaço privado da vítima ou da família afetada, o que somente aprofunda a traumatização. A marginalização social e política das vítimas é o resultado dessa negação, o que define a sociedade

17. Lira K., Elizabeth, "Las resistencias de la memoria. Olvidos jurídicos y memorias sociales", In Vinyes, Ricard (ed.), *El Estado y la memoria: gobiernos y ciudadanos frente a los traumas de la historia*, Barcelona: RBA, 2009, pp.104-105.

18. Becker, David; Calderón, Hugo, "Traumatizações extremas, processos de reparação social, crise política", In Riquelme, Horacio U. (ed.), *Era de névoas: direitos humanos, terrorismo de Estado e saúde psicossocial na América Latina*, São Paulo: EDUC, 1993, p. 73.

19. Idoeta, Carlos Alberto, "Verdade e reconciliação", In Teles, Janaína (org.), *Mortos e desaparecidos políticos: reparação ou impunidade?*, São Paulo: Humanitas, 2001, p. 74.

em seu conjunto como uma sociedade prejudicada, que faz parte do processo traumático. A não elaboração do dano em nível social implica estruturas políticas que estarão aberta ou encobertamente afetadas pelas consequências da traumatização."[20]

Porém, para que se compreenda a linha de interpretação sugerida por este estudo, da fragilidade das políticas de memória implementadas no Brasil, é necessário estabelecer uma diferença entre medidas (concretas, como as pecuniárias, ou simbólicas, como a construção de memoriais e monumentos) e políticas de memória e reparação. A existência dessas medidas não significa que façam parte de uma política pública, ou seja, façam parte de um plano de gestão governamental (enquanto política provisória) ou constituam parte da estrutura do Estado (como um ministério ou secretaria). No Brasil, não existe uma política pública – mesmo que muitas dessas ações estejam previstas no III Plano Nacional de Direitos Humanos –, e as medidas de reparação implementadas correspondem somente a algumas demandas dos atingidos pela repressão e familiares de mortos e desaparecidos políticos.

Além disto, as medidas de memória estão centradas na figura do *sujeito-vítima*, desconsiderando que a sociedade como um todo foi afetada pela ditadura. Em torno do *sujeito-vítima*, cria-se um consenso sobre a necessidade de reparação que se baseia na *pena* frente à dor sofrida, e não nas práticas terroristas implementadas pelo Estado.[21] Desta forma, há outro processo de omissão em relação às responsabilidades políticas e sociais de reparação destinadas ao conjunto da cidadania.

Com o sujeito-vítima, e a ausência de um debate na sociedade sobre as medidas adotadas em relação ao passado ditatorial que estavam sendo instituídas, a discussão centrava-se nos benefícios, e não nos sentidos da reparação. Assim, os beneficiários das medidas de memória e reparação, no Brasil, seriam unicamente os atingidos diretamente pela repressão, seja através das torturas físicas ou psicológicas, seja através da perseguição política e suas consequências (como a perda do emprego etc.).

Mais importante ainda, é instituído um esquecimento sobre quem foram os perpetradores desses atos, o que fica evidente através do reconhecimento da morte e desaparecimento de opositores políticos e membros das organizações guerrilheiras, porém não se responsabilizam pela investigação dos agentes responsáveis

20. Becker, David; Calderón, Hugo, "Traumatizações extremas, processos de reparação social, crise política", In Riquelme, Horacio U. (ed.), *Era de névoas: direitos humanos, terrorismo de Estado e saúde psicossocial na América Latina*, São Paulo: EDUC, 1993, pp. 76-77.

21. Vinyes, Ricard (ed.), *El Estado y la memoria: gobiernos y ciudadanos frente a los traumas de la historia*, Barcelona, RBA, 2009.

pelas ações repressivas. Consequentemente, cada vez mais se recordam e se homenageiam as vítimas e se esquecem os ditadores e torturadores.[22]

O ESTADO BRASILEIRO E O DIREITO À VERDADE

O processo para se garantir o direito à verdade no Brasil teve que enfrentar as políticas de desmemória e esquecimento fomentadas durante a transição política. Apenas em meados da década de 1990, com a promulgação da Lei n. 9.140, de 1995, garantiu-se – parcialmente – o direito à verdade; em 2011, com a promulgação da lei que criou a Comissão Nacional da Verdade e a nova lei de acesso à informação – que determinou o sigilo como exceção em se tratando de documentos sobre a violação de Direitos Humanos –, houve novos avanços, porém, sem o abandono dos sentidos do passado apresentados anteriormente. Antes da análise dessas duas medidas e seus limites, cabem algumas considerações sobre o que é o direito à verdade.

Em um primeiro momento, o direito à verdade foi entendido como um direito individual das famílias de saber o que houve com seus parentes, definição que era derivada de garantias previstas pelo protocolo adicional das Convenções de Genebra de 1949.[23] A partir de experiências de regimes autoritários e totalitários ocorridos na segunda metade do século XX, o direito foi expandido aos indivíduos e às coletividades, que garantiram o direito a ter acesso às informações sobre as ações do Estado, desdobrando-se em direito à memória e à informação – este último, de extrema importância, pois as memórias sobre determinado acontecimento só podem ser construídas a partir do conhecimento dos fatos.

O estabelecimento desses direitos é indispensável às sociedades que tiveram em seus passados recentes situações traumáticas, como o caso das ditaduras civil-militares de segurança nacional do Cone Sul.

> "Existem vários argumentos que dizem que a revelação da verdade preenche uma necessidade social de confirmar oficialmente aquilo que foi durante muito tempo negado; que a 'verdade' reintegra as vítimas na sociedade, através do reconhecimento do seu sofrimento e oferecendo uma forma de justiça distributiva ou social, contribuindo com recursos não convencionais para promover a conscientização social, a memória coletiva, a solidariedade e a superação da baixa autoestima. (...) A verdade também tem sido vista como uma forma de 'justiça como reconhecimento' ou justiça compensatória', que restabelece o sentido de justiça outrora quebrado. As comissões de verdade oficiais também já têm sido valorizadas como peças centrais nos 'processos de refundação histórica' quando existe uma ruptura simbólica e moral com um

22. VINYES, Ricard (ed.), *El Estado y la memoria: gobiernos y ciudadanos frente a los traumas de la historia*, Barcelona, RBA, 2009, p.56.

23. PINHEIRO, Paulo Sérgio; MACHADO, Pedro Helena Pontual; BALLESTROS, Paula Karina Rodriguez "O direito à verdade no Brasil", *Revista Jurídica da Presidência*, Brasília, 105:15, fev.-maio 2013, p. 23.

passado obscuro. Elas podem contribuir para 'estabelecer um consenso sobre os limites do intolerável."[24]

Sabe-se que o direito à verdade sempre foi – e, em muitos aspectos, ainda é – negado à sociedade porque "verdade implica responsabilidade".[25] Por consequência, seria muito difícil manter a impunidade dos agentes de segurança e militares direta e indiretamente implicados nos crimes de violação dos direitos humanos, a partir do momento em que sua culpabilidade se tornasse explícita; o direito à verdade pressupõe o esclarecimento sobre as circunstâncias em que foram postas em prática as estratégias de implantação do terror, o reconhecimento público da responsabilidade do Estado por tais crimes e a tomada de decisões que vise a punir os responsáveis.

A promulgação da Lei n. 9.140, de 1995, esteve marcada pelo compromisso firmado entre os candidatos à presidência em 1994 e os familiares de que, se fossem eleitos, reconheceriam a responsabilidade do Estado pela estratégia de implantação do terror, bem como pela manifestação de militares que evocavam o medo residual oriundo da ditadura como forma de desmobilização da sociedade. "Será que vamos continuar alimentado esse conflito na nossa sociedade? Primeiro vão querer saber onde estão os corpos; depois, como ocorreram as mortes, e assim por diante. A dinâmica deste processo é perniciosa para a nação",[26] afirmaba un representante das Fuerzas Armadas.

A elaboração do projeto de lei ficou sob a responsabilidade de José Gregori, então chefe do gabinete do Ministério da Justiça e secretário nacional de direitos humanos, que orientaria a redação de acordo com três pontos: "o Estado admitiria sua responsabilidade pelas mortes; reconheceria oficialmente os mortos e desaparecidos; pagaria as indenizações devidas, desde que a família assim o desejasse".[27] Paralelamente, o então presidente da República, Fernando Henrique Cardoso, e seu ministro da Justiça, Nelson Jobim, reuniram-se com os comandantes das Forças Armadas para comunicar-lhes a decisão de criação da lei e lhes assegurar "(...) de que não havia sentido revanchista na decisão".[28]

24. Brito, Alexandra Barahona de, "Justiça transicional e uma política da memória: uma visão global", Ministério da Justiça, *Anistia Política e Justiça de Transição*, n. 1, jan.-jun. 2009, Brasília, p. 77.

25. "Entrevista Javier Ciurlizza. Para um panorama global sobre a justiça de transição". Ministério da Justiça, *Anistia Política e Justiça de Transição*, n. 1, jan.-jun. 2009, Brasília, p. 28.

26. Santos, Cecília MacDowell; Teles, Edson; Teles, Janaína de Almeida, "Apresentação", In _______, *Desarquivando a ditadura: memória e justiça no Brasil*, São Paulo: Hucitec, 2009, 2 vols., p. 362.

27. Brasil, Secretaria Especial dos Direitos Humanos, Comissão Especial sobre Mortos e Desaparecidos Políticos, *Direito à memória e à verdade*, Brasília, Secretaria Especial dos Direitos Humanos, 2007, p. 34.

28. *Idem*, pp. 36-37.

O Projeto de Lei n. 869 foi divulgado no dia 28 de agosto de 1995, no dia que se completava 16 anos da Lei de Anistia. Todos os parâmetros da proposta estavam relacionados ao reconhecimento, por parte do Estado, da responsabilidade pelas mortes e pelos desaparecimentos que já se conheciam e que se conheceriam, de acordo com as investigações que seriam realizadas por uma Comissão Especial. José Gregori afirmou que o governo federal deveria assumir o ônus da reparação às vítimas da ditadura civil-militar: "O Estado é permanente, independente dos governos. Prender cidadãos e, em vez de submetê-los a julgamento, executá-los, é agir contra a lei. O Estado não protegeu quem estava sob sua custódia".[29]

Para os familiares, o projeto de lei não foi satisfatório. Reconhecia como mortas por responsabilidade do Estado 136 dos 152 nomes contidos em um dossiê organizado no passado – foram excluídos, neste primeiro momento, os brasileiros que desapareceram no exterior (Argentina, Chile e Bolívia) e três pessoas referidas somente por seus codinomes. A comissão que seria criada para a apuração dos novos casos não receberia instrumentos ou plenos poderes para a apuração das circunstâncias das mortes e dos desaparecimentos, embora adquirisse autoridade para realizar buscas pelos corpos, desde que fossem apresentados indícios pelos familiares. Ainda, exigia para o pagamento da indenização a apresentação de um atestado de óbito, o que se revelou extremamente dificultoso para os familiares. "A maioria dos cartórios se negava a conceder o atestado e o Ministério da Justiça tinha de interferir diretamente para que fosse expedido um documento que narrava apenas, nos termos da lei, a morte presumida da pessoa em questão".[30]

Por fim, o Estado reconheceria sua responsabilidade nas mortes e desaparecimentos dos casos constantes no Anexo I da lei, assim como aqueles que seriam investigados e deferidos pela Comissão Especial, no entanto, não investigaria nem as circunstâncias nem os responsáveis pelos mesmos. Prevalecia a "ideologia da conciliação" expressa pela Lei de Anistia de 1979 e sua interpretação de que eram inimputáveis os crimes cometidos pelos agentes da repressão política. Para Nilmário Miranda, a lei "era apenas uma legislação de caráter indenizatório, que precisava ser aprimorada. Declarava formalmente a responsabilidade objetiva do Estado, mas ninguém, individualmente, seria investigado".[31] José Gregori argumentou que se tratava de encontrar uma saída aceitável, "havia feridas profundas, de ambos os lados. Precisávamos encontrar uma saída favorável para todos".[32]

29. Brasil, Secretaria Especial dos Direitos Humanos, Comissão Especial sobre Mortos e Desaparecidos Políticos, *Direito à memória e à verdade*, Brasília, Secretaria Especial dos Direitos Humanos, 2007.

30. *Idem.*

31. Brasil, Secretaria Especial dos Direitos Humanos, Comissão Especial sobre Mortos e Desaparecidos Políticos, *Direito à memória e à verdade*, Brasília, Secretaria Especial dos Direitos Humanos, 2007, p. 35.

32. *Idem.*

Além disso, caberia aos familiares o ônus da prova da responsabilidade do Estado nas mortes e nos desaparecimentos. Porém, nenhuma medida em relação à abertura e disponibilização de arquivos foi tomada pelo governo. Isto representava uma grande contradição: o Estado reconhecia sua responsabilidade nas ações repressivas que resultaram em mortes e desaparecimentos, porém caberia aos solicitantes comprovar essa responsabilidade. Aos familiares cabia a responsabilidade de provar que as versões oficiais de atropelamentos, morte em confronto com as forças policiais e suicídios eram falsas.

Ao contrário do que se esperava, houve pouca discussão em torno do projeto no Legislativo. O projeto de lei foi lido no Plenário da Câmara dos Deputados no dia 30 de agosto de 1995 e, no mesmo dia, encaminhado a uma Comissão Especial designada para analisá-lo. Parlamentares que participaram dessa comissão afirmaram que houve forte resistência de setores que consideravam a exigência de apuração e punição como revanchismo, havendo essa possibilidade somente se a Lei de Anistia fosse revogada. A recomendação era de votação com caráter de urgência. Nos dias 12 e 13 de setembro foram votadas as emendas – no total, foram apresentadas nove. Uma semana depois, a medida já estava no Senado Federal para votação. No dia 19 de setembro retornou a Câmara e no dia 13 de novembro foi encaminhada ao presidente para sanção.

Durante a tramitação no Poder Legislativo, os familiares redigiram um documento onde declaravam que era "(...) um direito de toda a sociedade brasileira, e não exclusivamente das famílias, resgatar a verdade histórica. Essa não é uma questão humanitária entre os familiares e o governo – é uma exigência e um direito da sociedade" (Brasil, 2007, p. 37).

Aprovada no dia 4 de dezembro de 1995, a Lei n. 9.140 estabelecia em seu primeiro artigo que o Estado brasileiro reconhecia como mortas as 136 pessoas desaparecidas relacionadas no Anexo I. Assim, seus familiares poderiam requerer o registro do atestado de óbito.

Para os familiares, esse item significou o reconhecimento pelo Estado brasileiro de sua responsabilidade no assassinato de guerrilheiros e opositores políticos. Porém, "a lei não obriga o Estado a investigar os fatos, a apurar a verdade, a proceder ao resgate dos restos mortais, a identificar os responsáveis pelos crimes e punir os culpados, deixando às famílias a incumbência de apresentar as provas dos crimes e os indícios da localização dos corpos dos militantes assassinados".[33]

O artigo quarto criava uma Comissão Especial, que teria por objetivos reconhecer pessoas mortas e desaparecidas que não constassem no Anexo I da Lei, localizar os corpos das mesmas, e emitir pareceres sobre as indenizações.

33. Teles, Janaína (org.), *Mortos e desaparecidos políticos: reparação ou impunidade?* São Paulo: Humanitas, 2001, p. 10.

A Comissão Especial, de acordo com a lei, seria composta de sete membros escolhidos pelo presidente da República, sendo que um deveria representar a Comissão de Direitos Humanos da Câmara dos Deputados, um representante das famílias das vítimas referidas no Anexo I da Lei, um membro do Ministério Público Federal e outro integrante das Forças Armadas – ou seja, figuras ligadas à instituição que promoveu o terrorismo de Estado no Brasil estiveram presentes na comissão criada para averiguar as mortes e os desaparecimentos resultantes da estratégia de implantação do terror.

O pagamento das indenizações ficou estipulado pelo décimo primeiro artigo da lei. A indenização, "a título reparatório", seria calculada através da expectativa de vida do morto ou desaparecido, levando-se em consideração a idade à época dos acontecimentos. Em nenhuma hipótese o pagamento seria inferior a 100 mil reais.

As reparações econômicas (entendidas como o conjunto de medidas que visam a concessão de uma indenização e a incluso no sistema de previdência social do Estado) não foram as principais reivindicações dos afetados, porém foi a única opção que obteve êxito, pois logrou-se dessa forma substituir com uma indenização o reconhecimento social e público dos crimes cometidos pela ditadura. Assim, continuam sendo beneficiados a "clientela de adesão",[34] e não o conjunto da sociedade, que são todos os atingidos pela ditadura. Ao aderir ao programa de compensação econômica, aceitava-se a equiparação proposta pelo governo entre as mortes e os desaparecimentos cometidos pela ditadura e o montante em dinheiro pago aos familiares. Para os afetados, a reparação moral e a reconstrução da memória – entendida como o esclarecimento das mortes e desaparecimentos – eram demandas mais importantes que a reparação econômica.

Duas modificações foram feitas na "Lei dos desaparecidos", e foram muito importantes para o deferimento de casos que anteriormente haviam sido negados e para a análise de novos, que foi a ampliação do período de abrangência da lei e o protocolamento de casos de mortes e desaparecimentos ocorridos não somente em dependências policiais, mas em ambientes "assemelhados" – como centros clandestinos de detenção – e em manifestações públicas e conflitos armados, fossem reconhecidas como de responsabilidade do Estado brasileiro, assim como os suicídios praticados na iminência da prisão ou em decorrência das sequelas psicológicas da tortura.

O governo federal não realizou nenhum tipo de campanha para divulgar a iniciativa e, assim informar e mobilizar as famílias dos mortos e desaparecidos políticos. Os esforços de orientação e apoio às famílias para que entrassem com os requerimentos, procurassem ex-presos políticos que pudessem prestar depoimentos, localizar testemunhas e realizar pesquisas em arquivos, foram do Grupo

34. Vinyes, Ricard, "La memoria del Estado", In *El Estado y la memoria: gobiernos y ciudadanos frente a los traumas de la historia*, Barcelona: RBA, 2009, p. 41.

Tortura Nunca Mais, da Comissão de Direitos Humanos da Câmara dos Deputados e da Comissão de Familiares.

A Lei n. 9.140 não pode ser considerada uma política de memória, pois estabelece apenas uma forma de reparação em relação ao passado – a pecuniária – desobrigando o Estado de fazer valer outros direitos fundamentais, como o direito à justiça e o direito à verdade. Trata-se de uma medida de reparação, principalmente porque a tarefa de buscar as circunstâncias das mortes e das desaparições não foi incumbência do Estado que as promoveu, e sim dos familiares que fizeram a requisição à Comissão criada para a averiguação dos casos. Porém, devido a uma série de problemas, gerou novos conflitos desnecessários devido à impossibilidade de se estabelecer uma "simetria justa" entre os crimes praticados pela ditadura e os valores que serão pagos como indenização por parte do Estado; além de criar uma "clientela de adesão", no sentido de que, para se reconhecer um morto ou desaparecido político, seus familiares devem procurar o Estado.

Nesse sentido, pode ser considerada como uma segunda anistia, pois reconhece a responsabilidade do Estado nas mortes e nos desaparecimentos de opositores políticos, mas não cria qualquer instrumento que obrigue o Estado a investigar nem julgar os responsáveis por esses crimes, ou seja, perpetuando a impunidade e imunidade dos agentes dos órgãos de repressão brasileiros. Com ela, "o Brasil configurou-se como um país modelo na política do silêncio, deslocando as vivas tensões da política para a fria abordagem das leis de reparação e de certos atos de memória".[35]

Os debates sobre a criação de uma comissão da verdade no Brasil ganharam força durante a XI Conferência Nacional de Direitos Humanos em 2008. Durante esse evento, foi formulada a proposta de uma Comissão Nacional da Verdade e Justiça, com amplos poderes para investigar as violações de Direitos Humanos cometidas durante a ditadura, a fim de esclarecer os crimes e apontar os criminosos, bem como para convocar pessoas, requisitar documentos e acessar dependências públicas.[36]

Os resultados da XI Conferência resultou no III Plano Nacional de Direitos Humanos (III-PNDH), aprovado pelo Decreto n. 7.037, de 21 de dezembro de 2009. Na diretriz número 23, "Reconhecimento da memória e da verdade como Direito Humano da cidadania e dever do Estado", ficou estabelecido, como objetivo, "a apuração e o esclarecimento público das violações de Direitos Humanos praticadas no contexto da repressão política ocorrida no Brasil (...), a fim de efetivar

35. Teles, Edson, "Políticas do silêncio e interditos da memória na transição do consenso", In Santos, Cecília Macdonell; Teles, Edson; Teles, Janaína de Almeida (orgs.), *Desarquivando a ditadura: memória e justiça no Brasil,* São Paulo: Hucitec, 2009, 2 vols., p. 585.

36. Pinheiro, Paulo Sérgio; Machado, Pedro Helena Pontual; Ballestros, Paula Karina Rodriguez "O direito à verdade no Brasil", *Revista Jurídica da Presidência*, Brasília, 105:15, fev.-maio 2013, p. 31.

o direito à memória e à verdade histórica e promover a reconciliação nacional". Esse objetivo seria alcançado com a formação de um grupo de trabalho, instituído pelo Decreto n. 10, de 13 de janeiro de 2010, incumbido de elaborar o projeto lei de criação da Comissão Nacional da Verdade, que foi encaminhado pelo então presidente Luiz Inácio da Silva ao Congresso Nacional em 13 de maio de 2010.

O Projeto de Lei n. 88/2011 foi aprovado por unanimidade na noite do dia 26 de outubro de 2011, passado um pouco mais de um mês do texto ter sido aprovado na Câmara dos Deputados, não sem antes uma importante alteração no texto original. Em seu artigo sexto, o projeto de lei afirmava que a Comissão Nacional da Verdade "poderá atuar de forma articulada e integrada com os demais órgãos públicos", elencando, principalmente a Comissão de Anistia e a Comissão Especial sobre Mortos e Desaparecidos Políticos. Porém, o texto final acrescentava a seguinte frase: "*Observadas as disposições da Lei n. 6.683, de 28 de agosto de 1979* [grifos da autora], a Comissão Nacional da Verdade poderá atuar de forma articulada e integrada com os demais órgãos públicos (...)". A referência à Lei de Anistia é uma evidência às ações de impedimento de responsabilização penal dos agentes envolvidos em violações aos Direitos Humanos, reafirmando a "ideologia da reconciliação".

A Comissão Nacional da Verdade foi criada por meio da Lei n. 12.528, de 13 de novembro de 2011, com os objetivos "de efetivar o direito à memória e à verdade história e promover a reconciliação nacional". Apesar do projeto de lei ter sido elaborado por uma equipe plural, o processo não seguiu as recomendações do Conselho de Direitos Humanos das Nações Unidas, que aconselha que as comissões da verdade devam definir "seus termos de referência e determinar sua composição deve ser baseado em amplos processos de consulta pública, nos quais se busca conhecer especialmente as opiniões das vítimas e sobreviventes".[37]

CONSIDERAÇÕES FINAIS: QUANTA VERDADE O BRASIL SUPORTARÁ?

Este artigo pretendeu explicitar os limites das políticas de memória e de reparação implementadas no Brasil em relação à ditadura civil-militar. Será necessário acompanhar os trabalhos e esperar o relatório final da Comissão Nacional da Verdade, bem como os encaminhamentos do Estado brasileiro em relação às suas recomendações, para uma nova avaliação sobre a efetividade das políticas que assegurarão os direitos à memória, à verdade e à justiça.

Pretendeu-se, desta forma, realizar um percurso histórico desde a transição política e a instituição de políticas de desmemória e esquecimento, passando pela promulgação da Lei n. 9.140 de 1995, até os dias de hoje, para demonstrar alguns

37. Pinheiro, Paulo Sérgio; Machado, Pedro Helena Pontual; Ballestros, Paula Karina Rodriguez "O direito à verdade no Brasil", *Revista Jurídica da Presidência*, Brasília, 105:15, fev.-maio 2013, p. 25.

fatores que contribuem para a ineficiência das políticas de memória em seus objetivos: indenização, reparação e reconciliação da sociedade com as instituições do Estado. Evidenciou-se, assim, como as características do processo de transição, assim como os sentidos do passado forjados naquele momento, contribuem, até os dias de hoje, para que medidas sobre a matéria tenham o caráter de políticas públicas de Estado.

Em se tratando dos resultados parciais da Comissão Nacional da Verdade, divulgados em 21 de maio de 2013 no balanço do primeiro ano de trabalho, duas críticas podem ser apontadas.

Em primeiro lugar, a Comissão Nacional da Verdade mantém o foco de sua de sua análise no "sujeito vítima". Apesar da ampliação do escopo de "vítimas" para os camponeses e indígenas mortos por questões políticas durante a ditadura civil-militar, a ênfase permanece nas ações de reparação para essas pessoas, e não para a coletividade de uma forma geral; em outras palavras, continua-se deslocando as "vítimas" da sociedade que, como um todo, sofreu – ou colaborou – com a ditadura civil-militar, ao privilegiar as circunstâncias das mortes e desaparecimentos, em detrimento de outras áreas, para além da repressão física, onde o terrorismo de Estado esteve presente.

Em segundo lugar, uma crítica de caráter metodológico. Se suas ações tem a finalidade de tornar pública uma verdade que até hoje foi negada, por que seus trabalhos são, na maioria dos casos, sigilosos, ou divulgados apenas em sua página Web, e não nos grandes veículos de comunicação que, como concessões estatais, devem espaços para manifestações oficiais?

Porém, a implementação da Comissão Nacional da Verdade possibilitou uma incorporação das demandas de memória, verdade e justiça por parte de setores da sociedade brasileira que têm se mobilizado em comitês regionais e comissões estaduais da verdade. O fomento da participação da sociedade civil no processo é fundamental para que os sujeitos se reconheçam como autores da sua própria história, e contribuam para a dissolução da ideia do "sujeito vítima".

Quanta verdade o Brasil suportará? Espera-se que os trabalhos realizados pela Comissão amplie a perspectiva de verdade, e que possa afirmar categoricamente que, durante o período de 1964 a 1985, o Brasil viveu sob um regime de terrorismo de Estado, onde o sequestro, a tortura, a morte e o desaparecimento foram as metodologias empregadas para a repressão à oposição e à guerrilha urbana. Que esta foi uma decisão deliberada dos governos militares, e não ações contingentes. Que o resultado foram um número a estabelecer de mortos e desaparecidos políticos, e outras tantas pessoas que foram perseguidas, que necessitaram exilar-se e de uma geração marcada pela apatia e pelo desinteresse na política. Que, devido às continuidades da transição política, ainda convive com leis, instituições e práticas que remetem diretamente ao período. E, finalmente, se estabeleça que o repúdio ao autoritarismo, à ditadura e ao terrorismo de Estado são as bases morais e éticas que sustentam o Estado democrático brasileiro.

BIBLIOGRAFIA

SOARES, Glaucio Ary Dillon, D'ARAÚJO, Maria Celina, CASTRO, Celso (orgs.), *A volta aos quartéis: a memória militar sobre a abertura*, Rio de Janeiro: Relume--Dumará, 1995.

TELES, Janaína (org.), *Mortos e desaparecidos políticos: reparação ou impunidade?* São Paulo: Humanitas, 2001.

VINYES, Ricard, *Sobre víctimas y vacíos; ideologías y reconciliaciones; privatizaciones e impunidades,* 2009b, Mimeo.

ZAVERUCHA, Jorge, *Rumor de sabres: controle civil ou tutela militar?,* São Paulo: Ática, 1994.

Capítulos de livros

ARENDT, Hannah, "Verdade e política", In *Entre o passado e o futuro*, São Paulo: Perspectiva, 2003.

BECKER, David, CALDERÓN, Hugo, "Traumatizações extremas, processos de reparação social, crise política", In RIQUELME U., Horacio (ed.), *Era de névoas: direitos humanos, terrorismo de Estado e saúde psicossocial na América Latina,* São Paulo: EDUC, 1993.

D'ARAÚJO, Maria Celina, CASTRO, Celso, "Introdução", In D'ARAÚJO, Maria Celina, CASTRO, Celso (orgs.), *Democracia e Forças Armadas no Cone Sul,* Rio de Janeiro: FGV, 2000.

IDOETA, Carlos Alberto, "Verdade e reconciliação", In TELES, Janaína (org.), *Mortos e desaparecidos políticos: reparação ou impunidade?,* São Paulo: Humanitas, 2001.

IOKOI, Zilda Márcia Gricoli, "A longa transição de conciliação ou estigma da cordialidade: democracia descontínua e de baixa intensidade", In SANTOS, Cecília Macdonell, TELES, Edson, TELES, Janaína de Almeida (orgs.), *Desarquivando a ditadura: memória e justiça no Brasil*, Paulo: Hucitec, 2009, 2 vols.

JELIN, Elizabeth, "¿Quiénes? ¿Cuándo? ¿Para qué? Actores y escenarios de las memorias", In VINYES, Ricard (ed.), *El Estado y la memoria: gobiernos y ciudadanos frente a los traumas de la historia*, Barcelona: RBA, 2009.

LIRA K., Elizabeth, Las resistencias de la memoria, Olvidos jurídicos y memorias sociales, In VINYES, Ricard (ed.), *El Estado y la memoria: gobiernos y ciudadanos frente a los traumas de la historia*, Barcelona: RBA, 2009.

SANTOS, Cecília MacDowell, TELES, Edson, TELES, Janaína de Almeida. "Apresentação", In SANTOS, Cecília Macdonell, TELES, Edson, TELES, Janaína de Almeida (orgs.), *Desarquivando a ditadura: memória e justiça no Brasil*, São Paulo: Hucitec, 2009, 2 vols.

TELES, Edson, "Políticas do silêncio e interditos da memória na transição do consenso", In SANTOS, Cecília Macdonell, TELES, Edson, TELES, Janaína de Almeida (orgs.),

Desarquivando a ditadura: memória e justiça no Brasil, São Paulo: Hucitec, 2009, 2 vols.

VINYES, Ricard, "La memoria del Estado", In *El Estado y la memoria: gobiernos y ciudadanos frente a los traumas de la historia*, Barcelona: RBA, 2009.

Artigos

ANTONIO, Gustavo Mirand, "Promoção da reconciliação nacional", *Revista Jurídica da Presidência*, Brasília, 105:15, fev.-maio 2013, pp. 69-92.

BRITO, Alexandra Barahona de, "Justiça transicional e uma política da memória: uma visão global", Ministério da Justiça, *Anistia Política e Justiça de Transição*, n. 1, Brasília, jan.-jun. 2009.

PINHEIRO, Paulo Sérgio; MACHADO, Pedro Helena Pontual; BALLESTROS, Paula Karina Rodriguez, "·O direito à verdade no Brasil", *Revista Jurídica da Presidência*, Brasília, 105:15, fev.-maio 2013, pp. 1-33.

TORELLY, Marcelo, "Entrevista com Javier Ciurlizza. Para um panorama global sobre a justiça de transição", Ministério da Justiça, *Anistia Política e Justiça de Transição*, n. 1, Brasília, jan.-jun. 2009.

Documentos

BRASIL, Secretaria Especial dos Direitos Humanos, Comissão Especial sobre Mortos e Desaparecidos Políticos, *Direito à memória e à verdade*, Brasília, Secretaria Especial dos Direitos Humanos, 2007.

ROUSSEFF, Dilma. *Discurso da presidente da República Dilma Rousseff na cerimônia de instalação da Comissão da Verdade*, Brasília, DF, disponível em <http://www2.planalto.gov.br/imprensa/discursos/discurso-da-presidenta-da-republica-dilma-rousseff-na-cerimonia-de-instalacao-da-comissao-da-verdade-brasilia-df>, última consulta: 30.08.2013.

EDUCAÇÃO

OS DESAFIOS PARA A INSTITUCIONALIZAÇÃO DO SISTEMA NACIONAL DE EDUCAÇÃO NO BRASIL

CATERINE VILA FAGUNDES
Universidade Federal do Rio Grande do Sul (UFRGS)

MARIA BEATRIZ LUCE
Universidade Federal do Rio Grande do Sul (UFRGS)

INTRODUÇÃO

O texto produzido pela Secretaria de Articulação com os Sistemas de Ensino (SASE), do Ministério da Educação (2015), referente à institucionalização do Sistema Nacional de Educação (SNE), o define como

> "(...) um aperfeiçoamento na organização da educação nacional, sustentada por um pacto federativo construído de forma democrática e inscrito em um conjunto de leis nacionais, capazes de orientar cada sistema ou rede de ensino para que o direito constitucional inalienável seja garantido, com equidade, a cada cidadão brasileiro."[1]

1. BRASIL, Ministério da Educação. Secretaria de Articulação com os Sistemas de Ensino, *O Sistema Nacional de Educação: diversos olhares 80 anos após o Manifesto,* Brasília, MEC/ SASE, 2014, p. 1. O Plano Nacional de Educação (PNE 2014-2024) determina diretrizes, metas e estratégias para a política educacional. O primeiro grupo refere-se a metas estruturantes para a garantia do direito a educação básica com qualidade, e que assim promovam a garantia do acesso, à universalização do ensino obrigatório, e à ampliação das oportunidades educacionais. Um segundo grupo de metas diz respeito especificamente à redução das desigualdades e à valorização da diversidade, caminhos imprescindíveis para a equidade. O terceiro bloco de

No que se refere às definições e propósitos do Sistema Nacional de Educação (SNE), estamos de acordo com Jamil Cury e Demerval Saviani[2] em que a forma própria de responder adequadamente às necessidades educacionais de um país, organizado sob o regime federativo, é por meio da organização de um Sistema Nacional de Educação. Sendo assim, além de buscar uma organização pedagógica, um modelo de gestão em uma cooperação federativa mais orgânica e efetiva para a educação, a institucionalização do SNE, pautada pelo Plano Nacional de Educação (2014-2024),[3] tem o propósito, também, de orientar a ação supletiva da União para equalizar a oferta e a qualidade educacional.

A discussão sobre o Sistema não é recente; desde 1932 o *Manifesto dos Pioneiros da Educação Nova*,[4] pese ressalvas, indagava sobre os compromissos políticos no cenário educacional. Apontava a fragmentação, a desarticulação da educação e abordava questões atuais como descentralização. Passaram-se oito décadas para que a questão da organicidade da educação nacional finalmente se tornasse "agenda política" (Brasil, 2014).

Não obstante os progressos nas últimas décadas, o Brasil ainda apresenta desigualdades no acesso, qualidade e permanência de estudantes em todos os níveis, etapas e modalidades da educação. De acordo ao documento da Unicef: "Acesso, permanência, aprendizagem e conclusão da Educação Básica na idade certa – Direito de todas e de cada uma das crianças e dos adolescentes (2012)", apenas 18,4% das crianças até 3 anos frequentam creches, e as maiores desigualdades ocorrem em relação à localização e renda; o acesso das crianças, entre 4 e 6 anos, também apresenta desigualdades: no grupo dos mais ricos, a frequência é de 93,6%, enquanto no dos mais pobres é de 75,2%. Com relação ao percentual de crianças entre 7 e 14 anos, constatou-se que apenas 2% das crianças nesta faixa de idade estão fora da escola. Segundo o documento da Unicef:

---

metas trata da valorização dos profissionais da educação, considerada estratégica para que as metas anteriores sejam atingidas, e o quarto grupo de metas refere-se ao Ensino Superior.

2. Cury, Carlos Roberto Jamil, "Sistema Nacional de Educação: desafio para uma educação igualitária e federativa", *Educação & Sociedade*, Campinas, 105:29, pp. 1187-1209, set.-dez. 2008; Saviani, Dermeval, *Sistema de educação: subsídios para a Conferência Nacional de Educação*, Brasília: Conae/MEC, 2009.

3. *Plano Nacional de Educação (PNE) na articulação do Sistema Nacional de Educação: participação popular, cooperação federativa e regime de colaboração, na Conae, 2014*, disponível em <http://www.retsus.fiocruz.br/noticias/sistema-nacional-de-educacao-em-foco-na-conae-2014>, última consulta: 01.11.2015.

4. "Movimento de renovação educacional (...) sob a inspiração de novos ideais de educação, que se gerou, no Brasil, o movimento da reconstrução educacional, com que, reagindo contra o empirismo dominante, pretendeu um grupo de educadores (...), transferir do terreno administrativo para os planos políticos e sociais a solução dos problemas escolares". INEP, "O Manifesto dos Pioneiros da Educação Nova", Brasília, *Revista Brasileira de Estudos Pedagógicos*, 150:65, p. 408, maio-ago. 1984, disponível em <http://download.inep.gov.br/download/70Anos/Manifesto_dos_Pioneiros_Educacao_Nova.pdf>, última consulta: 24.09.2013.

> "Os 2% que permanecem fora da escola representam cerca de 535 mil crianças de 7 a 14 anos, segundo dados da Pnad (2009). As mais atingidas são oriundas de populações vulneráveis, como as negras, indígenas, quilombolas, pobres, sob risco de violência e exploração, e com deficiência. Isso mostra que as desigualdades que persistem na sociedade brasileira se repetem no sistema de ensino do país. A maioria das crianças excluídas da escola vive nas regiões Norte e Nordeste, que apresentam os mais altos índices de pobreza do Brasil e as menores taxas de escolaridade. Enquanto no Rio Grande do Sul, na Região Sul, 98,8% das crianças e dos adolescentes de 7 a 14 anos estão na escola, nos Estados do Pará, Rio Grande do Norte, Amazonas e Alagoas, nas regiões Norte e Nordeste, os números ficam em 96,7%, 96,7%, 96,5% e 95,2%, respectivamente – os mais baixos do país." (2012, p. 22)

Sobre o Ensino Médio, conforme Moraes e Alavarse (2011), aqueles que eram costumeiramente excluídos da escola, passaram a progredir nela. Ainda que esse seja um processo inconcluso, isso representa o incremento da taxa líquida, que passou de 15%, em 1990, para 59%, em 2013. Os adolescentes com idade entre 15 e 17 anos, 1.539.811 estão fora da escola (14,8% dessa população). O maior contingente em termos absolutos está na Região Nordeste, com 524.114 adolescentes; em seguida, vem a Região Sudeste, com 471.827. O menor contingente, 130.637 adolescentes, está na Região Centro-Oeste. Em termos proporcionais, a região com mais adolescentes de 15 a 17 anos fora da escola é a Sul (17,1%), seguida da Centro-Oeste (16,7%).

Apesar de o Brasil estar bem próximo da universalização do Ensino Fundamental, as taxas de frequência líquida (mostram que o país ainda está longe da universalização em relação às crianças de até 5 anos e aos adolescentes de 15 a 17 anos – ou seja, na Educação Infantil e no Ensino Médio, respectivamente. Eles representam, hoje, o maior contingente fora da escola. Uma parcela significativa dos adolescentes de 15 a 17 anos que não estudam está envolvida com o trabalho: 673.820 estão nessa condição, segundo a PNAD 2009. Esse número representa 6,5% do total dessa faixa etária no Brasil.[5] A análise do contexto brasileiro, com relação à procura pela Educação Superior, a partir da última década do século XX, evidencia um substancial aumento de alunos – as 500 mil matrículas, em 1992, passaram às 7 milhões, em 2012. Como ponto positivo, esse incremento oportunizou o acesso a novos estudantes na idade adequada. Podemos ressaltar, nesse aspecto, o incremento da "taxa líquida ajustada" à população de 18 a 24 anos, passando de 11,2%, em 2002, à 18,8%, em 2012, percentuais emblemáticos da ampliação do acesso (INEP, 2012). Contudo, se a questão da ampliação de vagas merece uma menção positiva, cabe refletirmos sobre como foi realizada. O aumento ocorreu sem planifica*ção* prévia ou processos efetivos de regulação e avaliação, questão que colocou em tela de juízo a qualidade da educa*ção superior.*

5. Brasil, *Acesso, permanência, aprendizagem e conclusão da educação básica na idade certa – Direito de todas e de cada uma das crianças e dos adolescentes*, Fundo das Nações Unidas para a Infância, Brasília: Unicef, 2012, p. 36.

Nesse sentido a fragmentação e dissensos entre as esferas de governo e a falta de articulação de esforços de municípios, estados e governo federal para a elaboração de referenciais de qualidade para a educação básica nacional, são questões que permeiam e desqualificam a educação brasileira.

Assim sendo, fica claro que parte das garantias da legislação brasileira (LBD, 1996) – às referentes ao acesso e a progressão – foi sendo progressivamente assegurado. Porém, assim como no Ensino Superior, cabe a reflexão sobre a qualidade do ensino ofertado. Se o fluxo tem melhorado, o Índice de Desenvolvimento da Educação Básica (IDEB) estagnado em 3,4, desde 2009, demonstra a dificuldade à garantia da aprendizagem aos concluintes da Educação Básica. Esses alunos concluintes conseguem realizar a transição ao Ensino Superior com a devida qualidade? A descontinuidade, a fragmentação e os dissensos entre as esferas de governo e a falta de articulação de esforços de Municípios, Estados e Governo Federal para a elaboração de referenciais de qualidade para a educação básica nacional são questões que permeiam e desqualificam a educação básica brasileira.

Neste panorama, a discussão sobre a institucionalização do SNE intensificou-se a partir da Emenda Constitucional n. 59, de 11 de novembro de 2009 (EC59/2009), que incluiu no texto constitucional a expressão Sistema Nacional de Educação e, assim, promoveu a discussão pública sobre a consolidação do SNE a partir da Conferência Nacional de Educação (Conae)[6] e das propostas do novo PNE de 2014-2024, cujas metas foram foco das discussões na Conae de 2014. Nesse contexto, surgiram proposições para a consolidação do SNE que foi definido pela Conae (2010) "como mecanismo articulador do regime de colaboração no pacto federativo, que preconiza a unidade nacional, respeitando a autonomia dos entes federados.[7]

Nesse texto, buscamos assinalar e articular os principais dispositivos legais que a partir da Constituição Federal de 1988 reforçam a obrigatoriedade da consolidação do SNE, com o intuito de suscitar o debate sobre o texto apresentado pela SASE/MEC,[8] "Instituir um SNE: agenda obrigatória para o país" (2015) e o Projeto de Lei Complementar n. 413, de 2014, relacionando-os às estratégias determinadas pela Conae (2010). Cabe explicitar que o texto da SASE/

6. A Conferência Nacional de Educação – Conae é um espaço democrático aberto pelo Poder Público para que todos possam participar do desenvolvimento da Educação Nacional. Está sendo organizada para tematizar a educação escolar, da Educação Infantil à Pós Graduação, e realizada, em diferentes territórios e espaços institucionais, nas escolas, municípios, Distrito Federal, estados e país. O Tema da Conae, definido por sua Comissão Organizadora Nacional, em 2014 foi: Construindo um Sistema Nacional Articulado de Educação: Plano Nacional de Educação, suas Diretrizes e Estratégias de Ação. (MEC, disponível em <http://portal.mec.gov.br/component/content/article?id=12422:conae-apresentacao>, última consulta: 26.10.2015.

7. Brasil, *Conferência Nacional de Educação (Conae), Documento final*, Brasília, 2010, p. 15, disponível em <http://conae.mec.gov.br/images/stories/pdf/pdf/documento>, última consulta: 20.10.2015.

8. Secretaria de Articulação com os Sistemas de Ensino do Ministério da Educação.

MEC e o Projeto de Lei Complementar pretendem dar organicidade à educação nacional tratando da cooperação entre os entes federados e superar os impasses econômicos e políticos que dificultam aprovação do SNE e a regulamentação do pacto federativo na educação.

Destacaremos brevemente alguns instrumentos basilares para a política pública educacional; as quatro dimensões abordadas no texto da SASE/MEC relacionadas à instituição do SNE: 1) a alteração na Lei de Diretrizes e Bases da Educação Nacional (LDB); 2) a regulamentação do regime de colaboração e cooperação entre União, estados e municípios; 3) o ajuste das regras de financiamento; 4) a adequação dos sistemas de ensino às novas regras nacionais; por fim, relacionaremos as propostas e apontaremos diferentes posicionamentos acerca da instauração do SNE.

DISPOSITIVOS-CHAVE PARA A CONSOLIDAÇÃO DO SISTEMA NACIONAL DE EDUCAÇÃO

Sugestionada pela experiência constitucional alemã, a atual Constituição brasileira privilegiou a ideia de federalismo cooperativo, marca da república, conformado pela União, Estados, Distrito Federal e Municípios: entes federativos, dotados de autonomia política, administrativa e financeira. A peculiaridade reside na questão do município aparecer como ente federado no texto constitucional. Sendo assim, esforços comuns entre os entes federados exigem novas disposições políticas.

No Brasil, a instauração do Sistema Nacional de Educação relaciona-se à suplantação das desigualdades nas condições de oferta e qualidade do ensino e à melhoria da gestão de políticas públicas, articulando as redes de ensino federal, estadual e municipal, partindo de um modelo único de federalismo no mundo: o tripartite, voltado ao aluno e buscando mais gestão democrática na educação.[9] Neste contexto "da ampla luta pela democracia que se formula [cabe] a noção de gestão democrática da educação, compreendendo a gestão democrática na educação".[10] Assim, busca-se equidade no acesso e continuidade na educação, na formação do sujeito para a preparação para o trabalho e na formação para a cidadania.

Nesse sentido, o desafio está posto em compreender os mecanismos e possibilidades da cooperação entre os entes federados para a concretização do pacto federativo na área da educação. Segundo Cury, sem a elaboração de lei

9. Bonavides, Paulo, *Curso de direito constitucional*, 22. ed., São Paulo: Malheiros, 2008, p. 347.

10. Luce, Maria Beatriz; Medeiros, Isabel Letícia Pedroso de, "Gestão democrática na e da educação: concepção e vivências", In Luce, Maria Beatriz; Medeiros, Isabel Letícia Pedroso de, *Gestão escolar democrática: concepções e vivências*, Porto Alegre: Ed. UFRGS, 2006, p. 15.

complementar que defina o que é regime de colaboração entre os entes federados, prevista no parágrafo único do art. 23 da CF, o país vivencia tensões no tocante ao pacto federativo, por meio de "um regime de decisões nacionalmente centralizadas e de execuções de políticas sociais subnacionalmente desconcentradas em que se percebe uma situação de competitividade recíproca (guerra fiscal) entre os subnacionais".[11] Esse panorama contribuiu para a adoção de medidas ligadas às políticas federais para a educação básica, em função da necessidade das redes de ensino e escolas buscarem fontes complementares de recursos.

Contra essa perspectiva, a Lei de Diretrizes e Bases da Educação Nacional (LDBEN) (1996) prevê em seu art. 75 que: "A ação supletiva e redistributiva da União e dos Estados será exercida de modo a corrigir, progressivamente, as disparidades de acesso e garantir o padrão mínimo de qualidade de ensino". Nesse sentido, o regime de colaboração da União para com os estados e municípios no que se refere às políticas educacionais rege as políticas de financiamento da educação escolar pública com o intuito de equalizar as oportunidades educacionais. De acordo com Costa (2010) esta ação supletiva da união, no contexto da reforma do Estado, no campo educacional, com base no art. 75 da LDBEN – que trata da função supletiva da união e dos estados –, significa que:

> "As diretrizes gerais da atual reforma do estado fundamentam-se no princípio da subsidiariedade, (...). A efetivação da autonomia dos entes federados no campo educacional, assegurada desde a Constituição de 1988, requer ações que se contraponham à fragmentação político- administrativa e reduzam desigualdades de recursos e condições infraestruturais entre os diversos sistemas. O exercício pela união da ação supletiva – observada a fórmula fixada no artigo 75 da LDB – coaduna-se com os princípios gerais da reforma a atender às expressões da tradição liberal-progressista, preocupadas com a redução das desigualdades sócio-educacionais."[12]

Seguindo o princípio de subsidiariedade, estaria então sustentado o regime de colaboração. Porém, após a reforma do Estado nos anos 1990 as instâncias regionais passam a ter poderes restritos à gerência da verba e da estrutura da educação, deixando de compartilhar o poder decisório.[13]

11. Cury, Carlos Roberto Jamil, "Sistema Nacional de Educação: desafio para uma educação igualitária e federativa", *Educação & Sociedade*, Campinas, 105:29, pp. 1187-1209, set.-dez. 2008; Dourado, Luiz Fernandes, "Políticas e gestão da educação básica no Brasil: limites e perspectivas", *Educação & Sociedade,* 100:28, pp. 921-946, out. 2007; Luiz Fernandez Dourado, "Sistema Nacional de Educação, Federalismo e os obstáculos ao direito à Educação Básica", *Educação & Sociedade*, 124:34, pp. 761-785, jul.-set. 2013.

12. Costa, Áurea de Carvalho, "O regime de colaboração entre União, Estados e Municípios no financiamento da educação no Brasil", *Revista Brasileira de Política e Administração da Educação*, 1:26, pp.105-121, jan.-abr. 2010.

13. *Idem, ibidem.*

Situados nesse cenário de ajuste fiscal surge o Fundef,[14] política de fundos que, teoricamente, teria o caráter de contribuir a o pacto federativo e para a constituição do SNE. Porém, de acordo com Farenzena: "O Fundef foi referido com um 'fundo Robin Hood', quer dizer, o governo federal estava impondo uma redistribuição de recursos entre estados e municípios para minimizar o aporte de recursos federais".[15]

Nessa linha, surgiram uma série de políticas públicas no âmbito nacional para o acesso à educação básica, a permanência na educação e a equalização de oportunidades.[16] Em 2007, a substituição do Fundef pelo Fundeb[17] promoveu alguns avanços no sentido de esclarecer o regime de colaboração, mas ainda não foi o suficiente, pois somente traz da Constituição de 1988 os termos de coope-

14. O Fundo de Manutenção e Desenvolvimento do Ensino Fundamental e de Valorização do Magistério (Fundef) foi instituído pela Emenda Constitucional n. 14, de setembro de 1996, e regulamentado pela Lei n. 9.424, de 24 de dezembro do mesmo ano, e pelo Decreto n. 2.264, de junho de 1997. O Fundef foi implantado, nacionalmente, em 1.º de janeiro de 1998, quando passou a vigorar a nova sistemática de redistribuição dos recursos destinados ao Ensino Fundamental. A maior inovação do Fundef consistiu na mudança da estrutura de financiamento do Ensino Fundamental no País (1ª a 8ª séries do antigo 1.º grau), ao subvincular a esse nível de ensino uma parcela dos recursos constitucionalmente destinados à Educação. A Constituição de 1988 vincula 25% das receitas dos Estados e Municípios à Educação. Com a Emenda Constitucional n. 14/96, 60% desses recursos (o que representa 15% da arrecadação global de Estados e Municípios) ficam reservados ao Ensino Fundamental. Além disso, introduziu novos critérios de distribuição e utilização de 15% dos principais impostos de Estados e Municípios, promovendo a sua partilha de recursos entre o Governo Estadual e seus municípios, de acordo com o número de alunos atendidos em cada rede de ensino, disponível em <http://mecsrv04.mec.gov.br/sef/fundef/funf.shtm>, última consulta: 26.10.2015.

15. Farenzena, Nalú, *A política de financiamento da educação básica: rumos da legislação brasileira,* Porto Alegre: Editora da UFRGS, 2006, p.235.

16. Sobre essas políticas ver: Farenzena, Nalú; Luce, Maria Beatriz, "Políticas Públicas de Educação no Brasil: reconfigurações e ambiguidades", In Madeira, Lígia Mori (org.), *Avaliação de Políticas Públicas*, Porto Alegre: UFRGS/CEGOV, pp. 195-215, 2014.

17. O Fundo de Manutenção e Desenvolvimento da Educação Básica e de Valorização dos Profissionais da Educação – Fundeb foi criado pela Emenda Constitucional n. 53/2006 e regulamentado pela Lei n. 11.494/2007 e pelo Decreto n. 6.253/2007, em substituição ao Fundo de Manutenção e Desenvolvimento do Ensino Fundamental e de Valorização do Magistério – Fundef, que vigorou de 1998 a 2006. É um fundo especial, de natureza contábil e de âmbito estadual (um fundo por estado e Distrito Federal, num total de vinte e sete fundos), formado, na quase totalidade, por recursos provenientes dos impostos e transferências dos estados, Distrito Federal e municípios, vinculados à educação por força do disposto no art. 212 da Constituição Federal. Além desses recursos, ainda compõe o Fundeb, a título de complementação, uma parcela de recursos federais, sempre que, no âmbito de cada Estado, seu valor por aluno não alcançar o mínimo definido nacionalmente. Independentemente da origem, todo o recurso gerado é redistribuído para aplicação exclusiva na educação básica. Com vigência estabelecida para o período 2007-2020, sua implantação começou em 1.º de janeiro de 2007, sendo plenamente concluída em 2009, quando o total de alunos matriculados na rede pública foi considerado na distribuição dos recursos e o percentual de contribuição dos estados, Distrito Federal e municípios para a formação do Fundo atingiu o patamar de 20%, disponível em <http://www.fnde.gov.br/financiamento/fundeb/fundeb-apresentacao>, última consulta: 26.10.2015.

ração técnica e financeira, e delega a leis complementares a fixação de normas. Também, como ação do governo para a consolidação do SNE, foi elaborado o Plano de Desenvolvimento da Educação (PDE) que apresentou um conjunto de programas para dar organicidade ao SNE, mobilizando a sociedade em prol da melhoria da qualidade da educação. Este Plano foi elaborado a partir de perspectiva sistêmica de educação para ser um plano estrutural de longo prazo em que se buscasse superar a tradicional fragmentação das políticas educacionais e o diálogo entre os entes federativos. Portanto, a colaboração entre os entes federativos foi fundamental para a execução do PDE.

Para viabilizar políticas efetivas de intervenção e transformação da realidade dessas escolas, o MEC propôs um novo regime de colaboração entre os entes federativos. O instrumento jurídico para a concretização desse novo regime foi o Plano de Ações Articuladas (PAR), de caráter plurianual, constituído com a participação dos gestores e educadores locais, baseado em diagnóstico de caráter participativo e elaborado a partir da utilização do Instrumento de Avaliação de Campo, que permite a análise compartilhada do sistema educacional. No entanto, além das medidas de coordenação federativa, necessário será avançar na normatização das responsabilidades compartilhadas entre os entes federados e – em perspectiva – os ordenadores do financiamento e da democratização da gestão da educação no PNE.

PROPOSTAS PARA A INSTITUIÇÃO DO SISTEMA NACIONAL DE EDUCAÇÃO

A falta de regulamentação do regime de colaboração entre os entes federados é um dos temas mais discutidos no campo educacional. Nesse sentido, o atual PNE (2014-2024) em seu artigo 13, estabelece dois anos para a instituição de lei sobre o "Sistema Nacional de Educação, responsável pela articulação entre os sistemas de ensino, em regime de colaboração, para a efetivação de diretrizes, metas e estratégias do Plano Nacional de Educação". Nesse mesmo sentido, a Estratégia 20.9, também estabelece um prazo de dois anos para que sejam regulamentados o parágrafo único do artigo 23 e o artigo 211 da Constituição Federal, de forma a estabelecer as normas de cooperação entre a União, os Estados, o Distrito Federal e os Municípios. A agenda do PNE suscitou a articulação de duas propostas norteadoras das bases do SNE: o texto apresentado pela SASE/MEC "Instituir um SNE: agenda obrigatória para o país" (2015) e o Projeto de Lei Complementar n. 413, de 2014.

O texto da produzido pela SASE/MEC traz, primeiramente, um diagnóstico sobre a importância do SNE onde coloca, de modo muito pertinente que "o PNE tornou-se o articulador do Sistema Nacional de Educação, mas paradoxalmente vivenciamos hoje a situação de termos um PNE em vigor (Lei 13.005/2014) sem que o SNE a ser por ele articulado esteja ainda instituído"; e aponta que a ausência de um SNE "tem resultado em graves fragilidades para a educação nacional, como a ausência de referenciais nacionais de qualidade capazes de orientar a ação supletiva para a busca da equidade, a descontinuidade de ações, a fragmentação de programas e a falta de articulação entre as esferas de governo. Esses fatores não contribuem para a superação das históricas desigualdades econômicas e sociais do país".[18] Na sequência do documento encontram-se quatro dimensões relacionadas à instituição do SNE:

> "1) A alteração na Lei de Diretrizes e Bases da Educação Nacional (LDB), no sentido de institucionalizar as políticas estruturantes que devem ser seguidas pelos entes federados, incluindo um capitulo na Lei 9.496/2006 sobre o Sistema Nacional de Educação. Sobre os referenciais de qualidade, observa-se a Base Nacional Comum (BNC), que deve orientar (a) a formação docente e os processos de avaliação da aprendizagem; (b) a estrutura e o funcionamento de estabelecimentos escolares; (c) a valorização profissional e a avaliação institucional; e (d) a gestão democrática, no seu sentido amplo, incluindo o funcionamento de conselhos, fóruns, instâncias de negociação e as conferências de educação.
>
> 2) A regulamentação do regime de colaboração e cooperação entre União, estados e municípios. Para definir o que é regime de colaboração entre os entes federados, ou seja, fixar normas em Lei Complementar para a cooperação entre a União e os Estados, O distrito Federal e os Municípios, seria uma Lei de regulamentação do Inciso V, do Artigo 23 da CF, sendo a Lei de Responsabilidade Educacional: 'V – proporcionar os meios de acesso à cultura, à educação, à ciência, à tecnologia, à pesquisa e à inovação (redação dada pela Emenda Constitucional n. 85, de 2015)'.
>
> 3) A adequação das regras de financiamento, para assegurar maior equalização, instituir o Custo Aluno Qualidade como referencial para o padrão de qualidade nacional na educação básica, a efetividade do piso salarial profissional, observando a necessidade de ampliação do aporte da União para a equalização do Fundeb.
>
> 4) A adequação dos sistemas de ensino às novas regras nacionais com 'descentralização qualificada'[19] sendo 'marca de um Sistema Nacional de Educação cuja missão é a oferta educacional que equilibra qualidade com equidade, identidade nacional com identidade local'."[20]

18. MEC/SASE, Ministério da Educação, Secretaria de Articulação com os Sistemas de Ensino, *Instituir um Sistema Nacional de Educação: agenda obrigatória para o país*. Brasília, junho 2015, disponível em <http://pne.mec.gov.br/images/pdf/sase_mec.pdf>, última consulta: 14.08.2015.

19. Dourado, Luiz Fernandes, "Sistema Nacional de Educação, federalismo e os obstáculos ao direito à educação básica", *Educação & Sociedade*, 124:34, pp. 761-785, jul.-set. 2013.

20. MEC/SASE, Ministério da Educação, Secretaria de Articulação com os Sistemas de Ensino, *Instituir um Sistema Nacional de Educação: agenda obrigatória para o país*. Brasília, junho 2015, disponível em <http://pne.mec.gov.br/images/pdf/sase_mec.pdf>, última consulta: 14.08.2015.

O Projeto de Lei Complementar nº 413, de 2014, propõe a instituição do Sistema Nacional de Educação. O autor do projeto, Deputado Federal Ságuas Moraes (PT), coloca em seu *site* que "o PLP estabelece normas de cooperação federativa entre a União e os Estados, o Distrito Federal e os Municípios, e entre os Estados e os Municípios, para garantia dos meios de acesso à educação pública básica e superior regida pela Lei de Diretrizes e Bases da Educação Nacional".[21] Como justificativa, indica que este Projeto de Lei Complementar visa responder especificamente às disposições do artigo 23 da Constituição Federal, acelerada, agora, pela recente sanção da Lei n. 13.005/2014 que estabelece o Plano Nacional de Educação.

Destacamos aqui a primeira dimensão proposta no texto da SASE/MEC, pois trata da questão central do SNE:

> "(...) evitar prejuízos para a formação integral dos estudantes. Para tal, o documento da SASE/MEC propõe a formulação da LDB (1996) a partir das Diretrizes do Conselho Nacional de Educação, em processo coordenado pela União, com efetivo envolvimento dos sistemas de ensino e da sociedade, a fim de definir um ponto de equilíbrio entre orientações gerais e listas prescritivas de conteúdos para que as instituições escolares construam percursos de implantação das Diretrizes como base de seu projeto curricular."

Essa proposta tem o sentido de construir padrões nacionais de qualidade articulados à diversificação curricular, constituindo-se em unidade na diversidade e reorientando o trabalho das instituições educacionais, superando a adoção passiva de modelos prontos, ou dos chamados sistemas apostilados.

Aqui, é preciso atentar à proposta de vincular a BNC à política nacional de formação dos profissionais da educação e ao Sistema Nacional de Avaliação da Educação Básica, devido a uma disputa muito discutida em torno das competências que a lógica de mercado têm imposto aos currículos escolares. Sobre a Gestão democrática, um dos temas mais debatidos entre os educadores, representando importante desafio na operacionalização das políticas de educação e no cotidiano da escola, o texto da SASE coloca que:

> "(...) a qualidade do Sistema, tomada como conceito polissêmico, necessariamente deve considerar o princípio constitucional da gestão democrática. Os mecanismos democráticos devem estar presentes em todas as estruturas e relações que se estabelecerem no SNE, desde a instituição educativa, com o necessário fortalecimento dos Conselhos Escolares até o órgão executivo do Município, do Estado, do Distrito fortalecimento de espaços de negociação, de participação e de controle social: comitês, comissões, conselhos, fóruns, conferências, grupos de trabalho entre outros. É importante ressaltar, nesse processo, a necessidade de se garantir os processos de efetiva participação e decisão a serem definidos nos marcos da regulamentação dos sistemas de

21. Moraes, Ságuas "site", disponível em <http://www.saguas.com.br/2013/?p=16396>, última consulta: 24.10.2015.

ensino e nos projetos pedagógicos das instituições educacionais, instituindo e consolidando os mecanismos democráticos na gestão."[22]

O texto está em sintonia com as deliberações da Conae principalmente no que respeita à necessidade de se aperfeiçoar e fortalecer os espaços de normatização, de negociação, os pactos, a deliberação, a consulta, a participação, o acompanhamento e o controle social das políticas públicas.

SOBRE A INSTITUIÇÃO DO SISTEMA NACIONAL DE EDUCAÇÃO

O Plano Nacional de Educação (2014-2024) estipulou como improrrogável a regulamentação do Sistema Nacional de Educação. Este é um tema central reivindicado por diversas instâncias sociais e explicitado nas resoluções da Conae (2010) e da Conae (2014). Assim, a questão da educação de qualidade para todos, com gestão democrática, que valorize todo o sistema educativo - da infância até a pós graduação -, ocupa lugar importante nas discussões entre as esferas de governo, no sentido de definir regras de distribuição de competências.

Lembramos de March e Olsen,[23] ao abordarem a discussão sobre políticas públicas e seus reflexos para a sociedade, aludindo ao modelo neo-institucional, com o intuito de buscar uma caracterização na Ciência Política para a posição e forma de gestão que está sendo concebido o SNE por enfatizar a autonomia condicional das instituições públicas. E aproveitamos Klaus Frey, em um trabalho intitulado políticas públicas: um debate conceitual e reflexões referentes à prática da análise de políticas públicas no Brasil, quando discute alguns conceitos da análise de políticas públicas e destaca as contribuições das abordagens do neoinstitucionalismo, surgido nos anos de 1970 e 1980, para dar resposta às supostas crises das abordagens do velho institucionalismo e da análise de estilos políticos para o campo de investigação da Ciência Política. Sobre o neoinstitucionalismo, o autor expõe que "remete não somente às limitações de racionalidade do processo de decisão como consequência de uma falta ou de um excesso de informações, mas salienta a existência de regras gerais e entendimentos fundamentais que prevalecem em cada sociedade e que exerceriam uma influência decisiva sobre as interpretações e o próprio agir das pessoas".[24]

22. MEC/SASE, Ministério da Educação, Secretaria de Articulação com os Sistemas de Ensino, *Instituir um Sistema Nacional de Educação: agenda obrigatória para o país*. Brasília, jun. 2015, disponível em <http://pne.mec.gov.br/images/pdf/sase_mec.pdf>, última consulta: 14.08.2015.

23. March, James; Olsen, Johan, "Neo-institucionalismo: fatores organizacionais na vida política", *Revista de Sociologia e Política*, 31:16, pp. 121-142, nov. 2008.

24. Frey, Klaus, "Políticas públicas: um debate conceitual e reflexões referentes à prática da análise de políticas públicas no Brasil", Planejamento e Políticas Públicas, Brasília, *IPEA*, n. 21, p. 232, jun. 2000.

Sobre a análise de estilos políticos, Frey[25] ainda argumenta que podemos distinguir dois objetivos principais: primeiro, trata-se de investigar possíveis fatores que podem ter levado à consolidação de um certo estilo de política empiricamente observado; e, segundo, coloca-se a primordial questão de como programas – o resultado material de processos de decisão – podem ser influenciados por estilos políticos concretos. Neste sentido, ajuda-nos a questionar sobre o lugar e interesses aos quais se submete o Estado, que não é somente afetado pela sociedade, mas também a afeta: "A democracia política depende não somente da economia e das condições sociais, mas também do desenho das instituições políticas. A agência burocrática, a comissão legislativa e as cortes de apelação são arenas para as forças sociais contraditórias, mas também são uma coleção de procedimentos e estruturas de operação-padrão que definem e defendem interesses; elas são atores políticos em si"[26]. Sendo assim, a proposta de concepção do Sistema Nacional de Educação a ser instituída com base na agenda do PNE 2014-2024[27] a partir das quatro dimensões anteriormente expostas, leva a uma nova forma de organização da educação nacional, onde a autonomia entre os entes federado é necessária para a efetiva gestão democrática.

Nessa linha, enfatizamos que a Conae seja a referência para a construção do SNE, em sintonia com a proposta da SASE/MEC que retoma o estabelecido na Conferência de 2010 e 2014. Nesse contexto, o PNE 2014-2024 determina a regulamentação do SNE até 2016, em regime de colaboração entre os entes federados, nos termos da Estratégia 20.9:

> "(...) regulamentar o parágrafo único do art. 23 e o art. 211 da Constituição Federal, no prazo de 2 (dois) anos, por lei complementar, de forma a estabelecer as normas de cooperação entre a União, os Estados, o Distrito Federal e os Municípios, em matéria educacional, e a articulação do sistema nacional de educação em regime de colaboração, com equilíbrio na repartição das responsabilidades e dos recursos e efetivo cumprimento das funções redistributiva e supletiva da União no combate às desigualdades educacionais regionais, com especial atenção às regiões Norte e Nordeste."[28]

Já a construção da Base Nacional Comum, o novo pilar curricular da unidade e diversidade no SNE, está presente na Estratégia 2.1:

25. Frey, Klaus, *op. cit.*

26. March, James; Olsen, Johan, "Neo-institucionalismo: fatores organizacionais na vida política", *Revista de Sociologia e Política*, 31:16, p. 127, nov. 2008.

27. MEC/SASE, Ministério da Educação, Secretaria de Articulação com os Sistemas de Ensino, *Instituir um Sistema Nacional de Educação: agenda obrigatória para o país*. Brasília, junho 2015, disponível em <http://pne.mec.gov.br/images/pdf/sase_mec.pdf>, última consulta: 14.08.2015.

28. *Plano Nacional de Educação (PNE) na articulação do Sistema Nacional de Educação: participação popular, cooperação federativa e regime de colaboração, na Conae, 2014*, disponível em <http://www.retsus.fiocruz.br/noticias/sistema-nacional-de-educacao-em-foco-na-conae-2014>, última consulta: 01.11.2015.

"(...) o Ministério da Educação, em articulação e colaboração com os Estados, o Distrito Federal e os Municípios, deverá, até o final do 2o (segundo) ano de vigência deste PNE, elaborar e encaminhar ao Conselho Nacional de Educação, precedida de consulta pública nacional, proposta de direitos e objetivos de aprendizagem e desenvolvimento para os (as) alunos (as) do ensino fundamental."[29]

Entre outras determinações não menos importantes, a Gestão Democrática da Educação, é articulada por meio do Artigo 9.º do PNE 2014-2024:

"Os Estados, o Distrito Federal e os Municípios deverão aprovar leis específicas para os seus sistemas de ensino, disciplinando a gestão democrática da educação pública nos respectivos âmbitos de atuação, no prazo de 2 (dois) anos contado da publicação desta Lei, adequando, quando for o caso, a legislação local já adotada com essa finalidade."[30]

Evidentemente não existe ainda um consenso sobre o modelo do sistema, mas seja pela celeridade do processo agendado e para guardar o entendimento de que o PNE sustenta o SNE, quando deveria ser justamente o contrário, cabe lembrar Saviani: "Não cabe compreender o SNE como um guarda-chuva com a mera função de abrigar o sistema federal, os 26 sistemas estaduais, o Distrito Federal e, no limite, os 5,7 mil sistemas municipais de ensino. Se for aprovada uma proposta nesses termos, o SNE se reduzirá a uma mera formalidade".[31] Entretanto, há quem coloque que o SNE, no formato atualmente proposto, poderá aumentar a burocracia e piorar a qualidade da educação, pois, tal e como concebido, "o sistema engessa definitivamente o setor, entroniza o corporativismo e destrói o que quer fortalecer: o combalido federalismo".[32]

Vivemos, pois, mais um momento histórico de intensos debates acerca das políticas públicas de educação no Brasil, no qual a instituição do Sistema Nacional de Educação é uma questão central. A agenda do Plano Nacional de Educação (2014-2024) segue em disputa na arena política. Daí a premência de uma forte mobilização para alargar a rede dos que se interessam, se posicionam e contribuem ao movimento que institui este dispositivo político-normativo, no sentido de garantir a todos os cidadãos direito à educação com padrão de qualidade, sendo dever próprio do Estado federativo. A institucionalização do Sistema Nacional de Educação é assim um desafio conceitual e programático na consecução do democrático ordenamento constitucional e legal da Educação no Brasil.

29. *Plano Nacional de Educação (PNE) na articulação do Sistema Nacional de Educação: participação popular, cooperação federativa e regime de colaboração, na Conae, 2014*, citado.

30. *Idem.*

31. *Idem.*

32. Castro, Cláudio Moura de; Araújo e Oliveira, João Batista; Schwartzman, Simon, "A educação ainda pode piorar", *O Estado de S.Paulo,* São Paulo, 30.06.2015.

BIBLIOGRAFIA

Bonavides, Paulo. *Curso de direito constitucional*, 22. ed., São Paulo: Malheiros, 2008.

Castro, Cláudio Moura de; Araújo e Oliveira, João Batista; Schwartzman, Simon, "A educação ainda pode piorar", *O Estado de S.Paulo,* São Paulo, 30.06.2015.

Costa, Áurea de Carvalho, "O regime de colaboração entre União, Estados e Municípios no financiamento da educação no Brasil", *Revista Brasileira de Política e Administração da Educação*, 1:26, pp. 105-121, jan.-abr. 2010.

Cury, Carlos Roberto Jamil, "Sistema Nacional de Educação: desafio para uma educação igualitária e federativa", *Educação & Sociedade*, Campinas, 105:29, pp. 1187-1209, set.-dez. 2008.

Dourado, Luiz Fernandes, "Políticas e gestão da educação básica no Brasil: limites e perspectivas", *Educação & Sociedade,* 100:28, pp. 921-946, out. 2007.

______, "Sistema Nacional de Educação, Federalismo e os obstáculos ao direito à Educação Básica", *Educação & Sociedade*, 124:34, pp. 761-785, jul.-set. 2013.

Farenzena, Nalú, *A política de financiamento da educação básica: rumos da legislação brasileira,* Porto Alegre, Editora da UFRGS, 2006.

______; Luce, Maria Beatriz, "Políticas Públicas de Educação no Brasil: reconfigurações e ambiguidades", In Madeira, Lígia Mori (org.), *Avaliação de Políticas Públicas*, Porto Alegre, UFRGS/CEGOV, pp. 195-215, 2014.

Frey, Klaus, "Políticas públicas: um debate conceitual e reflexões referentes à prática da análise de políticas públicas no Brasil", Planejamento e Políticas Públicas, Brasília, *IPEA*, n. 21, pp. 211-259, jun. 2000.

Luce, Maria Beatriz; Medeiros, Isabel Letícia Pedroso de, "Gestão democrática na e da educação: concepção e vivências", In Luce, Maria Beatriz; Medeiros, Isabel Letícia Pedroso de, *Gestão escolar democrática: concepções e vivências*, Porto Alegre, UFRGS, 2006.

March, James; Olsen Johan, "Neo-institucionalismo: fatores organizacionais na vida política", *Revista de Sociologia e Política*, 31:16, pp. 121-142, nov. 2008.

Moraes, Carmen Sylvia Vidigal; Alavarse, Ocimar Munhoz, "Ensino Médio: possibilidades de avaliação", *Educação & Sociedade*, 116:32, pp. 807-838, 2011.

Saviani, Dermeval. *Sistema de educação: subsídios para a Conferência Nacional de Educação*, Brasília, Conae/MEC, 2009.

Documentos

Brasil, Constituição, *Constituição da República Federativa do Brasil*, 5 de outubro de 1988 (preceitos sobre a educação, na redação original e com a atualização dada pelas Emendas Constitucionais 14/1996, 53/2006, 59/2009).

Brasil, *Lei n 13.005, de 13 de junho de 2014,* aprova o Plano Nacional de Educação.

Brasil, *Lei n. 9.394, de 20 de dezembro de 1996*, estabelece as Diretrizes e Bases da Educação Nacional.

Brasil, Ministério da Educação, Secretaria de Articulação com os Sistemas de Ensino, *O Sistema Nacional de Educação: diversos olhares 80 anos após o Manifesto*, Brasília, MEC/SASE, 2014.

Brasil, *Acesso, permanência, aprendizagem e conclusão da educação básica na idade certa – Direito de todas e de cada uma das crianças e dos adolescentes*, Fundo das Nações Unidas para a Infância, Brasília, Unicef, 2012.

Fundeb, *Diário Oficial da União*, Brasília-DF, 21.06.2007.

INEP/MEC. Resumo Técnico Censo da Educação Superior de 2011. Brasília: INEP, 2013.

Documentos eletrônicos

Brasil, Conferência Nacional de Educação (Conae), *Documento final*, Brasília, 2010, disponível em <http://conae.mec.gov.br/images/stories/pdf/pdf/documento>, última consulta: 20.10.2015.

INEP, "O Manifesto dos Pioneiros da Educação Nova", Brasilia, *Revista Brasileira de Estudos Pedagógicos*, 150:65, pp. 407-425, maio-agosto 1984, disponível em <http://download.inep.gov.br/download/70Anos/Manifesto_dos_Pioneiros_Educacao_Nova.pdf>, última consulta: 24 de setembro de 2013.

MEC/SASE, Ministério da Educação, Secretaria de Articulação com os Sistemas de Ensino, *Instituir um Sistema Nacional de Educação: agenda obrigatória para o país*. Brasília, junho 2015, disponível em <http://pne.mec.gov.br/images/pdf/sase_mec.pdf>, última consulta: 14.08.2015.

Moraes, Saguas, *site* disponível em http://www.saguas.com.br/2013/?p=16396, última consulta: 24.10.2015.

Plano Nacional de Educação (PNE) na articulação do Sistema Nacional de Educação: participação popular, cooperação federativa e regime de colaboração, na Conae, 2014, disponível em <http://www.retsus.fiocruz.br/noticias/sistema-nacional-de-educacao-em-foco-na-conae-2014>, última consulta: 01.11.2015.

MEIO AMBIENTE

ESTADO, POLÍTICAS PÚBLICAS E MEIO AMBIENTE NO BRASIL (1988-2010)

PAULO HENRIQUE MARTINEZ

Universidade Estadual Paulista (UNESP)

INTRODUÇÃO

No Brasil é visível o compasso cadenciado entre surgimento da questão ambiental, organização institucional e ação do Estado e mobilização da sociedade civil. A compreensão desta triangulação requer o exame das relações entre política e sociedade, particularmente, no período posterior à promulgação da atual Constituição, em 1988.[1] É a partir desta data que procuro conhecer a política de meio ambiente no Brasil. O desafio é entender como se processou a incorporação do debate ambiental às políticas públicas nacionais.

Parto da hipótese de que o impacto dos debates da Conferência das Nações Unidas sobre Meio Ambiente e Desenvolvimento, ocorrida no Rio de Janeiro, em maio de 1992, foi ofuscado pela conjuntura política nacional ao longo da década de 1990, a do governo Fernando Henrique Cardoso (1995-2002) e das políticas públicas para o crescimento econômico na primeira década do século XXI. No decorrer destas duas décadas a sociedade conheceu transformações políticas, sociais, econômicas e culturais que o economista norte americano, Albert Fishlow, denomina como o surgimento de um "Novo Brasil".[2]

A motivação intelectual completa-se, nesse estudo, com a oportunidade de melhor compreender os anos de adoção de ideias e proposições de cunho neoli-

1. FERNANDES, Florestan, *A constituição inacabada*, São Paulo: Estação Liberdade, 1988.

2. FISHLOW, Albert, *O novo Brasil*, São Paulo: Saint Paul, 2011.

beral na vida nacional brasileira. Para tanto, recorro ao acervo de contribuições da historiografia relativa ao meio ambiente no Brasil, prática denominada História Ambiental.

O Brasil pós-constituinte catalisou os movimentos sociais e políticos da década de 1980. Houve uma mobilização intensa e ininterrupta em campanhas como a da Anistia aos presos políticos, refugiados e exilados pelo regime militar e a reorganização dos partidos, a partir de 1979. Os movimentos sociais ganharam expressão na organização de associações de moradores e das comunidades eclesiais de base vinculadas à Igreja Católica, sobretudo nas periferias urbanas, assim como ocorreram greves e a organização sindical dos trabalhadores da indústria e nos canaviais. As vitórias eleitorais da oposição ao regime militar procuravam encarnar e dar vida a estes movimentos da sociedade civil, em crescente processo de organização e manifestação em espaços públicos. Na primeira metade da década de 1980, a campanha das "Diretas-já" pelo restabelecimento do voto direto para a eleição presidencial, a formação da Central Única dos Trabalhadores (CUT) e a convocação de uma Assembleia Nacional Constituinte, ecoavam também as mudanças políticas internacionais, como na Península Ibérica, sobretudo, em Portugal, com o fim das ditaduras de caráter fascista; a contestação popular, católica e sindical na Polônia; as vitórias eleitorais dos partidos socialistas na França e na Espanha.[3]

A trajetória econômica no aproveitamento dos recursos naturais e na organização espacial das atividades agrícolas e industriais, do trabalho e no padrão de urbanização, constitui o ponto de partida para a revisão crítica da vida nacional naquela conjuntura.[4] Foi esta realidade que o texto constitucional esperava reformar e disciplinar. Antes de prosseguir é preciso conhecer algumas caraterísticas da trajetória do desenvolvimento econômico no Brasil.

AS MARCAS DO DESENVOLVIMENTO ECONÔMICO

O fim da bipolaridade ideológica e política que marcou o período da Guerra Fria, até o início da década de 1990, e a reorganização das hierarquias políticas e econômicas nas relações internacionais sugerem pensar como esses novos elementos se combinam com os pré-existentes. Aqui, nos interessam de perto a situação do Brasil, os desafios e as perspectivas do país para a promoção do Desenvolvimento Sustentável. As mudanças e as permanências na vida das sociedades compõem uma questão recorrente no conhecimento histórico e, neste sentido, a História Ambiental busca incorporar as dimensões biofísicas do planeta na compreensão de fenômeno sociais, notadamente a partir da década de 1960.

3. ALVES, Maria Helena Moreira, *Estado e oposição no Brasil (1964-1984)*, Petrópolis: Vozes, 1984.

4. CARDOSO, Fernando Henrique, "Perspectivas de desenvolvimento e meio ambiente: o caso brasileiro", *Encontros com a civilização brasileira*, n. 20, Rio de Janeiro: Civilização Brasileira, pp. 31-70, 1980.

Entre os historiadores, a volumosa pesquisa do brasilianista Warren Dean, especialista em História Econômica e que, progressivamente, transitou para a História do Meio Ambiente, ergueu-se como paradigma inicial neste campo do conhecimento.[5]

No século XXI, os novos elos de dominação e de subordinação nas relações internacionais ordenam-se, militar e politicamente, em uma perspectiva unipolar, em torno dos Estados Unidos. Na esfera econômica, por outro lado, surge uma perspectiva multipolar, agregando várias potências e blocos econômicos regionais, como Japão e os Estados Unidos, a União Europeia e o BRICS, este reunindo Brasil, Rússia, Índia, China e a África do Sul. A antiga bipolaridade hemisférica, entre o Leste comunista e o Oeste capitalista, cedeu lugar a uma nova: entre os países ricos do Hemisfério Norte e os países pobres do Hemisfério Sul. A rivalidade ideológica da Guerra Fria conheceu um ininterrupto esvaziamento ao longo da década de 1970, alimentado pelo congelamento das tensões militares, um novo surto tecnológico no Ocidente, a estagnação econômica do Bloco Socialista no Leste da Europa, as reformas na URSS e inúmeros esforços de diálogo entre os países do Hemisfério Sul. O atual G-77, por exemplo, é um grupo que reúne países pobres e que procura superar condições de vida desfavoráveis em que há décadas se encontram as suas populações.

A desaparição de termos e expressões como "periferia", "subdesenvolvimento" e "Terceiro Mundo" no jargão governamental e na literatura econômica e sociológica fornece outro indicador do discurso ideológico no mundo pós-Guerra Fria. Este é um tempo marcado pela intensificação das relações multilaterais, de reuniões e dos acordos internacionais, mas também pelo empobrecimento, e por muitos conflitos de natureza étnica, cultural e econômica. Para os 116 países "em desenvolvimento" essa nova era registrou um recuo na porcentagem do PIB *per capita* de 3,1%, observado entre 1960 e 1980, para 1,4%, entre 1980 e 2000, conforme assinalou o economista Gilberto Dupas.[6]

Os países da América Latina, no início do século XXI, exibem as "cicatrizes" ambientais, sociais e econômicas deixadas pelas reformas institucionais de inspiração neoliberal, adotadas por vários governantes e coligações partidárias e sociais ao longo das décadas de oitenta e noventa do século passado. A valorização do liberalismo político e econômico, a tentativa de entrar em compasso com a revolução tecnológica, representada pela informática, a robótica, a microeletrônica e a biotecnologia, e de participar da crescente internacionalização da economia requer determinação política, apoio social e capacidade científica para

5. DEAN, Warren, *A ferro e fogo: a história e a devastação da Mata Atlântica brasileira*, Tradução de C. K. Moreira, São Paulo: Companhia das Letras, 1996.

6. *O Estado de S.Paulo*. "3.º Mundo periférico ou emergente?", artigo publicado em 17de abril de 2005, p. A16. Ver ainda: SALAMA, Pierre e DESTREMAU, Blandine, *O tamanho da pobreza: economia política da distribuição de renda,* Tradução de H. Brambatti, Rio de Janeiro: Garamond, 2001.

a criação de novas técnicas, materiais e produtos que assegurem aos países americanos maior espaço no mercado mundial.

Esta é a lógica da inserção internacional a partir da produção de mercadorias. Trata-se, porém, de avaliar e de evitar os impactos sociais e econômicos, culturais e ambientais, que podem agravar as desigualdades sociais, a violência e a criminalidade, a concentração de renda e de poder hoje existentes na América Latina. Esta é uma pesada herança, legada pelos governos ditatoriais que imperaram no continente, entre as décadas de 1960 e 1980, e reiteradas pelas políticas públicas na década de 1990. O Brasil não é uma exceção nesse conjunto.

Na segunda metade do século XX, houve uma rápida e intensa internacionalização dos processos produtivos, em busca de matérias-primas e de mão-de-obra baratas, particularmente aquela disponível nos países ditos "em desenvolvimento". A transferência de parte do parque industrial para esses países possibilitou a eles uma substituição de importações, principalmente de bens de consumo duráveis e não-duráveis, como alimentos, combustíveis e eletrodomésticos, gerando empregos e animando um mercado interno de produção e de consumo em escala industrial.

Desde o fim da década de 1960, sociedades como as do Japão, da Europa Ocidental e dos Estados Unidos ingressaram em uma época "pós-industrial", com a especialização de suas economias no setor de serviços e o abandono de linhas de produção industrial. Houve, então, a transferência para países com alguma capacidade de rápida industrialização do papel de fornecedores de bens industrializados, pela facilitação na importação de bens de produção e de tecnologias, investimentos diretos e empréstimos. Estas novas ondas industrializantes deram origem, por exemplo, aos chamados "tigres asiáticos". Foram países que experimentaram aquela industrialização rápida e recente, como a Coreia do Sul, Malásia, Taiwan e Cingapura. Os "tigres asiáticos" apresentaram elevados índices de produtividade e de uso de tecnologia nas atividades econômicas.

Estas mudanças deram origem aos grandes espaços econômicos que interligados, demandavam a expansão da produção e da circulação de mercadorias e de serviços, de capitais e de mão-de-obra, além de investimentos em infraestrutura, transportes, comunicações e fontes de energia. Na última década do século XX esse processo foi genericamente denominado de "globalização". Neste cenário, quais possibilidades, países como o Brasil, poderão encontrar em busca de um desenvolvimento sustentável?

O DESENVOLVIMENTO ECONÔMICO NO BRASIL

A passagem para o século XXI expôs a face ambiental da perversidade social do padrão de desenvolvimento econômico adotado no país, a industrialização pelo modelo de economia aberta, e as reações que despertou contra a sua reprodução e propagação na ocupação de novas áreas, como as do Centro-Norte do território nacional, recobertas pelos biomas do Cerrado e das florestas amazônicas.

A história do Brasil é, antes de mais nada, uma história socioambiental. É a história da organização de uma sociedade, do controle dos espaços e da dominação do trabalho, a partir dos interesses da exploração econômica. Inicialmente, a produção econômica obedeceu aos ditames da metrópole portuguesa e de seus agentes diretos e, posteriormente, aos dos grupos nacionais e estrangeiros que, associados muitas vezes, levaram à frente a concentração da riqueza, da terra e da cultura e a organização do poder político. Esta realidade passada, e que se prolonga no presente, pede uma revisão das formas e dos instrumentos pelos quais o território brasileiro e seus recursos naturais têm sido utilizados, por quem e com quais finalidades.[7]

A modernização das atividades econômicas, a industrialização em particular, foram bastante impulsionadas nos sucessivos governos de Getúlio Vargas, entre as décadas de 1930 e 1950. O Estado foi alçado à condição de principal agente do crescimento econômico e o padrão de desenvolvimento "para fora", ancorado na expansão de exportações primárias, na substituição de importações de bens industrializados e na proteção ao mercado interno, caracterizaram a economia "fechada" daqueles anos de intenso nacionalismo econômico.[8]

Por sua vez, a ditadura civil-militar que vigorou no Brasil, entre 1964 e 1985, adotou uma política de economia aberta. Esta ditadura foi um regime político autoritário e violento e que, amparado no poder das Forças Armadas, atendeu aos interesses da grande burguesia nacional e estrangeira. Associados e contando com o respaldo técnico, financeiro e institucional do Estado brasileiro, os interesses dessa grande burguesia necessitavam de garantias para a obtenção de elevados índices de acumulação de capitais. Estes foram alcançados pelo incremento da ocupação de espaços, da exploração do trabalho e dos recursos naturais e maior aproveitamento das possibilidades de inserção do Brasil no mercado mundial, ainda que em uma posição subordinada e muito dependente das grandes economias europeias e dos Estados Unidos.[9]

A estratégia de desenvolvimento econômico dos governos ditatoriais estava amparada na diversificação da pauta de exportações, na abertura da economia brasileira à economia mundial, em um protecionismo algo seletivo e que assegurasse a industrialização substitutiva de importações. A economia brasileira, entre 1962 e 1969, atravessou um ciclo depressivo, criando uma situação social que fermentou o discurso ideológico para o golpe de Estado contra o governo do presidente João Goulart, em 1964, e a política econômica dos sucessivos governos militares, até 1985.

7. Ampla introdução aos temas e fontes documentais sobre a exploração colonial nos territórios portugueses no continente americano podem ser encontradas em Prado Jr., Caio *Formação do Brasil contemporâneo*: *colônia*, São Paulo: Companhia das Letras, 2011.

8. Ianni, Octávio, *Estado e planejamento econômico no Brasil (1930-1970),* Rio de Janeiro, Civilização Brasileira, 1971.

9. Cardoso, Fernando Henrique e Faletto, Enzo, *Dependência e desenvolvimento na América Latina: ensaio de interpretação sociológica*, Rio de Janeiro: Zahar, 1970.

A maior mudança ocorreu nas formas de estímulo ao crescimento econômico, agora não mais pela expansão do mercado interno, mas pelo comércio exterior, pelo aumento das exportações e uma abertura maior do mercado brasileiro aos investimentos externos. Uma política de incentivos fiscais, administrativos e de crédito contribuiu para a rápida elevação das taxas de crescimento da economia, cerca de 8,5% ao ano, entre 1967 e 1971. A modernização das estruturas produtivas, o aprimoramento institucional, o aumento da produtividade, a diversificação da produção agrícola sobretudo, e maior competitividade foram resultantes da estratégia de maior abertura para o mercado mundial seguida pela política de desenvolvimento econômico do regime militar.

A exiguidade de poupança interna e a opção do capital estrangeiro de investir na produção de bens duráveis, como automóveis e eletrodomésticos, e que demandam o aporte crescente de energia, eletricidade e combustíveis, sobretudo, impeliram os governos militares a patrocinar uma poderosa ação do Estado na economia. Desta forma, foram organizadas grandes empresas públicas nas áreas de comunicações, de energia, de mineração, de transportes e na siderurgia, entre outras.

A expansão das atividades econômicas na primeira década da ditadura civil-militar no Brasil foi denominada por alguns apologistas desse regime como um "milagre econômico". Em realidade, esse crescimento econômico foi extremamente centralizado pelo governo federal e financiado pelo crédito externo. Havia, na década de 1970, uma oferta abundante de recursos financeiros, emprestados a "baixo custo" no mercado internacional de capitais e com juros "reduzidos" aos países identificados como "em desenvolvimento". Como no Brasil não havia uma poupança interna de monta, os governos militares recorreram à poupança externa para financiar vários setores produtivos da economia nacional.

A ação estatal como forma privilegiada para alavancar o crescimento e o desenvolvimento econômico estava baseada na ideia de um Brasil-potência. O Estado teve uma atuante presença em áreas consideradas estratégicas para a realização desse intento. Foram muitos os recursos empregados na aviação civil e militar, em fontes de energia, como usinas nucleares e hidrelétricas ou o programa de álcool combustível, o Pró-Álcool, na indústria de armamentos, petroquímica, telecomunicações, transportes, com a construção de rodovias, portos e ferrovias, em projetos regionais de desenvolvimento, principalmente nas regiões Norte e Nordeste do país, e, até mesmo, a construção de um submarino de propulsão nuclear.[10]

Essa política de crescimento acelerado foi possível com a rearticulação em novas bases da economia brasileira com a economia internacional. Esta inserção no mercado mundial foi buscada pela livre ação do capital, o incremento das

10. CEDI, *De Angra a Aramar: os militares a caminho da bomba*, Rio de Janeiro: Centro Ecumênico de Documentação e Informação, 1988.

exportações, particularmente de manufaturados, maior capacidade para importação dos insumos necessários ao desenvolvimento industrial do país, a crescente absorção da poupança externa, a modernização do aparelho produtivo, a elevação das escalas de produção e de produtividade, a melhoria da infraestrutura e a incorporação de novas tecnologias.

As expectativas governamentais eram de que, já em fins da década de 1970, o país estivesse: dotado de uma estrutura produtiva moderna e variada, apto a iniciar a redução do endividamento externo, colhendo os frutos do crescimento econômico por ele financiado e viabilizando a redução das importações. O combate à inflação, o arrocho salarial, a legislação favorável à remessa de lucros para o exterior e a repressão política complementaram a atração dos investimentos e de empréstimos internacionais. A pauta diversificada das exportações deveria assegurar a redução da dependência e da vulnerabilidade da economia brasileira no sistema internacional. E, de fato, as exportações não pararam de crescer desde 1964, apresentando mudanças também na sua composição. Houve queda na exportação de produtos primários e aumento na de produtos industrializados, além da incorporação de novos produtos primários, como a soja e o milho. A lógica foi a de gerar divisas para adquirir insumos industriais e tecnologia para exportar mais, dada a situação de mercado interno restrito e de mercado externo em expansão nas décadas de 1960 e de 1970.

Cabe salientar que foi a indústria automobilística quem orquestrou a expansão de empresas nacionais que produziam peças, acessórios e componentes. Ela ditou também o ritmo da importação de petróleo, dos investimentos públicos na construção de refinarias e de estradas de rodagem, interferindo, ainda, no planejamento urbano e nas políticas de financiamento para a venda de automóveis. Basicamente de propriedade estrangeira, a produção de automóveis fornece um exemplo bastante completo do tipo de desenvolvimento associado e do papel das empresas multinacionais no Brasil.

A articulação da economia brasileira às redes de infraestrutura de alcance mundial, a capacidade de autofinanciamento, a ação dinamizadora que abriu as portas para o comércio exterior, para a modernização da produção, para a depressão do nível de emprego e a elevação da produtividade, com maiores taxas de lucros e altos salários para os executivos e tecnocratas, são algumas características da ação das empresas e dos conglomerados multinacionais no Brasil. O centro das expectativas da estratégia de desenvolvimento da economia aberta residia nos novos estímulos econômicos que a atuação das multinacionais no mercado nacional poderia despertar. Entre eles figuravam a adoção de novos padrões administrativos e tecnológicos na produção, mais e maiores investimentos, expansão do emprego e manutenção de níveis salariais.[11]

11. Dean, Warren, *As multinacionais*, São Paulo: Brasiliense, 1983.

O crescimento econômico obtido, porém, esteve baseado em forte concentração de renda e no consumo de uma parcela restrita da população, gerando uma onda de exclusão social que, ainda hoje, impõe os seus custos ao conjunto da sociedade brasileira. Já em meados da década de 1970, a crise do petróleo e a alta dos juros internacionais aumentaram, significativamente, as contas externas de países que haviam recorrido ao mercado externo de capitais, como o Brasil. Antes mesmo de 1973, as exportações já não cobriam mais as importações brasileiras.

O modelo da economia aberta, instaurado plenamente após o golpe civil-militar de 1964, entrou em crise e reativou o modelo primário exportador, historicamente constituído e que se pretendia superar. Logo, a contestação política à ditadura ganhou força social, amplificando a busca pela legitimidade democrática na saída para a crise econômica.

Com a redemocratização, durante o governo de José Sarney, entre 1985 e 1989, houve a revogação da legislação repressiva da ditadura, a remoção do chamado "entulho autoritário", e a convocação de uma Assembleia Constituinte.[12] A tímida dilatação das exportações facilitou a retomada do crescimento econômico, e o saldo positivo da balança comercial permitiu o pagamento dos juros da dívida externa e deu fôlego para a renegociação junto aos credores internacionais. Os índices de inflação permaneceram em alta, apesar do corte nos gastos públicos, da ordem de 10% do orçamento, já em 1985, e do Plano Cruzado no ano seguinte. Em fevereiro de 1987, o Brasil decretou uma moratória no pagamento da sua dívida externa. A instabilidade econômica voltava a assombrar a cena política.

A QUESTÃO AMBIENTAL NA CONSTITUIÇÃO DE 1988

A promulgação da Constituição brasileira, em outubro de 1988, abriu uma nova fase na história dos direitos de cidadania e nas políticas públicas. Inaugurou também outra era no debate e na ação política no país, regida pelos ditames normativos da ordem jurídica ali inscrita. Este novo momento previa as eleições presidenciais, em 1989, eleições para os governos dos Estados Federados, Assembleias Legislativas e Congresso Nacional, em 1990, a revisão do texto constitucional e a realização de um plebiscito sobre a forma de governo (presidencialismo ou parlamentarismo, monarquia ou república), em 1993.

A maior novidade foi o destaque conferido aos direitos sociais e coletivos, expresso na atenção às crianças e jovens, aos idosos, mulheres, povos indígenas, comunidades remanescentes de quilombos, consumidores. Nos anos seguintes, esses segmentos da sociedade seriam contemplados com códigos e estatutos específicos, como o do Consumidor, um dos primeiros a ser elaborado, o Estatuto da Criança e do Adolescente, e o Estatuto dos Índios, ainda hoje pendente na agenda da formulação legislativa. O grande zelo pelos direitos sociais traduzia

12. Faoro, Raymundo, *Assembleia Constituinte: a legitimidade recuperada*, São Paulo: Brasiliense, 1981.

também a rejeição ao regime militar, centralizado, autoritário e de restrições à participação popular. A liberdade de organização sindical e partidária veio coroar o novo quadro da cidadania.

A Carta de 1988 dedicou um pioneiro e singular capítulo ao meio ambiente (Título VIII – Da ordem social, Capítulo VI – Do meio ambiente, artigo 225). Os constituintes acolheram algumas disposições do Relatório *Brundtland*, de 1987, como a ideia da corresponsabilidade dos poderes públicos e da coletividade na defesa e na preservação do meio ambiente para as atuais e futuras gerações. No mesmo espírito dos demais pontos constitucionais, ali foram estabelecidos os direitos de a sociedade desfrutar de um meio ambientalmente equilibrado, em que pese o teor vago e genérico desta proposição, e para assegurar a qualidade de vida a todos os cidadãos brasileiros.

As incumbências do poder público no Brasil foram definidas em pontos gerais e específicos. Foram abordadas questões importantes, como a necessidade do adequado manejo de ecossistemas, patrimônio genético, áreas de proteção, análises prévias de impactos ambientais, controle de riscos à qualidade de vida, educação ambiental e medidas de proteção à biodiversidade. O capítulo dispôs, ainda, sobre a recuperação ambiental em áreas degradadas pelas atividades mineradoras, estabeleceu sanções penais e administrativas, definiu os biomas do Pantanal, a Mata Atlântica, a Floresta Amazônica, a Serra do Mar e a Zona Costeira como patrimônios nacionais. Curiosamente, os biomas do Cerrado e da Caatinga não foram considerados parte deste patrimônio. Foram consideradas "indisponíveis" as terras devolutas e aquelas arrecadadas por ações discriminatórias necessárias à proteção ambiental. A construção e o funcionamento de usinas nucleares passaram a ser determinados por Lei Federal.

A problemática ambiental adquirira grande visibilidade pública com a descoberta do buraco na camada de ozônio e as implicações que continha para as atividades humanas no planeta. A destruição das florestas tropicais e a morte do líder sindical dos seringueiros do Acre, estado da Amazônia Ocidental, Chico Mendes, em 1988, colocaram o Brasil em evidência no debate ambiental internacional. Uma ausência, porém, é notada no texto constitucional brasileiro, o Desenvolvimento Sustentável, tema central no debate mundial na década de 1980 e do mencionado relatório das Nações Unidas. Esta omissão não compromete a sua originalidade e pertinência. Inovador, a existência desse capítulo, hoje, é um testemunho da crescente incorporação das preocupações ambientais pelo Direito, em geral, e pelo Direito Constitucional, em particular.

A ampla repercussão política e social desses acontecimentos marcou presença na realização da Conferência das Nações Unidas sobre Meio Ambiente e Desenvolvimento e estimulou a elaboração de um balanço abrangente da situação ambiental no Brasil. A realização daquela Conferência, no Rio de Janeiro, em 1992, traduz o espírito reinante no início da década de 1990. O tema do Desenvolvimento Sustentável reapareceu com força e obrigou o governo e a sociedade no Brasil a promoverem um balanço da situação ambiental do país.

AS POLÍTICAS PÚBLICAS PARA O MEIO AMBIENTE

As políticas públicas dedicadas ao meio ambiente remontavam às décadas de 1970 e 1980. Elas foram adotadas pelos sucessivos governos brasileiros em resposta às pressões internacionais, de exigências do mercado e recomendações de órgãos técnicos e especializados. Alguns marcos referenciais devem ser lembrados para permitir o acompanhamento da correlação que existe, no Brasil, entre meio ambiente, políticas públicas e organização da sociedade civil. Não vou tratar das ações que resultaram na criação de parques nacionais, na década de 1930, sob o regime ditatorial do Estado Novo. Estas se encontravam vinculadas ao escopo de defesa do patrimônio nacional, com a criação do Serviço de Patrimônio Histórico e Artístico Nacional (SPHAN), em 1937.[13] Houve medidas e manifestações de preocupação com a natureza brasileira já no século XIX, como as estudadas pelo historiador José Augusto Pádua.[14]

A criação da Secretaria Especial de Meio Ambiente, vinculada à Presidência da República, em 1973, foi a resposta do governo militar aos apelos da Conferência das Nações Unidas sobre Ambiente Humano, ocorrida em Estocolmo, no ano anterior, e também às denúncias de massacre de populações indígenas e destruição das florestas pelas queimadas na Amazônia. Em 1972, seriam criados, na recém-constituída Universidade Federal do Mato Grosso, o Museu Rondon e a cidade-laboratório *Humboldt*. O plano de ação desta universidade previa a adoção de iniciativas para atender às declarações em Estocolmo, para o aproveitamento dos recursos naturais mediante os critérios e as recomendações da ciência, da tecnologia e do planejamento, além do respeito às necessidades das populações locais e a adequação das atividades econômicas aos ecossistemas. Cabe mencionar aqui que, as ações da "Universidade da Selva", como ficou conhecida a nascente Universidade Federal de Mato Grosso, foram estudadas por Maria Fátima Roberto Machado.[15]

Somente em 1981 o Brasil adotaria uma Política Nacional de Meio Ambiente, procurando enfrentar os problemas decorrentes da poluição, sobretudo na saúde da população, perda de paisagens naturais, da fauna e da flora.[16] A reviravolta veio mesmo com a presença do capítulo sobre meio ambiente na Carta de 1988. A Lei Nacional de Educação Ambiental esperou mais de dez anos para ser concluída, em 1999, e as recomendações do Ministério da Educação, com a proposição dos

13. Ver Drummond, José Augusto, *Devastação e preservação ambiental: os parques nacionais do Estado do Rio de Janeiro*, Niterói: UFF, 1997; Franco, José Luiz e Drummond, José Augusto, *Proteção da natureza e identidade nacional no Brasil, anos 1920-1940*, Rio de Janeiro: Fiocruz, 2009.

14. Pádua, José Augusto, *Um sopro de destruição*, Rio de Janeiro: Jorge Zahar, 2002.

15. Machado, Maria Fátima Roberto, *Museu Rondon: antropologia e indigenismo na Universidade da Selva,* Cuiabá: Entrelinhas, 2009.

16. Theodoro, Suzi Huff (org.), *Os 30 anos da Política Nacional do Meio Ambiente: conquistas e perspectivas,* Rio de Janeiro: Garamond, 2011.

temas transversais no Ensino Fundamental e Médio anteciparam as atenções ao meio ambiente na escola. Em 2002, houve a organização do Sistema Nacional de Unidades de Conservação – SNUC – um marco importante também na política ambiental brasileira, em atendimento ao disposto na Convenção da Diversidade Biológica e a Convenção das Florestas, ambos documentos resultantes dos trabalhos da Conferência mundial de 1992. Desde então, haveria que mencionar a aprovação da Agenda 21 brasileira e a reorganização do Ministério do Meio Ambiente, a partir de 2003, com a ampliação de seu quadro funcional, reordenamento administrativo e orçamentos maiores.

No corpo da sociedade civil, a crítica e a insatisfação com o modelo de desenvolvimento econômico impulsionado sob a ditadura civil-militar, com os projetos financiados pelo "milagre econômico" e as aspirações geopolíticas do "Brasil potência", ganhavam expressão pela atuação de figuras exponenciais com ação localizada. Ainda que algumas delas alcançassem repercussão nacional e mesmo no Exterior, como foram, nos anos 1970-80, José Lutzenberger, no Rio Grande do Sul, Augusto Ruschi, no Espírito Santo, Chico Mendes, no Acre, Fernando Gabeira, no Rio de Janeiro, Aziz Ab'Saber, Fábio Feldmann, Francisco Graziano e Raul Ximenes Galvão, em São Paulo. Nos anos seguintes, eles tiveram atuação acadêmica, técnica, política, governamental e no poder legislativo. Lutzenberger no Governo Federal, Gabeira na fundação do Partido Verde, em 1986, e atuação parlamentar; Chico Mendes foi assassinado, mas fora Vereador em Rio Branco e candidato em eleições estaduais. Em São Paulo, o geógrafo e professor na Universidade de São Paulo, Aziz Ab'Saber, elaborou estudos eruditos e abrangentes sobre a base biofísica do território brasileiro. Raul Ximenes Galvão prestou assistência técnica em planejamento, legislação e na organização de movimento sociais em defesa das áreas costeiras. Feldmann e Graziano foram Deputados Federais e Secretários de Meio Ambiente do Estado de São Paulo.

O caráter da questão ambiental fez desta área um campo fecundo de atuação política dos opositores ao regime militar. Um número expressivo de organizações não-governamentais, movimentos sociais e de entidades de defesa do meio ambiente iria surgir em todo o país, galvanizando a participação social na Assembleia Constituinte, no Legislativo dos Estados e Municípios, Congresso Nacional, Secretarias e na definição de políticas públicas e direitos de cidadania.[17] Apartidárias e suprapartidárias, as questões ambientais foram empalmadas com argúcia pelo senador Franco Montoro, por exemplo. Montoro elegeu-se pelo Partido do Movimento Democrático Brasileiro (PMDB) e seu governo no Estado de São Paulo, entre 1983-1986, adotou políticas públicas para o meio ambiente, logo enfeixadas na Secretaria Estadual do Meio Ambiente, criada em 1986[18]. O enlace

17. URBAN, Teresa, *Missão (quase) impossível: aventuras e desventuras do movimento ambientalista no Brasil*, São Paulo: Peirópolis, 2001.

18. SÃO PAULO. Governo do Estado. *A batalha do meio ambiente no Governo Montoro*, São Paulo: PW, 1987.

da política com a questão ambiental ampliou incessantemente a sua projeção social e visibilidade pública. No retorno ao governo civil, o II Encontro Governo e Sociedade, promovido sob a presidência de José Sarney, esteve dedicado ao tema cidadania e meio ambiente.[19]

O curto governo de Fernando Collor de Mello (1990-1992) tentou colher todos esses frutos e dividendos políticos. Primeiro presidente eleito pelo voto direto, desde 1960, e o segundo presidente civil, desde 1964, Collor procurou encarnar em sua pessoa, mais do que nas políticas públicas, o poder jovem e saudável. Contudo, seu governo foi politicamente tenso e tumultuado. Entre a sua posse na Presidência da República e maio de 1991, as atenções do Governo Federal estiveram dedicadas ao combate à inflação, a reforma do Estado, medidas de abertura econômica, a glorificação ideológica do mercado e da competitividade, o cumprimento da agenda neoliberal. Entre junho daquele ano e abril do ano seguinte, após a demissão da ministra da Fazenda, Zélia Cardoso de Mello, a ameaça de volta da recessão econômica e da inflação lançou o governo na dependência parlamentar e política do conservador Partido da Frente Liberal (PFL) no Congresso Nacional, nos ministérios e empresas públicas.[20] Ao longo de 1992, em sua terceira fase, entre maio e setembro, houve o esboroamento político do governo, com a perda de apoio no Legislativo Federal e na sociedade. O afastamento da presidência, em setembro, e a renúncia, em dezembro, encerraram um mandato que surgira das eleições, em 1989, rodeado de expectativas de reformas sociais e de legitimidade popular.

A Secretaria do Meio Ambiente, durante o governo Collor, foi ocupada pelo ambientalista gaúcho José Luzemberger. Este pioneiro no movimento ambientalista no Brasil, sem vinculação partidária, havia criado, em 1971, a Associação Gaúcha de Proteção ao Ambiente Natural – Agapan. A publicação de seu livro "Fim do futuro? Manifesto ecológico brasileiro" deu-lhe notoriedade e projeção nacional.[21] Em 1986, vamos encontrá-lo colaborando com iniciativas de reflexão e de proposições para o meio ambiente em seminário promovido pela Fundação Wilson Pinheiro, ligada ao Partido dos Trabalhadores (PT), dedicada a elaborar políticas públicas e subsidiar os candidatos nas eleições daquele ano.[22]

Na gestão de Lutzenberger, algumas políticas públicas para o meio ambiente receberam atenção no Conselho Nacional de Meio Ambiente. Foram alvo de apreciação e proposições de medidas e resoluções do Conama: a redução e o controle

19. Brasil. Presidência da República, *II Encontro governo e sociedade: cidadania e meio ambiente,* Brasília: Presidência da República, 1986.

20. Brasil, Presidência da República, *Brasil: projeto de renovação nacional*, Brasília: Presidência da República, 1991.

21. Lutzenberger, José A., *Fim do futuro? Manifesto ecológico brasileiro,* Porto Alegre: Movimento, 1977.

22. Lewgoy, Flávio (org.), *Política e meio ambiente*, Porto Alegre: Marco Zero/Fundação Wilson Pinheiro, 1986.

da poluição, as atividade de mineração, a produção de carvão vegetal, as unidades de conservação, o transporte de cargas perigosas, os resíduos e as ações administrativas. O maior êxito de sua gestão, contudo, foi a elaboração do relatório do Brasil, intitulado "O desafio do desenvolvimento sustentável", para a Conferência das Nações Unidas sobre Meio Ambiente e Desenvolvimento, que seria realizada no Rio de Janeiro, em maio de 1992.[23]

O BRASIL E A RIO-92

Em 1991, a Comissão Interministerial para Preparação da Conferência das Nações Unidas sobre Meio Ambiente e Desenvolvimento, subordinada à Presidência da República, apresentou um amplo balanço sobre "O desafio do desenvolvimento sustentável". Este documento deveria proporcionar aos participantes e interessados naquela Conferência a avaliação do cenário abrangente e as perspectivas das questões ambientais no Brasil. Os temas abordados foram: o aprimoramento tecnológico diante dos fenômenos de efeito estufa, o risco de inverno nuclear, o buraco na camada de ozônio, a promoção de relações mais justas no interior da sociedade e entre as nações, e a reivindicação de apoio aos países pobres.

Os aspectos estruturais apontados pelo referido relatório tinham que enfrentar uma série de restrições no âmbito da ação governamental federal e das unidades da federação. Ao longo da década de 1980 estreitara-se a margem de ação estatal devido às necessidades de pagamento da dívida externa, os efeitos de sucessivos planos de combate ao processo inflacionário na economia brasileira e a redução dos gastos públicos. A adoção destas medidas era acompanhada de perto pelas autoridades da comunidade financeira internacional e foram responsáveis pelo alargamento do fosso entre as demandas e as obras de infraestrutura, os problemas sociais e ambientais. As principais conclusões dessa apreciação das condições ambientais do Brasil e as sugestões para futuras ações do Estado e da sociedade civil apontavam para a oportunidade e a necessidade de uma reformulação do sistema internacional em busca da sobrevivência da Humanidade e também de bases mais justas e equitativas nas relações entre os países, particularmente entre os mais e os menos desenvolvidos economicamente.

A solução apontada pelos países ricos para a crise ambiental que emergira na década de 1960 e que ganhou vultos ameaçadores na década de 1980, como o efeito estufa, o risco de um inverno nuclear e as alterações na camada de ozônio, era o aprimoramento tecnológico e o desenvolvimento de novas tecnologias na produção e no consumo, na preservação e na recuperação ambiental. O funil econômico e operacional residiria na transferência desse arsenal tecnológico para

23. Brasil, Presidência da República, *O desafio do desenvolvimento sustentável*, Brasília, Presidência da República, 1991.

os países mais pobres, dada a escassez de recursos e inúmeras carências materiais e culturais existentes na maioria dessas nações.

As condições políticas também precisavam ser criadas, diante das fissuras abertas pela crise da ditadura, pela sinuosa transição para a democracia, a polarização política e ideológica na Assembleia Constituinte e nas eleições presidenciais de 1989, e dada a curta e recente experiência da sociedade brasileira no regime constitucional e democrático. A palavra "desafio" contida no título do relatório brasileiro à Rio-92 revelou-se bastante pertinente. Tratava-se de promover a justiça social e o crescimento econômico, simultaneamente, sendo apontadas medidas necessárias para corrigir as condições reinantes no meio ambiente e convertê-lo em aliado na recuperação do país. A prevenção e a correção de danos ambientais não poderiam ser alcançadas sem que houvesse alterações na organização das atividades sociais e econômicas no Brasil. Entretanto, a crise política que abateu o governo Collor inviabilizou as possibilidades de diálogos e a construção de pautas mínimas e comuns para a ação governamental.

A década de 1990 reservava aos brasileiros um estranho paradoxo: um país com as potencialidades sublinhadas no mencionado relatório governamental e as práticas predatórias que respondiam pela rápida e intensa acumulação de capitais sem a geração e a distribuição de benefícios duradouros e extensivos ao conjunto da sociedade. A crise ambiental e a crise do padrão de desenvolvimento baseado no modelo da economia aberta e instaurado plenamente pela ditadura convergiram e foram amplificadas pelas particularidades histórico-sociais do país e as transformações mundiais aceleradas pelo fim da Guerra Fria na última década do século XX.

Os estoques territoriais e de recursos naturais de que o Brasil dispunha, e dispõe, já não se encontravam em abundância ou inexistem na maioria dos países do Hemisfério Norte. A disponibilidade deste capital natural, materializado em áreas de florestas, rica biodiversidade, quantidade e extensão de rios e do litoral, jazidas de minérios, recomendou aquele relatório, deveria ser visto e gerido também como potencial na realização de reforma social. Por outro lado, o rico e diversificado patrimônio ambiental brasileiro também fomenta a reprodução do modelo de economia aberta em bases insustentáveis. É o que, na última década, tem demonstrado a expansão desordenada das atividades agropecuárias, os ritmos alucinantes do desmatamento e das queimadas de florestas nativas ou, ainda, a ocupação desenfreada de áreas de interesse e de proteção ambiental em vários pontos do país, particularmente em regiões metropolitanas, em suas proximidades, nas áreas litorâneas e decisivas para a preservação de mananciais.

Essas potencialidades atiçam o aproveitamento econômico pela produção de energia, transporte e alimentos. Em geral, esta exploração reproduziu o padrão altamente destrutivo e insustentável dos biomas, ecossistemas e recursos naturais e das atividades econômicas no Brasil. As ideias de cunho neoliberal que nos anos 80 nortearam as ações dos estados latino-americanos, em geral, e o brasileiro, em particular. O resultado mais visível foi que a economia nacional seguiu sua trilha em bases constantemente insustentáveis.

A simultânea promoção do crescimento econômico e da administração das pressões sobre os recursos naturais e os ecossistemas do Brasil e do planeta, forjando um novo modelo de desenvolvimento, genericamente denominado "sustentável", eram os grandes desafios apresentados para a Rio-92. A proposição da Agenda 21 e de convenções específicas sobre o clima, a diversidade biológica e as florestas do Globo procuraram contribuir para o atendimento de tais necessidades.

A sociedade e o Estado brasileiros, sendo portadores das condições naturais acima referidas e de uma trajetória histórica e social caracterizada pela exploração predatória de espaços, de mão-de-obra e dos recursos naturais, têm participado ampla e ativamente dos esforços internacionais para a solução dos problemas ambientais, em escala global. Em escala nacional, regional e local, porém, há muito por fazer. As iniciativas governamentais e da sociedade civil ainda são tímidas e numericamente muito pouco expressivas. Portanto, tem sido insuficiente para corrigir as injustiças sociais e reverter o modelo econômico devastador do meio ambiente e predominante no Brasil.

Atualmente, a crise ambiental é um dos grandes problemas globais. Foi gerada pela crescente interdependência econômica mundial e que tomou forte impulso a partir da década de 1970. No contexto internacional da Rio-92, para tornar-se uma alternativa e uma realidade duradoura, o Desenvolvimento Sustentável precisaria promover tanto a superação dos padrões de produção e de consumo existentes, como erradicar a pobreza e estimular a disseminação de políticas públicas para o meio ambiente e que estivessem amparadas pela transferência de recursos financeiros e de tecnologias disponíveis em países desenvolvidos.

A cooperação internacional para o enfrentamento de problemas globais, como foi inicialmente a crise ambiental, demanda hoje, mais do que na década passada, uma nova institucionalidade que responda com agilidade e alcance mundial aos desafios nas áreas de saúde, energia, erradicação da fome e da pobreza. Nesta moldura histórica, na passagem do século XX para o atual, foi que o conceito de desenvolvimento sustentável se tornou conhecido, propagado, redefinido e, efetivamente, pouco aplicado.

A AGENDA 21 BRASILEIRA

A formulação da Agenda 21 brasileira foi resultado de um acúmulo de reflexões, experiências e propostas de ação, fomentadas em órgãos governamentais, universidades, entidades científicas, movimentos sociais e culturais, além da atividade generosa de inúmeros profissionais. No Brasil, desde a década de 1970, verifica-se um contínuo compasso entre a emergência da questão ambiental e a organização institucional do Estado e da sociedade civil.

Na história recente da sociedade brasileira os dois episódios marcantes no enfrentamento da questão ambiental, respectivamente, o capítulo sobre o meio ambiente na Constituição de 1988 e a Conferência das Nações Unidas sobre Meio Ambiente e Desenvolvimento, a Rio 92. Estas experiências proporcionaram terreno comum para os debates na elaboração da Agenda 21 brasileira.

Na década de 1990, a globalização econômica e a opção política pela abertura da economia nacional ao livre comércio, que orientou os governos brasileiros, desde a eleição de Collor, ergueram-se como grandes obstáculos na materialização da Agenda 21. Somente em um segundo mandato (1999-2002), o governo de Fernando Henrique Cardoso movimentou-se, ainda que timidamente, pela elaboração da Agenda 21 nacional, tendo em vista a realização da Cúpula Mundial sobre Desenvolvimento Sustentável, a Rio+10, que viria a ocorrer em 2002, em Johannesburg, na África do Sul. Portanto, a agenda ambiental nos governos de Fernando Henrique Cardoso, entre 1995 e 2002, é o ponto de partida das discussões oficiais sobre a Agenda 21 no Brasil. Um exame das ideias pode ser mais revelador do que o dos gestos. Ao redor destes sempre pairam "fadas madrinhas" da política, como "a realização do possível", orçamentos insuficientes, novas demandas, resistência ao novo, intransigência da oposição e outros requebros da astúcia.[24]

Em 1994, o então candidato Fernando Henrique Cardoso apresentou a proposta de governo "Mãos à obra Brasil". Em cinco capítulos, propunha um novo projeto de desenvolvimento para o país. No último deles, constavam proposições para o meio ambiente. Uma acentuada visão tecnocrática dominava o texto, com projetos governamentais basicamente confinados na esfera do Estado. Era expressa na afirmação da ação fiscalizadora estatal, na busca de atuação coordenada do governo e no planejamento integrado. Enfim, timidez na proposta e na implementação. As realizações para o desenvolvimento ficariam a cargo de parcerias entre a União, Estados e Municípios, do setor privado e da cooperação internacional. A adoção da fórmula de Parcerias entre Público e Privado (PPPs), foi aprovada pelo Congresso Nacional somente em 2005, já no governo Lula.[25]

Em 1998, em nova candidatura, Fernando Henrique apresentou o "Avança Brasil". Mais extenso e elaborado, o novo programa de governo enunciou quatro grandes objetivos para um novo Estado como condição para uma nova sociedade. Foram apresentadas as metas para lançar as bases institucionais de uma nova era de desenvolvimento, não apenas econômico, mas também social. Para tanto, o então candidato defendia a estabilidade da economia, o crescimento econômico, a redução da exclusão social e a promoção da democracia e dos direitos humanos.

24. Lamounieir, Bolívar e Figueiredo, Rubens (Org.), *A era FHC: um balanço*, São Paulo: Cultura, 2002.

25. Cardoso, Fernando Henrique, *Mãos à obra Brasil: proposta de governo*, Brasília, [s. n.], 1994.

A mobilização e o envolvimento dos cidadãos, individual e coletivamente, ganharam realce no conjunto da proposta de governo e na gestão e utilização dos recursos naturais para a geração de riquezas. Leia-se, para o crescimento econômico, o segundo grande objetivo nesse programa de governo. Novamente, as referidas parcerias deveriam impulsionar as almejadas realizações. As diretrizes gerais da política ambiental estavam contidas na expectativa de uma política para os recursos naturais, na descentralização da gestão ambiental, no fortalecimento do planejamento integrado e na combinação de ações para o meio ambiente com o combate à pobreza e à exclusão social.

Persistiu o enquadramento tecnocrático e uma inexpressiva participação social, dado o enfoque na atuação a ser empreendida pelo Estado e na dilatação da porosidade deste junto à sociedade a ser irrigada, basicamente, com o estabelecimento de inúmeras e distintas parcerias. A perseguição de novos padrões de gestão pública e privada, a valorização da tecnologia e do conhecimento nas questões ambientais e o realce destas em programas e ações de órgãos governamentais, a busca de maior racionalidade e integração nos projetos de desenvolvimento, o monitoramento e a divulgação de indicadores ambientais do país, em sintonia com a agenda ambiental mundial, imprimiram o rumo a seguir na promoção do crescimento econômico.[26]

Esses elementos, por sua vez, conferem e ressaltam a identidade de um planificador social no presidente Fernando Henrique Cardoso, caracterizada pelo desejo de intervenção nas condutas práticas existentes ou latentes na sociedade. Identidade moldada no rigor e na reflexão da pesquisa sociológica empreendida na Universidade de São Paulo, na qual o ex-presidente foi aluno e também professor. Se o planejamento estava assegurado, a execução não. Um exemplo da adesão à agenda ambiental da Rio 92 e da incorporação do conceito de desenvolvimento sustentável ao planejamento regional pode ser encontrado no Projeto Áridas para a região Nordeste, já em 1995, primeiro ano do governo Cardoso.[27] A proposta e a implementação foram examinadas em pesquisa desenvolvida na Universidade Federal da Paraíba, pelo professor do Departamento de História Flávio Lúcio Rodrigues Vieira. As suas análises apontaram o enfraquecimento dos poderes locais e regionais de decisão, subordinados a formulações conceituais de natureza exterior à região e também não deixou de indicar possibilidades novas, abertas pela ressignificação do desenvolvimento regional nos marcos da agenda ambiental da globalização da economia capitalista e diante da instabilidade e da insustentabilidade do crescimento econômico decorrentes daquele projeto.[28]

26. Cardoso, Fernando Henrique, *Avança, Brasil: proposta de governo,* Brasília, [s. n.], 1998.

27. Brasil, Ministério do Planejamento e Orçamento, *Projeto Áridas: uma estratégia de desenvolvimento sustentável,* Brasília, Ministério do Planejamento e Orçamento, 1995.

28. Vieira, Flávio Lúcio Rodrigues, *Sudene e desenvolvimento sustentável: planejamento regional na década neoliberal,* João Pessoa: Ed. Universitária, 2004.

A Agenda 21 brasileira foi elaborada entre 1997 e 2002. Está concebida como um instrumento e um processo de planejamento participativo, com o objetivo de alcançar o Desenvolvimento Sustentável, o fortalecimento da cidadania e a redução de desigualdades regionais e sociais no país. Em fevereiro de 1997, foi criada a Comissão de Políticas para o Desenvolvimento Sustentável (CPDS), integrada por cinco membros do governo e outros cinco da sociedade civil. Esta comissão procedeu aos estudos básicos e das temáticas que, definidos em abril de 1999, hoje, compõem o documento. Posteriormente, foram submetidos a apreciação em debates públicos, ocorridos ao longo de 2000 e 2001. Somente em julho de 2002, após cinco anos de elaboração e passados dez anos da Conferência das Nações Unidas sobre Meio Ambiente e Desenvolvimento, a Agenda 21 brasileira foi apresentada ao conjunto do país. Os temas definidos para a Agenda 21 brasileira foram Agricultura e Cidades Sustentáveis, Desigualdades Sociais, Infraestrutura, Ciência e Tecnologia e Gestão de Recursos Naturais.[29] A definição destes eixos temáticos derivou das novas realidades vividas no Brasil e já captadas pelas Ciências Sociais no início do século XXI.[30]

Coube ao governo Lula, a partir de 2003, a tarefa de implementar a Agenda 21 brasileira, submetida agora a forte ambiguidade política. De um lado, o novo governo proclamou o desejo de acabar com a fome e diminuir a pobreza; de outro, falava em concluir a usina nuclear de Angra-3, em revitalizar a indústria bélica e em transpor águas do rio São Francisco. O governo federal parecia inerte, diante da melancólica situação vivida pelos povos indígenas, das queimadas e do desmatamento em larga escala nos campos de Cerrado e nas florestas da Amazônia.

Em 2003, foi iniciada a implantação da Agenda 21 brasileira, tendo em mente um novo ciclo de desenvolvimento, sustentável, sob a observação da Comissão de Políticas para o Desenvolvimento Sustentável. A busca de interação com a sociedade, do desenvolvimento da cidadania e da democracia na elaboração de políticas públicas desembocaram na realização, em novembro 2003, da I Conferência Nacional do Meio Ambiente. Em junho de 2004, uma reforma na composição da CPDS pretendeu conferir a esta comissão mista de governo e sociedade maior amplitude e dinâmica social.

O MEIO AMBIENTE NO GOVERNO LULA (2003-2010)

Na primeira eleição presidencial deste século, no Brasil, foi eleito o antigo operário metalúrgico, líder sindical e principal liderança política do Partido dos Trabalhadores (PT), Luiz Inácio Lula da Silva. A vitória nas urnas ocorreu depois de três tentativas seguidas, desde 1989.[31] Reeleito em 2006, os dois mandatos

29. Brasil, Ministério do Meio Ambiente, *Agenda 21 brasileira*, Brasília, MMA/Ibama, 1999, 6 vols.

30. D'Incao, Maria Ângela (org.), *O Brasil não é mais aquele*, São Paulo: Cortez, 2001.

31. Martinez, Paulo Henrique, "O Partido dos Trabalhadores e a conquista do Estado (1980-2005)", In Ridenti, Marcelo e Reis, Daniel Aarão (org.), *História do marxismo no Brasil*,

consecutivos na Presidência da República foram marcados por políticas de redistribuição de renda, investimentos públicos em busca de universalização de direitos como o acesso à energia elétrica, moradia e saneamento básico, estímulo ao crescimento econômico, geração de emprego e renda e uma política externa voltada para a diversificação de parcerias diplomáticas e comerciais.[32]

Na esfera ambiental o governo Lula contou com a participação da senadora Marina Silva, liderança histórica do PT no Estado do Acre e do movimento ambientalista na Amazônia brasileira. A origem social humilde, a militância política junto aos movimentos populares das comunidades eclesiais de base e sindicais de seringueiros e de professores, fizeram dela ativa parlamentar no plano local e nacional, quando foi eleita para o Senado Federal da República, em 1994. Alfabetizada tardiamente, formada em História, Marina Silva conduziu o Ministério do Meio Ambiente desde o início do governo Lula até maio de 2008. Distinguiu-se na vida nacional pela clareza e firmeza de opiniões e de posições políticas e pela força dos múltiplos simbolismos que estampava pessoalmente: origem social na pobreza rural, militância pastoral, sindical e ambientalista, mulher com ativa participação nos debates públicos e mestiça, como a maiorias dos vinte milhões de habitantes da região amazônica.[33]

A indicação e a manutenção de Marina Silva na equipe ministerial conferiram ao governo Lula grande visibilidade e credibilidade política no cenário internacional. A sua atuação, porém, foi bastante conturbada. Ela possibilitou a abertura de diálogos fluentes entre o governo, de um lado, e as organizações não-governamentais e os movimentos sociais, de outro. No plano administrativo, a sua gestão perseguiu a disseminação da ideia de transversalidade das questões ambientais em todas as políticas públicas (com grande insucesso), e das práticas da cidadania e de participação da sociedade civil na sua formulação, condução e avaliação. A proposta de elaborar e de promover estratégias e ações para o desenvolvimento sustentável orientado pela articulação da conservação ambiental, da justiça social e da viabilidade do crescimento econômico, no Brasil e na Amazônia, em particular, foi constante, através do fortalecimento do Sistema Nacional de Meio Ambiente (Sisnama) e da ampliação da participação social nas políticas ambientais. A implantação das diretrizes da Agenda 21 foi outra linha de atuação observada naquele período ministerial.[34] Foram estimuladas as experiências de elaboração das agendas 21 locais, a qualificação técnica, científica e cultural para a difusão de seus capítulos e a efetivação de seus preceitos com ações de educação ambiental e educação para a sustentabilidade. A implantação da Agenda 21 brasileira completava os esforços na execução deste plano de ação fruto da Rio 92.

Campinas: Unicamp, 2007, vol. 6, pp. 239-288.

32. Ricci, Rudá, *Lulismo: da era dos movimentos sociais à ascensão da nova classe média brasileira*. Brasília, Fundação Astrojildo Pereira, Rio de Janeiro: Contraponto, 2010.

33. César, Marília de Fernando, *Marina, a vida por uma causa*, São Paulo: Mundo Cristão, 2010.

34. Brasil. Senado Federal, *Agenda 21*, 3. ed., Brasília, Senado Federal, 2001.

O reconhecimento público, nacional e internacionalmente, da gestão de Marina Silva esteve associado à identificação de sua liderança como a chegada da responsabilidade ambiental e social do Estado e do ordenamento jurídico na região amazônica, a valorização econômica da "floresta em pé", da população local, sobretudo as comunidades indígenas e ribeirinhas. As dificuldades administrativas e os embates políticos no cumprimento da agenda ambiental tornaram, crescentemente, lento e desgastante a continuidade da linha de atuação ministerial. Já em 2003, a polêmica em torno da liberação para o cultivo de plantas geneticamente modificadas colocara em rota de colisão os ministérios da Agricultura e do Meio Ambiente, com o triunfo dos produtores de soja transgênica. Em novembro de 2005, Marina Silva entrou em atrito com o governador do Estado do Mato Grosso do Sul, também do Partido dos Trabalhadores. Este anunciara o plano de instalação de usinas de açúcar e de álcool em áreas que colocavam em risco a integridade dos ecossistemas do Pantanal mato-grossense, no Brasil central. O governo estadual acabou por recuar na realização da proposta diante da autoimolação de um destacado líder ambientalista local.

Os conflitos iriam assumir tendência ascendente e adquirir maior virulência durante o segundo mandato de Lula, entre 2007 e 2010. O lançamento do audacioso Programa de Aceleração do Crescimento (PAC), em janeiro, com destaque para o planejamento da ação estatal em logística e de infraestrutura. O PAC inaugurou também a sequência de conflitos no interior do Governo Federal e com diferentes segmentos da produção rural empresarial e do movimento ambientalista que levariam ao afastamento voluntário de Marina Silva da equipe ministerial, em 2008. O licenciamento ambiental para a construção de usina hidrelétricas no rio Madeira, na Amazônia Ocidental, um dos grandes projetos do PAC, provocou desentendimentos contínuos entre as ministras do Meio Ambiente e da Casa Civil, a ex-ministra das Minas e Energia Dilma Rousseff. No segundo semestre de 2007, o Instituto Brasileiro do Meio Ambiente (Ibama) liberou as licenças ambientais para a construção das usinas, após pressões e críticas do próprio presidente Lula. Em outubro, nova polêmica veio a contrapor, uma vez mais, o Ministério do Meio Ambiente e o Ministério da Agricultura, agora frente às possibilidades de expansão dos canaviais em áreas dos biomas da Amazônia, do Pantanal e do Mata Atlânticas, no sudeste do Brasil. A produção de biocombustíveis e a adoção de medidas e práticas que assegurassem a sustentabilidade ambiental e social naquelas mesmas áreas alimentaram discussões dentro e fora do Governo Federal.

Em 2008, os enfrentamentos entre o Ministério do Meio Ambiente e os produtores rurais empresariais e os governadores dos Estados tornaram-se recorrentes, abertos e diretos. A divulgação da taxa recorde do desmatamento na floresta amazônica e a tendência de elevação, após seguidos índices de redução, obtidos a partir de 2004, e a sua vinculação à expansão das culturas de soja e da criação de bovinos forneceram os pontos de discórdia e das disputas. As dificuldades encontradas para realizar a fiscalização federal nos Estados de Rondônia e de Mato Grosso e as declarações dos respectivos governadores defendendo a expansão da agropecuária naqueles mesmos Estados, acirraram as declarações de parte a parte, pública e reservadamente. O Ministério do Meio Ambiente condenava as novas pressões sobre os ecossistemas e os recursos naturais nas regiões Norte e Central do Brasil, e pregava a busca de soluções amparadas na tecnologia e no conhecimento científico para atender aos desejos de ampliação da produção agropecuária.

O movimento ambientalista também conheceu momentos de tensão e divergências quanto à gestão ambiental. Em maio de 2007, uma greve de servidores técnicos e administrativos paralisou o Ibama em protesto contra a reforma proposta para o Instituto. Uma nova divisão de trabalho e de atribuições institucionais foi adotada pelo Ministério, ao qual o Ibama está subordinado. Foi criado o Instituto Chico Mendes de Conservação da Biodiversidade (ICM Bio), incumbido da gestão das unidades federais de conservação da natureza e da realização de estudos e pesquisas. O Ibama, por sua vez, ficou encarregado dos processos de licenciamento ambiental. Ambientalistas manifestaram-se contra e favoravelmente à reforma e à greve dos servidores no Ministério. Em janeiro de 2005, a Lei de Gestão de Florestas Públicas surgiu como alternativa para coibir a apropriação ilegal de terras públicas pelos interesses privados e para estimular o aproveitamento econômico sustentável dos recursos florestais, mediante a concessão destas áreas. A realização da primeira licitação pública, em janeiro de 2008, dividiu opiniões entre os especialistas, acadêmicos e movimentos ambientalistas. Em maio daquele ano a situação da ministra do Meio Ambiente tornava-se politicamente insustentável. A vinculação do Plano Amazônia Sustentável ao Ministério Extraordinário de Assuntos Estratégicos entregava a este a fiscalização e a promoção de alternativas para as atividades econômicas locais. Marina Silva encaminhou ao presidente Lula, dias depois, o seu pedido de demissão do Ministério.

A gestão do seu sucessor, Carlos Minc, foi menos marcada pelos embates políticos e ideológicos. Agora o Ministério do Meio Ambiente teria, até o fim do governo Lula, uma orientação mais pragmática, voltada para a busca de soluções e de alternativas econômicas para evitar as práticas ilegais na região amazônica e elaborara regras eficazes para o seu desenvolvimento. A política pública voltou-se, antes, aos habitantes e comunidades existentes, afastando-se dos impactos decorrentes das ações dos investidores que almejavam o crescimento das atividades que proporcionassem alta lucratividade e rapidez no retorno de investimentos. A pronta adoção de novas medidas legais contra crimes ambientais e ações multissetoriais de fiscalização e de repressão, além de multas, restrição ao crédito e confisco de bens, equipamentos, madeiras e gado apreendidos em situação de irregularidade, sobretudo em unidades de conservação e em terras indígenas, possibilitaram alcançar a redução nas taxas de desmatamento na Amazônia nos anos seguintes.[35]

35. "Pragmatismo é a principal marca de Minc", *Valor*, p. A7, 14.05.2008; Bucci, Eugenio, "Um ministro performático", *O Estado de S.Paulo*, p. A2, 22.05.2008.

A diversificação de políticas públicas na área ambiental distinguiu a gestão de Carlos Minc no Ministério. Houve a aprovação da Política Nacional de Mudanças Climáticas, em dezembro de 2009, pela qual foram estabelecidas metas de redução de 40% na emissão de gases de efeito estufa e de 80% no desmatamento, até 2020. As medidas tiveram repercussão internacional quando anunciadas durante a 15° Conferência das Partes (COP 15), promovida pelas Nações Unidas na Dinamarca, ainda em dezembro. A valorização de fontes alternativas de energia, como eólica, solar e biocombustíveis tomou impulso com a redução de tarifas tributárias para componentes e equipamentos mecânicos na sua geração. Por fim, a Lei Nacional de Resíduos Sólidos, aprovada em 2010, estipulou prazos para o fim da deposição de resíduos em áreas abertas – os lixões – e estimulava a adoção de práticas de reciclagens de materiais por cooperativas e prefeituras municipais.

Professor e geógrafo, Carlos Minc exercera seguidos mandatos de deputado estadual e ocupava o posto de Secretário de Meio Ambiente do Estado do Rio de Janeiro, quando assumiu a pasta federal. Como ministro logrou construir uma agenda política própria e ganhou visibilidade e notoriedade públicas. Tinha como desafio não ser ofuscado pelo prestígio social e político de sua antecessora e necessitava recuperar a imagem internacional do Brasil na área ambiental. O êxito tornou-se possível pela autêntica "fuga para o futuro", empreendida pelo ministro, ao vincular a sua gestão a resultados pontuais, concretos e localizados, de um lado, e ao enlace com o debate mundial em torno das mudanças climáticas, das práticas de sustentabilidade e das energias alternativas. Itens de uma agenda emergente e que ganharia espaço nos debates da Conferência das Nações Unidas sobre Desenvolvimento Sustentável Meio Ambiente, em 2012, a Rio+20.

CONCLUSÕES

A agenda política e partidária, entre 1992 e 2010, não criou muitos espaços para as questões do meio ambiente e o seu enfrentamento pelas políticas públicas e práticas de cidadania. Após a Rio-92, assistiu-se a uma derrocada e ao refluxo do debate ambiental. A realização de plebiscitos e a revisão da Constituição, em 1993, e a mobilização para as eleições gerais, em 1994, dominaram "corações e mentes". O governo de Itamar Franco (1992-1994) e os dois mandatos sucessivos de Fernando Henrique Cardoso colocariam o caráter do Estado, e não o modelo econômico, no centro do debate político. Sob os governos de Lula, o meio ambiente esteve presente no debate público, até ser confinado em ações de pequena escala e esforços retóricos na agenda internacional.

No âmbito dos partidos políticos essa conjuntura não trouxe mudanças em propostas e programas. Nas eleições de 2010, o Partido Verde esperava, com a candidatura presidencial da ex-ministra Marina Silva, "renascer das cinzas" em que se encontrava desde sempre. O progressivo crescimento eleitoral que o partido conhecera esteve amparado antes em adesismo indiscriminado do que na filosofia e em pressupostos ideológicos. Em que pese o resultado alcançado pela sua candidatura à presidência, o Partido Verde (PV) amargou pálidos resultados nas eleições de deputados e senadores. No Partido da Social Democracia Brasileira (PSDB), do ex-presidente Fernando Henrique Cardoso, a letargia política na elaboração da Agenda 21 brasileira, em 2002, e a atenção episódica aos conceitos e debates ambientais, ainda prevaleceu em 2010. Nesse ano, a candidatura da ministra Dilma Rousseff, amparada no sucesso econômico e nos índices de popularidade e de aprovação do governo Lula, foi a vencedora, ainda que, até o presente momento, mostra-se indiferente ao meio ambiente e alheia aos vínculos possíveis entre as questões ambientais e a mudança de rumos na esfera econômica no Brasil.[36]

BIBLIOGRAFIA

ALVES, Maria Helena Moreira, *Estado e oposição no Brasil (1964-1984)*, Petrópolis: Vozes, 1984.

BUCCI, Eugenio, "Um ministro performático", *O Estado de S.Paulo*, São Paulo, p. A2, 22 maio 2008.

CARDOSO, Adalberto Moreira, *A década neoliberal e a crise dos sindicatos no Brasil*, São Paulo: Boitempo, 2003.

CARDOSO, Fernando Henrique, "Perspectivas de desenvolvimento e meio ambiente: o caso brasileiro", *Encontros com a civilização brasileira*, Rio de Janeiro: Civilização Brasileira, 1980, pp.31-70.

______; e FALETTO, Enzo, *Dependência e desenvolvimento na América Latina: ensaio de interpretação sociológica*, Rio de Janeiro: Zahar, 1970.

CARVALHO, José Murilo de, *Cidadania no Brasil*, Rio de Janeiro: Civilização Brasileira, 2001.

CÉSAR, Marília de Fernando, *Marina, a vida por uma causa*, São Paulo: Mundo Cristão, 2010.

D'INCAO, Maria Ângela (org.), *O Brasil não é mais aquele*, São Paulo: Cortez, 2001.

DEAN, Warren. *A ferro e fogo: a história e a devastação da Mata Atlântica brasileira*, Trad. C. K. Moreira, São Paulo, Companhia das Letras, 1996.

DEAN, Warren, *As multinacionais,* São Paulo: Brasiliense, 1983.

DRUMMOND, José Augusto. *Devastação e preservação ambiental: os parques nacionais do estado do Rio de Janeiro,* Niterói: UFF, 1997.

FAORO, Raymundo, *Assembleia Constituinte: a legitimidade recuperada*, São Paulo: Brasiliense, 1981.

FERNANDES, Florestan, *A constituição inacabada*, São Paulo: Estação Liberdade, 1988.

FISHLOW, Albert, *O novo Brasil*, São Paulo: Saint Paul, 2011.

36. SADER, Emir e GARCIA, Marco Aurélio (org.), *Brasil: entre o passado e o futuro*, São Paulo: Fundação Perseu Abramo/Boitempo, 2010.

FRANCO, José Luiz e DRUMMOND, José Augusto, *Proteção à natureza e identidade nacional no Brasil, anos 1920-1940*, Rio de Janeiro: Fiocruz, 2009.

IANNI, Octávio, *Estado e planejamento econômico no Brasil (1930-1970)*, Rio de Janeiro: Civilização Brasileira, 1971.

LAMOUNIEIR, Bolívar e FIGUEIREDO, Rubens. (org.), *A era FHC: um balanço*, São Paulo: Cultura, 2002.

LEONARDI, Victor, *Os historiadores e os rios*, Brasília: UnB/Paralelo 15, 1999.

LEWGOY, Flávio (org.), *Política e meio ambiente*, Porto Alegre: Marco Zero/Fundação Wilson Pinheiro, 1986.

LUTZENBERGER, José A., *Fim do futuro? Manifesto ecológico brasileiro*, Porto Alegre: Movimento, 1977.

LÖWY, Michel, *Ecologia e socialismo*, São Paulo: Cortez, 2005.

MACHADO, Maria Fátima Roberto, *Museu Rondon: antropologia e indigenismo na Universidade da Selva*, Cuiabá: Entrelinhas, 2009.

MARTINEZ, Paulo Henrique, "Gente pobre, gente rica nas florestas da Amazônia". *Territórios e Fronteiras*, Cuiabá, ICHS/UFMT, 4(1), pp. 112-125, 2011.

MARTINEZ, Paulo Henrique, "O Partido dos Trabalhadores e a conquista do Estado (1980-2005)", In RIDENTI, Marcelo e REIS, Daniel Aarão (org.), *História do marxismo no Brasil*, Campinas: Unicamp, 2007, vol. 6, pp. 239-288.

PÁDUA, Jose Augusto, *Um sopro de destruição*, Rio de Janeiro: Zahar, 2002.

PRADO Jr., Caio, *Formação do Brasil contemporâneo: colônia*, São Paulo: Companhia das Letras, 2011.

RICCI, Rudá, *Lulismo: da era dos movimentos sociais à ascensão da nova classe média brasileira*. Brasília, Fundação Astrojildo Pereira; Rio de Janeiro: Contraponto, 2010.

SADER, Emir e GARCIA, Marco Aurélio (org.), *Brasil: entre o passado e o futuro*, São Paulo: Fundação Perseu Abramo/Boitempo, 2010.

SALAMA Pierre e DESTREMAU, Blandine, *O tamanho da pobreza: economia política da distribuição de renda*, Tradução de H. Brambatti, Rio de Janeiro: Garamond, 2001.

SÃO PAULO, Governo do Estado, *A batalha do meio ambiente no Governo Montoro*, São Paulo: PW, 1987.

SIRKIS, Alfredo, *O efeito Marina: bastidores da campanha que mudou o rumo das eleições*, Rio de Janeiro: Nova Fronteira, 2011.

THEODORO, Suzi Huff. (org.), *Os 30 anos da Política Nacional do Meio Ambiente: conquistas e perspectivas*, Rio de Janeiro: Garamond, 2011.

URBAN, Teresa, *Missão (quase) impossível: aventuras e desventuras do movimento ambientalista no Brasil*, São Paulo: Peirópolis, 2001.

VIEIRA, Flávio Lúcio Rodrigues, *Sudene e desenvolvimento sustentável: planejamento regional na década neoliberal*, João Pessoa: Ed. Universitária, 2004.

Documentos

BRASIL, Senado Federal, *Agenda 21*, 3 ed., Brasília: Senado Federal, 2001.

BRASIL, Ministério do Meio Ambiente, *Agenda 21 brasileira*, Brasília, MMA/Ibama, 1999, 6 vols.

BRASIL, Presidência da República. *Brasil em ação: investimentos para o desenvolvimento*. Brasília: Presidência da República, 1996.

BRASIL, Ministério do Planejamento e Orçamento, *Projeto Áridas: uma estratégia de desenvolvimento sustentável,* Brasília, Ministério do Planejamento e Orçamento, 1995.

BRASIL, Presidência da República, *Brasil: projeto de renovação nacional*, Brasília, Presidência da República, 1991.

BRASIL, Presidência da República, *O desafio do desenvolvimento sustentável*, Brasília, Presidência da República, 1991.

BRASIL, Presidência da República, II *Encontro governo e sociedade: cidadania e meio ambiente*, Brasília, Presidência da República, 1986.

CARDOSO, Fernando Henrique, *Avança, Brasil: proposta de governo,* Brasília, [s.n.], 1998.

______. *Mãos à obra Brasil: proposta de governo*, Brasília, [s.n.], 1994.

CEDI, *De Angra a Aramar: os militares a caminho da bomba*, Rio de Janeiro: Centro Ecumênico de Documentação e Informação, 1988.

PT, *Resoluções do 3º Congresso*, Porto Alegre: Partido dos Trabalhadores, 2007.

SANTOS, Chico; Francisco, GOES; SCHUFFNER, Cláudia; FELÍCIO, César. "Pragmatismo é a principal marca de Minc", *Valor Online*, disponível em <http://gvces.com.br/pragmatismo-e-principal-marca-de-minc?locale=pt-br>, última consulta: 12.06.2015.

RELAÇÕES INTERNACIONAIS

HORIZONTES DAS RELAÇÕES INTERNACIONAIS DO BRASIL NO SÉCULO 21, PASSADO, PRESENTE E FUTURO

THIAGO GEHRE GALVÃO

Instituto de Relações Internacionais da Universidade de Brasília (UnB)

INTRODUÇÃO

As relações internacionais do Brasil no século 21 constituem-se como resultado de um acumulado histórico que vincula passado, presente e futuro em diferentes dimensões da inserção internacional do país. Identificam-se três grandes fases: construção das bases e alicerces da inserção internacional no século 21 (2000-2008); decolagem e ascensão para a política global (2003-2012); e declínio em espiral, com perda de relevância estratégica (a partir de 2011).

O argumento central deste artigo é que o Brasil e seus agentes, envolvidos nas relações internacionais do país, possuem um instrumental básico para efetivar a inserção brasileira na política mundial, preservando elementos do passado e utilizando uma espécie de memória político-diplomática. Ao mesmo tempo, desenvolveram uma capacidade decisória de acumular conhecimento, com os casos de sucesso ou fracasso, na gestão de questões sensíveis e superação de dilemas estratégicos.

Os tomadores de decisão brasileiros têm aprendido com a história, evitando não apenas repetir erros do passado, mas principalmente atualizando a carteira de opções conceituais e práticas; em suma, o jeito de o Brasil fazer relações internacionais. Nesse sentido, o artigo apresenta três fases recentes da história da inserção internacional do Brasil que abarca os primeiros quinze anos do século

21, olhando para as perspectivas futuras no horizonte da política mundial. O objetivo é compreender a construção de uma grande estratégia de política externa que possibilitou a ascensão internacional, mas que foi abortada por fatores contingenciais.

O artigo avança ao apresentar a essência constitutiva das relações internacionais do Brasil no século 21: a democracia incorporada à teoria e prática da política exterior brasileira como política pública e instrumento de inserção internacional. Além disso, apresenta o que seria considerado um conjunto de perspectivas e possibilidades de continuidade no horizonte brasileiro de suas relações internacionais.

FASES EM SOBREPOSIÇÃO: CONSTRUÇÃO, DECOLAGEM E DECLÍNIO

A periodização, definida como delimitação e subdivisão de um determinado processo histórico, deve identificar as características peculiares a um determinado período, no confronto com outro.[1] Entre 2000 e 2015, houve uma perceptível sobreposição dos períodos de construção das bases e alicerces materiais e imateriais da política externa brasileira com a decolagem do Brasil na política mundial; também a fase de ascensão pelo aumento do prestígio e influência, combinou-se com a trajetória do declínio, gerando certa confusão quanto ao momento no qual o Brasil deixava de estar no ápice e iniciava uma trajetória descendente. Foram processos que se complementaram e formaram, a seu tempo, a conjuntura crítica ou a janela de oportunidades necessárias às mudanças ou transições de período.

2000-2008: Construção das bases e alicerces

As ideias adquirem valor no processo de tomada de decisão em política externa, influenciando as diferentes etapas, de formulação à implementação, gerando mapas mentais que instruem os atores acerca do cenário de objetivos, contextos, interesses e contingências possíveis.[2]

Entre 2000 e 2008 o Brasil vivenciou um período de construção das bases concretas e ideacionais sob as quais atuaria nos anos seguintes em suas relações

1. Gehre Galvão, Thiago, "Lições metodológicas para o estudo das relações internacionais do Brasil", *Monções: revista de relações internacionais da UFGD*, 2:1, jul.-dez. 2012, pp. 188-212.

2. Goldstein, Judith; Keohane, Roberto *Ideas and foreign policy: beliefs, institutions and political change,* Ithaca/London, Cornell University Press, 1993. Veja também: Silva, Alexandra de Mello e, "Ideias e política externa: a atuação brasileira na Liga das Nações e na ONU", *Revista Brasileira de Política Internacional (RBPI),* 2:41, pp. 139-158, 1998; Duroselle, Jean-Baptiste, *Todo Império Perecerá*, Brasília, Ed.UnB/São Paulo, Imprensa Oficial do Estado, 2000; Rezende Martins, Estevão de, *Relações Internacionais: cultura e poder*, Brasília, IBRI, 2002, pp. 37-77.

internacionais. A primeira reunião de presidentes e chefes de Estado da América do Sul em 2000 e a conformação da União das Nações Sul-Americanas (Unasul), em 2008, seriam os momentos marcantes desse período.

Os governos de Fernando Henrique Cardoso e Lula da Silva construíram os alicerces econômicos e políticos responsáveis por edificar uma nova fase de inserção internacional do Brasil, bem como projetaram uma nova imagem internacional do Brasil. Ambos participaram do longo esforço político e diplomático de reinvenção da ideia de América do Sul pelo governo brasileiro, que ganhou significado na institucionalização da integração regional, nas diversas reuniões de cúpula, nos projetos associados como a IIRSA e na maneira diferente de organizar o espaço regional.[3]

Parte-se do pressuposto que os fundamentos da política externa brasileira são um constructo histórico intimamente ligado à produção de narrativas consistentes que evocam as origens e evoluções de processos de adoção, rejeição e modificação de bases ideacionais.

Assim, o mapa para a inserção internacional do Brasil seria desenhado por coordenadas, na forma de ideias-força, crenças e princípios que respaldaram as escolhas e decisões nos últimos 15 anos. Integração, desenvolvimento e segurança apontaram um norte de continuidade no pensamento diplomático brasileiro, dando vazão a linhas de ação e princípios de política exterior, ou seja, verdadeiras regras autoconstituídas de conduta, como desarmamento, universalismo e integração.[4]

Com tais subsídios seria possível efetivar o exercício da diplomacia tradicional e da diplomacia de Cúpula, da internacionalização das secretarias especializadas da Presidência da República e de outras burocracias, bem como respaldar a atuação de atores subnacionais, ainda que estes tenham maior autonomia em definir suas ações e algumas vezes tenham dificuldades de seguir princípios orientadores.

No caso do Brasil, os Ministérios do Meio Ambiente, Desenvolvimento Social e as Secretarias Especiais da Presidência da República de Igualdade Racial (SEPPIR) e Políticas para as Mulheres (SPM) ganharam bastante espaço. A partir de 2003, as diretrizes do governo brasileiro passaram a ser guiadas pelo combate à fome, pela redução da pobreza e pela superação das desigualdades. Além disso, também foram beneficiadas pelo momento histórico de revisão dos compromissos assumidos nas grandes conferências sociais dos anos 1990.

3. Gehre Galvão, Thiago, "América do Sul: construção pela reinvenção (2000-2008)", *Revista Brasileira de Política Internacional (RBPI)*, 2: 52, pp. 63-80, 2009.

4. Cervo, Amado Luiz, "Os grandes eixos conceituais da política exterior do Brasil", *Revista Brasileira de Política Internacional (RBPI)*, ano 41, Número Especial, 1998, pp. 66-84.

O Brasil seguiu pautando sua atuação por princípios como realismo, pragmatismo, juridicismo, pacifismo e universalismo como elementos de longa duração importantes para moldar o comportamento do país na política global.[56]

A estabilização econômica e o ciclo de crescimento de uma década ajustaram a bússola do realismo e permitiram ao país ampliar seus horizontes de atuação. Tornou-se credor no Fundo Monetário Internacional (FMI), ganhou credibilidade como lócus de investimentos direitos e como agente promotor da cooperação técnica em locais específicos na América Central, África e América do Sul.

Ao mesmo tempo, a diplomacia e o executivo fortaleceram a tendência de respeito aos tratados firmados com a comunidade internacional. Destaque para aqueles nas esferas ambiental e climática, desenhados para envolver grandes potências, países emergentes e pequenos países nos mesmos compromissos pela modificação do modelo atual de desenvolvimento e pela implantação, nas próximas décadas, de uma economia verde, ancorada na sustentabilidade, desenvolvimento e superação das desigualdades.

Da mesma forma, o Brasil tem procurado valorizar a dimensão pacífica de suas relações internacionais, tanto no sistema sul-americano ao apoiar soluções negociadas para conflitos, como a solução do problema colombiano com as FARCs e a proposta do Grupo de Amigos para resolver o impasse venezuelano, até as gestões mais recentes para diluir o problema fronteiriço entre Colômbia e Venezuela. Mas também aventurou-se fora de sua área de influência ao envolver-se na busca pela paz e estabilidade no Oriente Médio e na Península da Coreia.[7]

Por último, as escolhas brasileiras seriam orientadas e seletivas em múltiplos destinos que fornecessem ganhos pragmáticos ao país e a sua sociedade, essência do universalismo de sua política exterior. Nesta seara, a diplomacia costurou um conjunto de parcerias, algumas denominadas estratégicas, com países tradicionais como Estados Unidos, França e Alemanha; emergentes como China, Índia, Rússia e África do Sul, e vizinhos como a Venezuela.[8]

5. Cervo, Amado Luiz (org.), *O Desafio internacional*, Brasília, Ed. UnB, 1994, p. 27; CERVO, Amado Luiz, *Inserção Internacional: formação de conceitos brasileiros*, São Paulo: Saraiva, 2008.

6. Lessa, Antonio Carlos, "A diplomacia universalista do Brasil: a construção do sistema contemporâneo de relações bilaterais", *Revista Brasileira de Política Internacional (RBPI)*, Edição Especial, pp. 29-41, 1998.

7. Amorim, Celso, *Conversa com jovens diplomatas*, São Paulo: Saraiva/Benvirá, 2011.

8. Uma das principais ferramentas conceituais que vem animando pesquisas e servindo de referência aos estudos das relações internacionais do Brasil é a ideia de parceria, em suas diversas acepções e aplicações. De acordo com Lessa: "A construção de parcerias estratégicas foi entendida pela análise histórica como um fenômeno recorrente nas relações internacionais do Brasil e, por isso, motivou a investigação sistemática sobre a sua qualidade e intensidade. Lessa, Antonio Carlos, "A intensificação do debate acadêmico e social sobre relações internacionais e política exterior no Brasil", In Lessa, Antonio Carlos e Altemani, Henrique,

Além deste quadro normativo tradicional, existe espaço para uma leitura da conjuntura internacional e do contexto em transformação, o que faz das relações internacionais uma espécie de laboratório e da diplomacia, uma escola. Daí que se percebe um processo de reavaliação em curso nos últimos quinze anos do quadro ideacional e o modus operandi das relações internacionais do Brasil, não no sentido de superação, mas sim de adequação ao novo momento que vive o país.

2003-2011: Decolagem e ascensão

Como aponta Duroselle, "a decisão passa por um conjunto de pessoas mais ou menos próximas do centro de decisão". Para a política exterior do Brasil, um novo grupo decisor foi formado em torno do presidente eleito pela nação em outubro de 2002, com a missão de fazer o Brasil decolar para voos mais altos nas relações internacionais.[9]

Algumas figuras ganharam destaque na condução da política externa brasileira, como Lula da Silva, Celso Amorim, Samuel Pinheiro Guimarães e Marco Aurélio Garcia, especialmente na definição de uma postura mais autonomista, na qual a dimensão sul-americana ganhava *status* de prioridade.

Lula da Silva desempenharia o papel de "chefe", escolhendo sua equipe decisória em matéria de relações internacionais e operando de maneira ativa por meio da diplomacia presidencial. O objetivo máximo era redimensionar o peso internacional do Brasil: "o Brasil vai estar no centro de todas as atenções", diria Lula.[10] De fato, Lula utilizaria a diplomacia presidencial como oportunidade dos mandatários de acentuarem sua individualidade e o seu papel histórico internacional, ao mesmo tempo em que ampliaria seu prestígio político e sua força eleitoral.[11]

A reformulação no quadro da chancelaria brasileira trouxe de volta Celso Amorim como Ministro de Estado das Relações Exteriores, com a tarefa precípua de executar as diretrizes fundamentais da orientação autonomista assumida pelo país no exterior. Para Amorim, a política externa seria uma mescla entre ativismo e altivez, uma fórmula de parcimônia que orientaria o Brasil em sua decolagem.[12]

Para o chanceler Celso Amorim, a eleição de Lula representou o desejo por parte dos que o elegeram de verem a realização de uma profunda reforma política

Relações Internacionais do Brasil: temas e agendas, vol. 2, São Paulo: Saraiva, 2006, pp. 457-491.

9. Duroselle, Jean-Baptiste, *Todo Império Perecerá*, Brasília: Ed. UnB; São Paulo: Imprensa Oficial do Estado, 2000, pp. 226-227.

10. *Resenha de Política Exterior do Brasil,* Ministério das Relações Exteriores do Brasil, n. 92, ano 30, 1.º sem. 2003, p. 17.

11. Danese, Sérgio, *Diplomacia presidencial*, Rio de Janeiro: Top Books, 1999, p. 66.

12. "Somos a mistura do tigre com a baleia", Entrevista com Celso Amorim, *Revista IstoÉ*, 13.01.2003, *Resenha de Política Exterior do Brasil*, n. 92, ano 30, 1.º sem. 2003, p. 247.

e social, "dentro de um marco pacífico e democrático, com ampla participação popular na condução dos assuntos do Estado". Além disso, a respeito do desenvolvimento da política externa brasileira, segundo Amorim: "O Brasil terá uma política externa voltada para o desenvolvimento e a paz, que buscará reduzir o hiato entre as nações ricas e pobres, promover o respeito e igualdade entre os povos e a democratização efetiva do sistema internacional".[13]

Da mesma forma, o embaixador Samuel Pinheiro Guimarães foi alçado ao cargo de Secretário-Geral do Itamaraty com o intuito de pensar e reformular as bases ideacionais de sustentação da práxis diplomática brasileira. Pinheiro Guimarães, que fora um dos artífices da retomada do perfil nacional-desenvolvimentista, desempenhou papel similar na escolha das ênfases que o Brasil deveria dar às suas relações internacionais. Por exemplo, a nomeação de Samuel Pinheiro Guimarães como Secretário-Geral do Itamaraty era forte indício de um endurecimento na questão da ALCA: crítico daquele arranjo, Guimarães daria ênfase ao multilateralismo, com privilégio para as relações com a América do Sul.

A integração regional dependeria da atitude brasileira em reconhecer a existência de assimetrias na América do Sul. Além disso, a construção de uma sociedade brasileira mais democrática só poderia ser bem sucedida com a participação dos vizinhos, fazendo da política externa um instrumento eficaz de mudanças no Brasil e no seu entorno.[14]

Por fim, o Presidente Lula confiou a Marco Aurélio Garcia o cargo de assessor especial, cuja liberdade de atuação nas questões internacionais transcenderia a própria chancelaria brasileira. Coube a Marco Aurélio Garcia inaugurar o novo momento da política externa brasileira, antes mesmo de Lula assumir em definitivo o Palácio do Planalto, quando de sua visita a Caracas para tentar solucionar uma crise que se instalara no vizinho.

A postura ativa do país ao procurar solucionar crises internas que tendiam a desestabilizar o sistema, como a crise de legitimidade na Venezuela, o problema das FARCs na Colômbia e a questão da instabilidade financeira que abalou as economias sul-americanas em dois momentos: 1999-2002 e 2008-2009. Neste contexto, o Brasil procurou ajudar propondo investimentos para reativar as

13. AMORIM, Celso, "Discurso do Embaixador por ocasião da sua posse como Ministro de Estado das Relações Exteriores, no Palácio do Itamaraty", 1.º de janeiro de 2003, *Resenha de Política Exterior do Brasil*, Ministério das Relações Externas do Brasil, ano 30, n. 92, 1.º sem. 2003, pp. 21- 26.

14. "Para Pinheiro Guimarães, a América Latina precisa de um Plano Marshall". Entrevista Secretário-Geral, Embaixador Samuel Pinheiro Guimarães, ao jornal *Valor Econômico*, 14 de julho 2008. Disponível em <http://www.itamaraty.gov.br/index.php?option=com_contentev iew=articleeid=5924:para-pinheiro-guimaraes-al-precisa-de-um-plano-marshall-entrevista-secretario-geral-embaixador-samuel-pinheiro-guimaraes-ao-jornal-valor-economico-14-07-2008ecatid=204elang=pt-BReItemid=458>, última consulta: 11.03.2013.

economias mais atingidas e fornecendo suprimentos alimentares e energéticos, quando necessário.

A postura de política externa adotada pelo governo Lula, que claramente erigiu o combate à fome como eixo principal de sua política governamental, não deixou dúvidas de sua afirmatividade, responsividade e engajamento com as questões nacionais, regionais e globais. Em jogo estava um jornada histórica pelo respeito internacional que alguns países nunca tiveram.[15]

O Brasil procurou atuar para fora da região, reativando parcerias com países-chave, como África do Sul, Índia e China, que possuem importante mercado consumidor e potencialidades na área de cooperação científica e tecnológica. Essa dimensão extrarregional se completaria com a candidatura brasileira a um assento permanente no Conselho de Segurança da ONU, proposta apoiada por países importantes como Rússia e França.

Logo, a presença brasileira transcendia o sistema sul-americano na medida em que o país passa a liderar uma articulação mundial independente dos EUA e da Europa, feita por países até então excluídos das relações de poder em escala mundial. Isso ficou evidenciado nas articulações com países em desenvolvimento nos fóruns econômicos como a OMC e em movimentações diplomáticas para questionar a legitimidade de instituições como o FMI, que não contam com países emergentes em sua direção.[16]

Declínio em espiral (a partir de 2011)

As chamadas contingências históricas se referem a acontecimentos inesperados ou mudanças súbitas na ordem normal das coisas. Com tendências de instantaneidade e surpresa, a contingência é um acontecimento propício a ser aprisionado como marco de estudos sobre política externa e relações internacionais.[17]

Dois acontecimentos contingenciaram a ascensão brasileira ocorrida entre 2003 e 2011: o desmonte do Estado logístico e a incapacidade de superar a conjuntura de crise. O resultado foi um declínio em espiral em uma queda acentuada e completamente desgovernada que marcou a perda de relevância global e o esgotamento da estratégia de inserção internacional traçada desde o umbral do século 21.

15. Gehre Galvão, Thiago, "Brazil in South America: Lula and the quest for 'international respect' (2003-2010)" In Roland, Dennis e Lessa, Antônio Carlos, *Relations Internationales du Brésil: les chemins de la puissance*, 1. ed., vol. 2, Paris: L'Harmattan, 2010, pp. 51-65.

16. O Brasil lideraria na 5ª Reunião Ministerial da OMC o Grupo dos 22, que contava inclusive com a participação da China, da Índia, da Nigéria, da África do Sul e de mais de dez países da América Latina. Sader, Emir, "Brasil ajuda países do Sul a ressurgir na cena política mundial", disponível em <www.agenciacartamaior.com.br>, última consulta: 19.09.2003.

17. Gehre Galvão, Thiago, "Lições metodológicas para o estudo das relações internacionais do Brasil", *Monções: revista de relações internacionais da UFGD*, 2:1, jul.-dez. 2012, pp. 188-212.

Segundo Lessa e Cervo, dois aspectos denotam tal declínio: uma política de comércio exterior não planejada e não orgânica junto ao empresariado, sem "estratégia de inovação exigida pela competitividade sistêmica de economias internacionalizadas"; um conjunto de amarras que criaram um nó górdio contra a eficiência logística do Estado. Sem novos conceitos e sem diálogo com a sociedade, o fato é que Dilma Rousseff teve que enfrentar dois contextos extremamente adversos: a crise econômica mundial e a deterioração da sua base política interna, o que teria impactado na inserção internacional do Brasil.[18]

De fato, o declínio em espiral da inserção internacional do Brasil tem forte conexão com a persistência da crise econômica mundial que teve agudos reflexos sobre a performance da economia nacional. O Brasil parecia retroagir para o contexto similar de crise dos anos 1980, um novo momento de estagflação. Ao baixo desempenho do PIB brasileiro, comparado ao ritmo de crescimento dos países Brics, juntaram-se a alta da inflação, o acumulo da dívida pública e a baixa na nota de investimentos pelas agências de *rating* internacionais.[19]

A deterioração da governabilidade de Dilma Rousseff ecoou tanto das ruas, com massivas manifestações populares entre 2013 e 2015, como do Congresso Nacional, onde a oposição liderada pelo PSDB cerrou fileiras antes, durante e após o pleito eleitoral de 2014. A reeleição de Rousseff não apaziguou os ânimos políticos internos e, tanto as ruas como o Parlamento, tornaram-se caixas de ressonância para as críticas contrárias ao projeto do Partido dos Trabalhadores iniciado na presidência de Lula da Silva (2003-2010).

Não bastasse a crise política frear a marcha das políticas públicas, algumas com forte presença internacional, e a crise econômica reduzir a capacidade do Estado de investir nas principais ações desenhadas desde 2003, Rousseff e o PT tiveram que encarar uma dramática crise de corrupção que assolou a nação, envolvendo empresas públicas com destacada atuação internacional, como a Petrobrás.

A contingência histórica se completou quando um dos pilares mais consistentes da política externa brasileira em termos de abertura de mercados, presença em novos espaços da América do Sul e África, bem como desenvolvimento da diplomacia de grandes empreendimentos, foi abalado. O lado perverso do capita-

18. Cervo, Amado; Lessa, Antônio Carlos, "Declínio: Inserção Internacional do Brasil (2011-2014)", *Revista Brasileira de Política Internacional (RBPI),* 2:57, 2014, p. 132-135.

19. As principais agências de classificação de risco de investimento, como Fitch, Moodys e Standard and Poor's, levam em consideração o desempenho do PIB, a situação fiscal, inflação e outros fatores econômicos, políticos e sociais para definir a nota de um país. Ver: "Brasil perde grau de investimento em classificação de agência de risco local", disponível em <http://g1.globo.com/economia/noticia/2015/07/brasil-perde-grau-de-investimento-em-classificacao-de-agencia-de-risco-local.html>, última consulta: 03.08.2015.

lismo de laços levou ao envolvimento das principais empresas de construção civil brasileiras, como Odebrecht e Andrade Gutierrez, na crise de corrupção política.[20]

Concomitantemente, colocaram-se dúvidas sobre um dos principais agentes mantenedores do estado logístico. O do Banco Nacional de Desenvolvimento Econômico e Social (BNDES) foi envolvido na crise política por meio do episódio das chamadas "pedaladas fiscais" no bojo da análise, e possível reprovação, das contas de campanha da Presidente Dilma Rousseff.[21]

Entre 2003 e 2011, O BNDES foi considerado agente estratégico indutor tanto do desenvolvimento nacional como da integração regional. Por sua base financeira consistente e capacidade técnica e burocrática conseguiu alavancar a decolagem brasileira, especialmente por meio da promoção de estudos, prestação de serviços de consultoria e desembolso de financiamentos para apoiar a implementação da IIRSA.[22]

Entretanto, os eventos de corrupção afetaram a credibilidade do BNDES, da Petrobrás e das empresas de construção civil, dando mostras do esgotamento do modelo logístico. O resultado foi a deterioração da imagem internacional diante do aprofundamento das assimetrias entre o Brasil e o resto do mundo emergente. Problemas de competitividade se acumularam com o péssimo desempenho da economia brasileira no triênio 2012-2015, criando um efeito arrasto e diminuindo a velocidade e altura do sobrevoo global brasileiro.

Por exemplo, a competitividade, que é atributo essencial para a inserção internacional no século 21, foi desconsiderada nos cálculos estratégicos brasileiros. Seus componentes, cada vez mais complexos, envolvem inovação tecnológica e diversificação produtiva em um contexto de desenvolvimento infraestrutural, especialmente nos setores de energia e transporte, e de estabilidade macroeconômica. Ainda que o Brasil seja um importante exportador de grãos ou de carnes, continua encarando gargalos logísticos de transporte, armazenamento e escoamento da produção.[23]

20. Franco, Paula Moreira, *Agência de atores não estatais em pactos intergovernamentais: a cooperação energética Brasil-Peru (2008-2014)*, Tese de Doutorado, Brasília: UnB, 2015.

21. As chamadas "pedaladas fiscais" se referem aos atrasos propositais do Tesouro Nacional a bancos públicos com o objetivo de melhorar, artificialmente, as contas públicas. Provavelmente aconteceram quando os bancos públicos como Caixa Econômica Federal, Banco do Brasil e o BNDES foram obrigados a usar recursos próprios para pagar programas federais, como o Bolsa Família, o seguro-desemprego e o abono salarial. A prática é vedada pela Lei de Responsabilidade Fiscal (LRF).

22. "BNDES vira base para unir América do Sul", disponível em <www1.folha.uol.com.br/folha/arquivos>, última consulta: 13 de outubro de 2015; "Crédito do BNDES vai financiar comércio com Argentina", disponível em <www.bbc.co.uk/portuguese/economia>, última consulta: 13.09.2015.

23. Ver por exemplo: Buiainain Sarquis, Sarquis José, *Comércio internacional e crescimento econômico no Brasil,* Brasília: Fundação Alexandre Gusmão, 2011.

Igualmente, a reprimarização da economia brasileira, cuja pauta de exportações tornou-se concentrada em commodities, e a preponderância da China como polo de atração às exportações brasileiras, refletiram na consequente desindustrialização brasileira que, somadas à elevada carga de tributos e tarifas, pesaram a favor do declínio. Corroborou para tanto a inépcia do Executivo e do Legislativo em levar adiante as reformas política e tributária almejadas pela sociedade brasileira.[24]

O HORIZONTE DAS RELAÇÕES INTERNACIONAIS DO BRASIL NO SÉCULO 21

O horizonte significa "aquela linha por trás da qual se abre no futuro um novo espaço de experiência, mas um espaço que ainda não pode ser contemplado".[25] Uma vez assimiladas as fases sob as quais se desdobraram as relações internacionais do Brasil entre 2000 e 2015, é possível entender o significado das mudanças e continuidades que qualificam a inserção internacional do Brasil.

A reconstrução das ideias, premissas, normas e linhas de ação da política externa brasileira formam o acumulado histórico das relações internacionais do Brasil. Da interpretação histórica do passado e da análise do presente percebem-se tendências que se cristalizaram entre 2000 e 2015 e que devem seguir orientando a inserção internacional do Brasil no futuro próximo: atuação no bojo de uma sociedade internacional sul-americana; capacidade de aprender com os erros e confusões diplomáticas; conformação de uma blindagem pela formação de alianças; e renovação conceitual pela valorização dos princípios da responsabilidade ao proteger e da não indiferença.

Sociedade internacional sul-americana

A característica marcante do horizonte das relações internacionais do Brasil refere-se a sua sul-americanidade, que permanecerá marcando o presente-futuro da inserção internacional brasileira. A vontade política das presidências e chancelarias sul-americanas, que imperou a partir de 2000, foi direcionada à conformação de um verdadeiro sistema de relações internacionais na América do Sul.

A era das cúpulas sul-americanas fortaleceram a razão de sistema, ou a forma como o sistema de relações regionais impactaria na definição das estratégias nacionais criando laços mais profundos e um sentido inédito de valores compartilhados. Poder-se-ia imaginar uma sociedade internacional sul-americana que atuasse nas seguintes grandes áreas para: a) favorecer a paz e estabilidade

24. Florêncio, Sergio Abreu e Lima, "Trajetória do Mercosul e mudança de paradigmas e de posições da política externa brasileira: começo virtuoso e crise recente – possíveis interpretações", *Texto para Discussão 2125, IPEA*, Brasília, ago. 2015.

25. Koselleck, Reinhart, *O futuro do passado: contribuição à semântica dos tempos históricos*, Rio de Janeiro, Contraponto/Editora PUC-Rio, 2006, p. 313.

por meio de instituições voltadas para a solução de controvérsias; b) redefinir a importância das fronteiras como membranas de interligação entre os países da região; c) traçar o esboço de uma identidade regional pautada nos elementos pacífico, democrático e cooperativo; d) redefinir a trajetória sul-americana em uma nova ordem econômica e política mundial, refletindo uma cultura política e organizacional compartilhada.[26]

A tendência que parece se cristalizar para os próximos anos é fazer convergir os dois principais processos em curso: Mercosul e Unasul. O primeiro tem avançado em novos fóruns dedicados a questões sociais e de gênero, como o Encontro das Ministras de Políticas para as Mulheres, bem como luta pela consolidação do Parlamento do Mercosul.

Uma das principais ações no sentido da convergência foi a resolução brasileira de integrar o norte ao sul na América do Sul, ou seja, integrar de fato a América do Sul, historicamente fragmentada em sub-regiões cujo peso específico diferencia o tratamento político-diplomático dispensado ao Cone Sul em detrimento do espaço Amazônico e da fronteira norte.

Trata-se de um processo que teve avanços durante a realização da IV Cúpula de Chefes de Estado e de Governo da Unasul, em 2010. Em Georgetown, além de ter sido reiterado o compromisso dos governos sul-americanos com a consolidação de um continente integrado, próspero e democrático, passou-se a presidência pro tempore do bloco ao Chefe de Estado da Guyana, Bharrat Jagdeo. Era a oportunidade de o país ampliar o nível de participação nos assuntos regionais, buscando exercer "um papel ativo" a fim de que não houvesse riscos à democracia ao mesmo tempo em que se pudesse implementar uma "agressiva agenda social e de desenvolvimento".[27]

Com o estabelecimento da Unasul desenvolvia-se a fórmula para conectar definitivamente Guyana e Suriname ao sistema sul-americano. A concordância dos países do arco norte na assinatura do tratado constitutivo, somado ao entusiasmo, especialmente guyanense, no processo de integração, demonstrava o engajamento com o projeto sul-americano. Além do mais, a cooperação entre Mercosul e Caricom melhorava a coordenação de ações entre países que se encontravam, até então, às margens do sistema econômico regional.

26. Gehre Galvão, Thiago, *América do Sul: a ideia brasileira em marcha*, Curitiba: Juruá, 2009.

27. "Guiana espera que a Unasul facilite sua integração à América do Sul", *Folha de São Paulo*, 25 de novembro de 2010, disponível em http://www1.folha.uol.com.br/mundo/836068-guiana-espera-que-a-unasul-facilite-sua-integracao-a-america-do-sul.shtml, última consulta: 26.11.2010.

Erros e confusões

A vida internacional, em uma perspectiva histórica, é uma escola que possibilita a diplomatas, tomadores de decisão, líderes e governantes aprenderem com os erros e confusões, bem como aproveitar lições e exemplos positivos.[28]

Algumas confusões na arena internacional envolvendo o Brasil, como a expectativa de mediar o conflito palestino-israelense no Oriente Médio, de auxiliar no impasse nuclear entre Coreia do Norte e as potências ocidentais, bem como atuações controversas no contexto regional atuando no episódio de destituição do presidente Manuel Zelaya de Honduras (2009), do afastamento temporário do Paraguai e da entrada da Venezuela no Mercosul (2012) impactaram na imagem internacional do país.

Nesses casos, houve um gasto excessivo de energia por parte da diplomacia brasileira tentando esclarecer indagações sobre o movimento brasileiro nas cenas regional e global, buscando evitar desconfianças e uma imagem de ilegitimidade e da carência de conteúdo. O relacionamento com Venezuela e Paraguai é um caso emblemático de como as relações internacionais podem se beneficiar do aprendizado com erros e confusões.

No ano de 2012, a América do Sul foi sacudida por eventos políticos marcantes que fizeram sobressair incertezas quanto à consolidação da democracia na região. Causou grande repercussão a decisão de Brasil, Argentina e Uruguai de convocar uma reunião na cidade do Rio de Janeiro para 31 de julho de 2012 com o objetivo de formalizar a admissão da Venezuela no Mercosul. Tal decisão foi consequência do julgamento sumário do Congresso do Paraguai afastando Fernando Lugo de suas funções presidenciais.

A Cúpula do Mercosul, ocorrida em Mendoza no dia 29 de junho de 2012, decidiu por condenar a ruptura da ordem democrática na "*hermana República*" e afastar o Paraguai das decisões de cúpula, o que evitou que o Parlamento paraguaio continuasse bloqueando o ingresso da Venezuela no Mercosul. Este episódio, contudo, desgastou sobremaneira a imagem internacional do Brasil, alimentando as relutâncias históricas nos vizinhos sul-americanos.[29]

Outra confusão envolvendo a política externa brasileira colocou em rota de colisão Brasil e Venezuela. A histeria tomou conta do Congresso Nacional do Brasil e de outros seguimentos da sociedade brasileira com a morte de Chaves e a instauração do governo de Nicolás Maduro. Sem o mesmo carisma e habilidade política e diplomática tanto no ambiente doméstico como internacional, Maduro

28. Danese, Sérgio, *A escola da liderança: ensaios sobre a política externa e a inserção internacional do Brasil,* Rio de Janeiro: Top Books, 2009.

29. Gehre Galvão, Thiago, "'Dança das cadeiras' no Mercosul: uma avaliação crítica", *Meridiano 47*, 133:13, set.-out. 2012, pp. 47-53.

testemunhou uma rápida deterioração da sua capacidade de governabilidade, condição agravada pela redução do preço internacional do petróleo.

Em pouco tempo, o governo Maduro se viu envolvido em denúncias de desobediência dos direitos humanos, perseguição política, não cooperação com instituições regionais e desrespeito à democracia. É nesse contexto que se insere a ida da missão de parlamentares brasileiros à Caracas, em junho de 2015, em busca de esclarecimentos sobre a situação interna. Oficialmente, a criação de comissão externa do Senado Federal foi concebida para verificar *in loco* a situação na Venezuela, buscando estabelecer diálogo com membros do parlamento local, com interlocutores representativos das oposições e da sociedade civil, bem como, se possível, com as autoridades do que se considerava ser um "querido país irmão".[30]

Duas evidências diagnósticas contextualizam e explicam a missão parlamentar brasileira. Por um lado, a prisão do prefeito de Caracas Antonio Ledezma (acusado de tramar um golpe de estado contra Nicolás Maduro), a cassação do mandato da deputada oposicionista Maria Corina Machado (também por alegações de golpismo contra o Presidente Maduro), a morte do jovem manifestante de 14 anos (morto por agentes policiais em confronto durante protesto ao regime de Maduro) e a detenção de Leopoldo Lopez (em greve de fome nos últimos 30 dias), criaram uma conjuntura crítica, de consternação com os excessos violentos do Estado, de alarme quanto aos direitos humanos na Venezuela e de preocupação com os rumos da democracia na América do Sul.

Por outro, o cálculo estratégico do Parlamento brasileiro, motivado pela oposição política que buscava minar ainda mais o segundo mandato de Dilma Rousseff, seria considerar o posicionamento diplomático do Brasil "exageradamente tímido", alimentando rumores sobre os vínculos ideológicos e partidários entre os governos petista e chavista como fator prejudicial da autonomia brasileira e gerador de morosidade. A relutância político-diplomática favoreceu a atuação do Congresso Nacional que, ao mesmo tempo em que preencheu um vácuo deixado pelo Itamaraty, buscou ouvir as forças políticas e econômicas do país, dotar-se de informações consistentes, e mostrar sua solidariedade aos venezuelanos.

O caso em tela mostrou como a política externa escapa do domínio da chancelaria, que precisa estar atenta aos múltiplos atores que dinamizam as relações internacionais do Brasil, procurando aprender com seus erros. A missão parlamentar misturou oportunismo político com uma visão principista da solidariedade internacional brasileira, de prestação de ajuda à nação vizinha e de não indiferença às situações críticas, como instabilidade política. Segundo, a atuação legislativa deveria ter sido respaldada pela Presidência da República como parte da respon-

30. Gehre Galvão, Thiago, "A missão parlamentar brasileira à Caracas: teste de resiliência da parceria Brasil-Venezuela – parte I", *Boletim Mundorama*, n. 94, jun. 2015, disponível em <http://mundorama.net/2015/06/25/a-missao-parlamentar-brasileira-a-caracas-teste-de-resiliencia-da-parceria-brasil-venezuela-parte-i/>, última consulta: 04.10.2015.

sabilidade internacional do país com a manutenção das regras democráticas do Mercosul e da Unasul. Terceiro, foi uma atuação fruto de intenso debate, não só nas diversas sessões legislativas desde o início de 2014, mas do acompanhamento da sociedade brasileira alertando para a deterioração da situação política venezuelana.

A blindagem pela aliança: o Brasil nos Brics

Outra perspectiva no horizonte da política externa brasileira diz respeito à criação de uma blindagem capaz de resistir às adversidades internacionais. Crises sistêmicas do capitalismo, discriminação econômica exercida pelos polos tradicionais de acumulação e a reconfiguração geopolítica do espaço Ásia-Pacífico, especialmente com a implementação da Parceria Trans-Pacífico (TPP),[31] são alguns dos desafios que demandam do Brasil atenção e reelaboração conceitual. A escolha foi erigir uma espécie de blindagem pela confirmação da aliança Brics.

Três componentes da identidade internacional do Brasil trabalharam para fomentar uma aliança com Rússia, China, Índia e África do Sul na composição dos Brics: a busca pelo universalismo na atuação internacional, que reequilibrou a forte ênfase sul-americanista que desde 2000 recaía sobre a política externa do Brasil; a diversificação de parcerias que motivou e justificou a ação brasileira em favor de um agrupamento com países tão diferentes; e a conformação de parcerias estratégicas como pedra angular para garantir aproximação do Brasil com nações de pudessem fornecer ganhos.[32]

Ademais, vale destacar o peso da influência de um grupo autonomista (nacional-desenvolvimentista) de diferentes procedências, mas concentrado especialmente nas lideranças do Partido dos Trabalhadores e que favoreceu a opção pelos Brics. Para esse grupo, acoplar o Brasil a gigantes periféricos poderia trazer maior projeção global e reforçar a multipolaridade da ordem internacional. Igualmente, o aprofundamento da cooperação em áreas sensíveis poderia reduzir vulnerabilidades (políticas e tecnológicas) sem que as persistentes assimetrias (econômica e militar) intrabloco fossem capazes de atravancar as oportunidades que se afiguravam para o Brasil.[33]

31. Almeida, Paulo Roberto, "TransPacific Partnership e seu impacto sobre o Mercosul", *Boletim Mundorama*, n. 98, out. 2015, disponível em <http://mundorama.net/2015/10/15/o-transpacific-partnership-e-seu-impacto-sobre-o-mercosul-por-paulo-roberto-de-almeida/>, última consulta: 04.11.2015.

32. Lafer, Celso, *A identidade internacional do Brasil e a política externa brasileira*, São Paulo, Perspectiva, 2001; Gehre Galvão, Thiago, *Uma história de parceria: as relações entre Brasil e Venezuela (1810-2012)*, Belo Horizonte: Fino Traço, 2012.

33. Almeida, Paulo Roberto, "A política internacional do partido dos trabalhadores: da fundação à diplomacia do governo Lula", *Revista de Sociologia Política*, Curitiba, n. 20, pp. 87-102, jun. 2003.

As motivações para o Brasil e seus parceiros eram múltiplas e construíam o quadro de racionalidade da razão de ser dos Brics. Uma das mais óbvias dizia respeito ao incremento da cooperação e do intercâmbio comercial com gigantes emergentes, reforçando novos polos de poder, o que contribuiria para a diminuição de dependências e de vulnerabilidades externas. Daí que as áreas prioritárias das relações intra-Brics foram, desde a primeira reunião de cúpula em 2009, vinculadas ao comércio e segurança internacional, visando ao desenvolvimento e à reforma da governança global.

O desafio estava em cumprir a profecia de tornar países geograficamente tão distantes, com desafios sociais e econômicos diferentes, em parceiros capazes de fazer convergir ascensão social e absorção na economia de mercado de porções consideráveis de suas populações, mediante políticas impactantes e processos internos de mudança que podem transformar *the axis of international politics*.[34]

A aproximação se dava para além das oportunidades de investimento, pois "eram oportunidades de exercício de poder", cujo cerne estratégico seria o de reduzir vulnerabilidades externas econômicas e tecnológicas por meio do reforço do arranjo dentro da hierarquia internacional.[35]

Diferenças e sutilezas entre os países Brics marcam a substância do arranjo em múltiplas dimensões como geopolítica, econômica, política doméstica e trajetórias culturais e históricas. Por um lado, as diferenças estimulam a cooperação, especialmente no jogo intrabloco que atrai os cinco países em uma miríade de temas, consolidando o papel estruturante dos Brics nas relações internacionais. Por outro, interpõem obstáculos pela dificuldade em conceber os Brics como um ator internacional "com direção unificada e projetos comuns de longo prazo".[36]

Segundo Stuenkel, o Brasil tinha uma chance única de, ao assumir a presidência dos Brics, "to give the Summit its own imprint maintain momentum and show that Brazil benefits from being part of the group Brics, fundamentally altering its characteristics of a non-binding, informal, consultative group".[37]

Durante a presidência brasileira, o Brics seguiu preocupado com crescimento e emprego em seus países, propondo reformas que garantissem no G-20 financeiro, no Banco Mundial e no FMI, a ampliação da participação (voz e voto)

34. Dilma Rousseff, "Brics members Brazil and India are strategic partners for a new world vision", *The Economic Times*, 29 de março de 2012, disponível em <http://www.itamaraty.gov.br/index.php?option=com_contenteview=articleeid=4686ecatid=196eItemid=447elang=pt-BR>, última consulta: 30.03.2012.

35. Gelson Fonseca Jr., "Brics: notas e questões", In *O Brasil, os Brics e a agenda internacional*. Apresentação do Embaixador José Vicente de Sá Pimentel, Brasília, FUNAG, 2012, p. 14.

36. *Catálogo Bibliográfico: Brasil, Rússia, Índia, China e África do Sul – Brics*, 2 ed. revista e ampliada, Brasília, FUNAG, 2011.

37. Stuenkel, Oliver, *The Brics and the future of global order*, Maryland: Lexington Books, 2015, p. 15.

dos países em desenvolvimento nas instituições financeiras internacionais. O movimento ganhou momento com a aprovação em Fortaleza (2014) da criação do Novo Banco de Desenvolvimento (NDB) dos Brics e do Arranjo Contingente de Reservas (ACR), que devem estar operativos em 2016.[38]

De fato, a criação do NDB e do ACR representam um desafio à arquitetura financeira internacional criada em Bretton Woods em 1944, pois sinalizam a capacidade real dos Brics de interferirem na governança econômica global e dão fôlego renovado à cooperação intrabloco. A partir daí, esperava-se um crescimento do desejo de cooperar dentro do bloco, o que poderia levar a agregação de novos nichos de cooperação.[39]

Diante deste cenário em transformação, o Brasil começou a preparar a sua inserção na ordem global pela via da aliança Brics em seus múltiplos eixos, com particular atenção para a confluência da reorganização econômica e a dimensão social, ambiental e de população e desenvolvimento.

Repensando a concepção de desenvolvimento: o Brasil e a agenda pós-2015

Como uma instituição internacional, as grandes conferências funcionaram para moldar a agenda internacional e definir compromissos de médio a longo prazos.[40] Os anos 1990 marcaram as relações internacionais por um conjunto de conferências internacionais sobre temas diversos como Crianças (Nova Iorque, 1990), Meio Ambiente e Desenvolvimento (Rio de Janeiro, 1992), Direitos Humanos (Viena, 1993), População e Desenvolvimento (Cairo, 1994), Desenvolvimento Social (Copenhague, 1995), Mulher (Beijing, 1995) e Assentamentos Humanos (Istambul, 1996).[41]

38. STUENKEL, Oliver, "Por um Brics para os povos", *Outras palavras*, disponível em <http://outraspalavras.net/posts/por-um-brics-para-os-povos/>, última consulta: 14.06.2015.

39. Logo, dentre as principais ações executadas pela presidência brasileira do Brics, destacam-se os encontros ministeriais nas áreas de saúde (Brasília, 4 e 5 de dezembro de 2014); população (Brasília, 12 de fevereiro de 2015); educação (Brasília, 2 e 3 de março de 2015); agricultura e desenvolvimento agrário (Brasília, 12 e 13 de março de 2015); ciência, tecnologia e inovação (Brasília, 17 e 18 de março de 2015), bem como atividades no nível de altos funcionários e peritos nas áreas de relações exteriores, finanças, comércio, combate à corrupção, estatísticas e cooperativas. No âmbito das atividades de aproximação entre setores da sociedade civil do Brics, o Brasil organizou o Foro Acadêmico do Brics (Rio de Janeiro, 18 e 19 de março de 2014) e o Conselho de Think Tanks (Rio de Janeiro, 17 de março de 2014), ambos organizados pelo IPEA, bem como o Foro Empresarial do Brics (Fortaleza, 14 de julho de 2014) e o Conselho Empresarial do Brics (Brasília, 9 e 10 de fevereiro de 2015), organizados em conjunto pela Confederação Nacional da Indústria e o Departamento de Promoção Comercial do Itamaraty.

40. BUZAN, Barry, *From International to World Society?,* Cambridge University Press, English School Theory and the Social Structure of Globalization, 2004.

41. J. A. ALVES, Lindgren, *Relações Internacionais e Temas Sociais: a década das conferências*, Brasília, Instituto Brasileiro de Relações Internacionais (IBRI), 2001.

O Brasil participou do ciclo da diplomacia de cúpula social, enquanto a chancelaria brasileira foi se especializando em lidar com problemas como desigualdade social, pobreza, fome e meio ambiente, associados aos direitos humanos e ao bem-estar das populações.

Nos anos 2000, temas considerados de primeira ordem para a política externa brasileira, como a construção do espaço integrado na América do Sul, a montagem de arranjos táticos não hegemônicos, como IBAS e Brics, ou ainda a reforma do Conselho de Segurança das Nações Unidas, foram permeados pelo esforço de capitalização de apoio internacional para propostas de cunho social, com maior ênfase no período de 2003 a 2010.[42]

É evidente que, dentre os desafios enfrentados pelos países emergentes, não estão apenas preocupações quanto à alta finança, o comércio internacional e a segurança internacional, mas também questões ligadas aos temas de meio ambiente, combate a fome e à pobreza, além do nexo entre população e desenvolvimento.

Apesar dos obstáculos políticos e do desinteresse de algumas nações desenvolvidas, o papel do Brasil na FAO e nas Conferências especializadas sobre alimento definiram um novo horizonte das relações internacionais do país. A fragilidade dos compromissos internacionais assumidos nas Cúpulas Mundiais de Alimentação de 1996 e 2009 e as dificuldades de alcançar o objetivo número 1 das Metas do Milênio até setembro de 2015, não eclipsaram a determinação do governo brasileiro de fazer da segurança alimentar uma das prioridades de política externa. A atuação do Brasil no combate à fome e à pobreza se traduziu em acordos de cooperação, iniciativas inter-regionais e engajamento nas negociações em fóruns multilaterais.[43]

Outro tema que adquiriu peso com o acumulado histórico das relações internacionais do Brasil foi a questão climático-ambiental. O papel do Brasil na Conferência Rio+20, ocorrida em 2012, foi destacado ao tentar liderar pelo exemplo – a partir da premissa das responsabilidades comuns, mas diferenciadas – a conformação de compromissos que levassem em consideração os diferentes estágios de desenvolvimento em que se encontram os países na política global. Ainda que o documento final "O futuro que queremos" tenha sido bastante criticado por suas fragilidades, deu mostras de que um modelo diferente de governança global climática está em formulação.[44]

42. Lessa, Antônio Carlos e Oliveira, Henrique Altemani de (orgs.), *Relações Internacionais do Brasil: Temas e Agendas* – vols. I e II, 1. ed., São Paulo: Saraiva, 2006.

43. Brasil, Pilar Figueiredo, *O Brasil e a (in)segurança alimentar global: forças sociais e política externa (2003-2012),* Dissertação de Mestrado, Brasília: UnB, 2013.

44. Lessa, Antônio Carlos e Viola, Eduardo, "Global climate governance and transition to a low-carbon economy: a special issue of RBPI", *Revista Brasileira de Política Internacional (RBPI),* vol.55, número especial, 2012.

O Brasil está envolvido nas reuniões preparatórias da Conferência Mundial do Clima, que será celebrada em Paris entre 30 de novembro e 11 de dezembro de 2015. Há expectativas de se conformar uma nova norma internacional que poderia substituir o Protocolo de Kyoto (1997).

Uma terceira arena que atraiu a atenção do Brasil na política global foi a agenda de população e desenvolvimento. O foco foi estabelecido no Plano de Ação do Cairo, de 1994, em um conjunto abrangente de questões sociais como envelhecimento, direitos sexuais e direitos reprodutivos, migração, saúde e mortalidade materna e infantil, empoderamento da mulher, igualdade de gênero, combate ao racismo e igualdade racial.

O relatório final da 47ª Sessão da Comissão de População e Desenvolvimento (CPD) da ONU apontou a "diversidade sem precedentes" da população mundial e os "novos padrões de fecundidade, mortalidade, migração, urbanização e envelhecimento". Tais tendências populacionais criam oportunidades e desafios para a chamada agenda pós-2015, ligando o respeito e a proteção aos direitos humanos com uma perspectiva renovada sobre o desenvolvimento sustentável.[45]

A posição brasileira, construída entre governo e sociedade civil, apontou o caminho percorrido pelo país entre 1994 e 2014: os avanços, como o declínio sem precedentes da desigualdade, e os desafios a vencer, como as várias formas de discriminação e a fragmentação do progresso no cumprimento de direitos essenciais.[46]

Essa agenda ganhou força porque os temas conexos tornaram-se críticos ou de extrema relevância em três aspectos: a) capacidade que adquiriram em moldar o cenário político interno; b) por estarem associados ao nível de desenvolvimento das nações; c) e por afetarem a própria institucionalidade internacional no longo prazo.

Os aspectos definidores da agenda internacional pós 2015, se referem a preocupações com a transição do paradigma dos Objetivos de Desenvolvimento do Milênio (ODMs) para outro conhecido como Objetivos de Desenvolvimento Sustentável (ODS), e que vêm sendo negociados desde a Conferência da Rio+20 e tende a fazer convergir preocupações de diferentes agendas sociais internacionais. Trata-se de agenda em construção que ainda possui uma série de problemas intrínsecos a sua formulação, como a própria caracterização das metas e objetivos dos ODS, bem como os mecanismos para sua medição, monitoramento e avaliação.

45. *Report on the forty-seventh session. Commission on Population and Development (26 April 2013 and 7-11 April 2014)*, disponível em <www.cnpd.gov.br>, última consulta: 10.09.2015.

46. *Statement by H. E. Mr. Ricardo Paes de Barros, President of the National Commission for Population and Development. 29th Special Session of the General Assembly on the Follow-up to the Programme of Action of the International Conference on Population and Development*, New York, 22.09.2014, disponível em <www.cnpd.gov.br>, última consulta: 31.08.2015.

Renovação conceitual: responsabilidade ao proteger e não indiferença

Conceitos tradicionais como cordialidade oficial e diplomacia da obstrução foram relevantes para informar a política exterior do Brasil em determinadas épocas, mas demandam renovação.[47] O *aggiornamento* conceitual da diplomacia brasileira sinaliza novas possibilidades no horizonte das relações internacionais do Brasil, como as noções de "não indiferença" e "responsabilidade ao proteger" que ganharam força como elaborações da chancelaria brasileira e tornaram-se linhas na política externa incorporadas ao quadro de ideias-força do Itamaraty.

Responsabilidade ao proteger

No discurso de abertura da 66ª Sessão da AGNU, Dilma Rousseff contextualizaria as agruras e sofrimentos advindos das intervenções militares que tendem a piorar conflitos, disseminar o terrorismo e abrir novas fronteiras de violência, o que levaria à multiplicação das vítimas civis: "Muito se fala sobre a responsabilidade de proteger, pouco se fala sobre a responsabilidade ao proteger. São conceitos que precisamos amadurecer juntos".[48]

A norma vigente do direito internacional humanitário prega sobre a responsabilidade da comunidade internacional de agir coletivamente, por intermédio da ONU, caso as autoridades nacionais deixem de proteger suas populações. A responsabilidade de proteger (R2P) é composta de três elementos: prevenir a eclosão do conflito; reagir em situações de extrema necessidade; e prestar toda assistência necessária após a intervenção, de modo a recuperar, reconstruir e reconciliar a sociedade atingida.[49]

A norma proposta pelo Brasil apontava que a R2P deveria ser temperada por uma análise abrangente e criteriosa da comunidade internacional de todas as consequências que poderiam decorrer do uso da força. A avaliação brasileira, endossada por vários outros países, é que o uso da força pode causar mortes involuntárias e disseminar violência e instabilidade. A simples justificativa do uso da força para proteger civis não deveria eximir da responsabilidade, caso houvesse vítimas colaterais.[50]

47. SPEKTOR, Matias, "Brasil e Argentina entre a cordialidade oficial e o projeto de integração: a política externa do governo Geisel (1974-1979)", *Revista Brasileira de Política Internacional (RBPI)*, ano 45, n. 1, 2002.

48. *Discurso da Presidenta da República, Dilma Rousseff, na abertura do Debate Geral da 66ª Assembleia Geral das Nações Unidas*, disponível em <http://www2.planalto.gov.br/acompanhe-o-planalto/discursos/discursos-da-presidenta/discurso-da-presidenta-da-republica-dilma-rousseff-na-abertura-do-debate-geral-da-66a-assembleia-geral-das-nacoes-unidas-nova-iorque-eua>, última consulta: 12.11.2015.

49. BIERRENBACH, Ana Maria, *O conceito de responsabilidade de proteger e o direito internacional humanitário*, Brasília: Fundação Alexandre de Gusmão, 2011.

50. MRE, Nota 38. *Pronunciamento do Ministro das Relações Exteriores, Antonio de Aguiar Patriota, em debate sobre Responsabilidade ao Proteger na ONU* – Nova York,

A responsabilidade ao proteger (RWP) parte do pressuposto que não se deve causar danos enquanto se tenta proteger os civis em uma situação de conflito. A noção de que a comunidade internacional, quando exerce sua responsabilidade de proteger, deve demonstrar um alto nível de responsabilidade ao proteger.

Princípio de não indiferença

A ação diplomática do Brasil adquiriria a partir de 2003 "uma perspectiva humanista" mantendo-se como um instrumento do desenvolvimento nacional. Portanto, a política externa voltou-se para a construção da paz e da estabilidade regionais, buscando reduzir o hiato entre as nações ricas e pobres, promover o respeito e igualdade entre os povos e a democratização efetiva do sistema internacional.[51]

Logo, provindo dos valores humanistas acrescenta-se um novo comportamento na política externa brasileira, definido por Celso Amorim como sendo o da *não intervenção* e *não indiferença*.[52]

No que tange à consecução do projeto de uma América do Sul unida, valorizou-se a cooperação Sul-Sul com um olhar mais humanista, cristalizada no continente por meio da integração regional para além da "ação comercial". A percepção era de que, atuando em conjunto, os vizinhos sul-americanos teriam uma chance melhor de mudar a geografia política e comercial do mundo, criando condições dignas de vida e oportunidades aos povos da região. Sobre a atuação da diplomacia brasileira no início do século 21, Lula ponderou: "*em um mundo globalizado, nossa contribuição à paz e à democracia é determinada pelo princípio da não indiferença*".[53]

21.02.2012; Silva, Carlos Eduardo da. "Dilma se afasta do Itamaraty, e Brasil perde espaço no mundo", *Interesse Nacional*, ano 7, n. 26, disponível em <http://interessenacional.uol.com.br/index.php/edicoes-revista/dilma-se-afasta-do-itamaraty-e-brasil-perde-espaco-no-mundo/>, última consulta: 15.11.2015.

51. "Discurso do Senhor Presidente da República na cerimônia de posse. 1.º de janeiro de 2003", *Resenha de Política Exterior do Brasil*, ano 30, n. 92, primeiro semestre de 2003, pp. 13-20; "Declaração do presidente da República Luiz Inácio Lula da Silva, durante a visita de trabalho do presidente da República Cooperativista da Guiana, Bharrat Jagdeo", 30.07.2003, *Resenha de Política Exterior do Brasil*, ano 30, n. 93, 2.º sem. 2003, pp. 43- 44.

52. Amorim, Celso, "Não intervenção e não indiferença", Entrevista à Revista *Veja*, 24.08.2005; *Política Externa Brasileira - Discursos, artigos e entrevistas do Ministro Celso Amorim (2003-2006)*, vol. 2, Brasília, 2007.

53. "Discurso do Presidente da República na sessão especial da Assembleia Nacional da Guiana, 15.02.2005", *Resenha de Política Externa do Brasil*, ano 32, n. 96, 1.º sem. 2005; *Discurso do Presidente Luiz Inácio Lula da Silva na cerimônia de formatura da turma "Celso Furtado" (2002) do Instituto Rio Branco*, em 01.09.2005, disponível em <http://mundorama.net/2005/09/01/discurso-do-presidente-luiz-inacio-lula-da-silva-na-cerimonia-de-formatura-da-turma-celso-furtado-2002-do-instituto-rio-branco-palacio-itamaraty-brasilia-df-01092005/m>, última consulta: 10.10.2013.

Portanto, caberia ao Brasil, na condição de país com maior desenvolvimento relativo da região, trabalhar na diminuição das assimetrias, respeitando os recursos naturais e as populações tradicionais, congregando a participação justa e equitativa de todos os países sul-americanos, em especial os amazônicos. Assim, a atuação do Brasil na direção do fortalecimento da democracia, como base para a construção de um continente regido pela paz, proteção dos direitos humanos, busca do crescimento sustentado e compromisso de combater a fome e a pobreza, encontra-se dentro da lógica de atuação do princípio de *não indiferença* na diplomacia brasileira.[54]

Uma característica importante do princípio da não indiferença é que se concentra em conformar espaços mais interligados e solidários à resolução de problemas comuns. Pode-se dizer que esse princípio se aplica às relações do Brasil com países de menor desenvolvimento relativo, justamente pela aproximação "quase desinteressada" e sem alimentar os estereótipos de subimperialismo ou neocolonialismo.

Ao contrário, a não indiferença parte do pressuposto de que, mesmo diante de um quadro de enorme assimetria, os projetos conjuntos visam beneficiar mais o vizinho ou o outro país do que ao Brasil. Ademais, gera uma convergência entre os países no sentido de não aceitar uma ordem internacional injusta, motivando ações diplomáticas compartilhadas em torno da defesa dos princípios éticos e humanistas.

Democracia incorporada como valor essencial

Celso Furtado fala da vontade coletiva e do reencontro das lideranças políticas com os valores permanentes da nossa cultura, abrindo espaço para uma maior participação do povo no sistema de decisões como um dos caminhos para o verdadeiro desenvolvimento nacional.[55]

O Brasil passou a considerar no horizonte de suas relações internacionais uma espécie de *embedded democracy,* ou seja, uma democracia incorporada como valor essencial para a inserção internacional e que possuí três dimensões marcantes: a renovação democrática da ordem internacional, a consolidação do marco democrático regional e a democratização da formulação e implementação da política externa brasileira.

---

54. Baena Soares, Clemente, *Programas e Projetos do Ministério das Relações Exteriores para a Amazônia: possibilidades, limitações e perspectivas.* Versão preliminar de artigo preparado para o Seminário de Segurança da Amazônia "Rumo a 2022: Desafios Estratégicos para a Segurança da Amazônia", 2010, disponível em <www.sae.gov.br/seminarioamazonia/wp-content/uploads/2010/08/artigo_Ministro_Clemente_MRE.pdf>, última consulta: 23.01.2015.

55. Furtado, Celso, *Em busca de novo modelo*, São Paulo: Editora Paz e Terra, p. 36.

Primeiro, a reforma da ordem econômica global perpassa uma maior participação de países como Índia, China e Brasil nos organismos monetários e financeiros estabelecidos em *Bretton Woods* em 1944, como Banco Mundial e FMI. Já a atualização do desenho do Conselho de Segurança das Nações Unidas em um colegiado mais representativo, visa refletir a nova correlação de forças do mundo e sua configuração multipolar. A reformulação é tomada como tarefa inadiável e o Brasil tem feito gestões junto a países interessados, como a Alemanha, Índia e Japão, para que as negociações sejam abertas. Também tem aproveitado o contato privilegiado via Brics para sensibilizar Rússia e China, que têm assento no Conselho, para conseguir avançar na ampliação da representatividade do órgão.[56]

Segundo, na medida em que o processo de redemocratização marcou a trajetória política do Cone Sul, a democracia tornou-se pedra angular do aprofundamento da integração regional do Mercosul e da Unasul. O objetivo brasileiro era transformar o marco democrático em premissa básica para qualquer concertação na região, implementando a norma da "pré-condição democrática" para participar de encontros e das instituições regionais, bem como estendendo a cláusula democrática do Mercosul para toda a região.

A ideia era superar a imagem dos regimes militares como vetor-força contrário à integração, pela consolidação de mecanismos de solidariedade democrática que passariam a fazer parte da identidade sul-americana. Da mesma forma, a democracia, incorporada não apenas às realidades nacionais, como também à região, fortaleceria o sentido de vizinhança entre os países sul-americanos.

Terceiro, o modus operandi da inserção internacional brasileira passou carregar um "DNA democrático". A preocupação com a transparência dos atos públicos, a busca pela renovação no âmbito da diplomacia brasileira, a valorização da figura do chefe de estado, via diplomacia presidencial, como porta-voz dos interesses brasileiros, bem como a apropriação pela Presidência da República de várias agendas sociais.

De fato, com a chegada ao poder de Luiz Inácio Lula da Silva abriu-se um novo momento definidor para o Brasil, em termos de repensar a formulação e execução de sua política exterior. Por um lado, buscava-se agregar uma perspectiva democrática às relações internacionais do Brasil, vinculando aos discursos e à pratica uma postura crítica à ordem internacional injusta. Por outro, o despertar

---

56. "Dilma defende reforma de organismos internacionais como FMI e Banco Mundial", *EBC*, 17.06.2013, disponível em <http://www.ebc.com.br/noticias/politica/2013/06/dilma-defende-reformas-no-fmi-banco-mundial-e-conselho-de-seguranca-da-onu>, última consulta: 06.06.2015. "Com Merkel, Dilma defende reforma no Conselho de Segurança da ONU", *G1*, 20.08.2015, disponível em <http://g1.globo.com/politica/noticia/2015/08/com-merkel-dilma-defende-reforma-no-conselho-de-seguranca-da-onu.html>, última consulta: 21.08.2015; "Dilma defende reforma no conselho de segurança da ONU", *Estadão Conteúdo*, 26.09. 2015, disponível em <https://br.noticias.yahoo.com/dilma-defende-reforma-conselho-segurança-onu-153400559.html>, última consulta: 27.09.2015.

social e o crescente interesse nos assuntos internacionais marcaram um momento de maior envolvimento dos atores sociais e não governamentais com o espaço político e do poder decisório, moldando-se a esfera pública como realmente democrática.[57]

Ilustra o argumento, sobre a democratização da formulação e implementação da política externa brasileira, o documento de Contribuição Brasileira à Conferência Rio+20, apresentando as visões e propostas iniciais do Brasil sobre os temas e objetivos da Conferência. Tratou-se de um processo de elaboração conceitual sobre os desafios novos e emergentes do desenvolvimento sustentável e economia verde no contexto do desenvolvimento sustentável e da erradicação da pobreza, a partir dos trabalhos de uma Comissão Nacional com base em extensas consultas à sociedade e a órgãos do Governo.[58]

Outro exemplo relevante foi a preparação brasileira para a Sessão Especial da Assembleia das Nações Unidas de 2014 que definiu a implantação dos Objetivos de Desenvolvimento Sustentáveis (ODS). Foi constituído um Grupo de Trabalho Interministerial sobre a Agenda Pós-2015, que se reuniu diversas vezes para debater as contribuições de órgãos governamentais, mas que levaria em consideração insumos de representantes das entidades municipais e da sociedade civil, por meio dos Conselhos ali representados, bem como pela realização de eventos específicos. O resultado foi um documento "Negociações da agenda de desenvolvimento pós-2015: elementos orientadores da posição brasileira" que instruiu a delegação brasileira nas negociações na AGNU.

CONSIDERAÇÕES FINAIS

Sobre a atividade de um historiador, Gaddis pondera que ela consiste em "interpretar o passado visando ao presente com a perspectiva de gerir o futuro".[59] Este artigo objetivou vislumbrar a definição de tendências para a atuação internacional do Brasil no novo milênio, a partir da composição entre as três dimensões temporais: passado, presente e futuro.

57. Vidigal, Carlos, "Brasil: potência cordial? A diplomacia brasileira no início do século XXI", *Revista Eletrônica de Comunicação, Informação e Inovação em Saúde (RECIIS)*, Rio de Janeiro, 1:4, pp. 36-45, março de 2010; Saraiva, José Flavio Sombra, "Política exterior do governo Lula: o desafio africano", *Revista Brasileira de Política Internacional*, 45:2, p. 6, 2002.

58. A missão da Comissão seria promover a interlocução entre órgãos e entidades federais, estaduais, municipais e a sociedade civil, para discutir a participação do Brasil na Conferência da ONU. Ver: <http://www2.planalto.gov.br/acompanhe-o-planalto/releases/presidenta-dilma-cria-a-comissao-nacional-e-o-comite-nacional-de-organizacao-da-conferencia-das-nacoes-unidas-sobre-o-desenvolvimento-sustentavel-rio-20>, última consulta: 30 de outubro de 2015; Ver também: <www.mma.gov.br/estruturas/182/_arquivos/rio20_propostabr_182.pdf>. última consulta: 02.11.2015.

59. Gaddis, John Lewis, *Paisagens da História: como os historiadores mapeiam o passado*, Rio de Janeiro: Campus, 2003.

O país tem enfrentado novas e velhas questões, na forma de dilemas e desafios, que requerem atenção especial da diplomacia brasileira. Da superação dos medos e paranoias, das ameaças e crises, emergem perspectivas renovadas de o Brasil não só atuar reagindo como modificando a paisagem internacional. Caberia à chancelaria brasileira definir princípios atualizados para guiar a ação, ou seja, novas regras para sociabilização no meio internacional.

O Brasil oscilou entre 2000 e 2015, aproveitou a conformação do substrato de ideias, conceitos e insumos materiais para decolar para a política internacional, ampliando sua capacidade de influenciar as agendas global e regional. O vôo foi interrompido pela confluência de uma crise econômica mundial, escândalos de corrupção e uma crise de governabilidade de praticamente paralisaria o governo de Dilma Rousseff. O impacto nas relações internacionais do Brasil foi dramático, mas não inviabilizou a continuidade de alguns processos importantes para o país.

Entre 2009 e 2015, a comunidade internacional retornou aos principais temas tratados nos anos 1990 para fazer uma espécie de avaliação de implementação dos compromissos assumidos naquelas grandes conferências. O Brasil se engajou nesse exercício de acessar as alterações operadas na vida política internacional entre os anos 1990 e os dias de hoje, diagnosticando as consequências para o país e sua sociedade, bem como vislumbrando possibilidades futuras atreladas à construção da chamada "agenda pós 2015".

No nível das políticas domésticas, os temas sociais ganharam espaço na definição das estratégias de inserção internacional dos países. Além disso, o Brasil acompanhou a complexificação da ideia de desenvolvimento, derivada de um conjunto mais abrangente de questões sociais específicas atreladas a uma nova agenda social internacional. O país se envolveu no repensamento do modelo de desenvolvimento no âmbito das Conferências de meio ambiente, segurança alimentar e população e desenvolvimento, procurando adequar as normas internacionais. Igualmente, o Brasil tem procurado adaptar a institucionalidade internacional para atender aos anseios de agentes não estatais que barganham com agentes estatais pela realização de atividades, assunção de compromissos e cumprimento de metas e objetivos.

Em suma, o envolvimento brasileiro variou da década de 1990 para os anos 2000, de uma menor para uma maior participação de atores sociais na definição dos interesses brasileiros. Ao mesmo tempo, contrasta com a tradicional postura reativa da chancelaria brasileira em abarcar ideias novas ou crenças que possam conflitar com as principais premissas e princípios tradicionais da política externa brasileira.

O período de retraimento na condução da política exterior do país a partir de 2012, caracterizada na literatura como "declínio" na inserção internacional do Brasil, testemunhou fenômeno preocupante de recrudescimento do conservadorismo no Congresso Brasileiro, por meio da aprovação de algumas leis polêmicas.

A sintomática guinada conservadora pressiona pelo retrocesso na agenda social nacional, mas não consegue dimensionar o peso internacional dos compromissos que o Brasil adotou nos últimos 15 anos.

Portanto, a participação do Brasil nos principais fóruns internacionais dedicados ao tratamento de temas sociais internacionais não só aquilatou a presença internacional do país como viveu uma fase de expansão e tende a se manter como de grande relevância no horizonte das relações internacionais.

Por fim, a renovação conceitual é expressão da contribuição do Brasil com a conformação de normas internacionais que reflitam uma visão de mundo diferente daquela predominante no mundo desenvolvido.

BIBLIOGRAFIA

ALMEIDA, Paulo Roberto, "A política internacional do partido dos trabalhadores: da fundação à diplomacia do governo Lula", *Revista de Sociologia Política*, Curitiba, n. 20, pp. 87-102, jun. 2003.

______, "TransPacific Partnership e seu impacto sobre o Mercosul", *Boletim Mundorama*, n. 98, outubro de 2015, disponível em <http://mundorama.net/2015/10/15/o-transpacific-partnership-e-seu-impacto-sobre-o-mercosul-por-paulo-roberto-de-almeida/>, última consulta: 04.11.2015.

ALVES, Lindgren J. A., *Relações Internacionais e Temas Sociais: a década das conferências*, Brasília, Instituto Brasileiro de Relações Internacionais (IBRI), 2001.

AMORIM, Celso, *Conversa com jovens diplomatas*, São Paulo: Saraiva/Benvirá, 2011.

______,"Não intervenção e não indiferença", Entrevista à *Revista Veja*, 24 de agosto de 2005, In *Política Externa Brasileira - Discursos, artigos e entrevistas do Ministro Celso Amorim (2003 – 2006)*, vol. 2, Brasília, 2007.

______, "Discurso do Embaixador por ocasião da sua posse como Ministro de Estado das Relações Exteriores, no Palácio do Itamaraty", 1.º de janeiro de 2003, *Resenha de Política Exterior do Brasil*, Ministério das Relações Externas do Brasil, ano 30, n.92, 1.º sem. 2003, pp. 21- 26.

BAENA SOARES, Clemente, *Programas e Projetos do Ministério das Relações Exteriores para a Amazônia: possibilidades, limitações e perspectivas*, versão preliminar de artigo preparado para o Seminário de Segurança da Amazônia "Rumo a 2022: Desafios Estratégicos para a Segurança da Amazônia" 2010, disponível em <www.sae.gov.br/seminarioamazonia/wp-content/uploads/2010/08/artigo_Ministro_Clemente_MRE.pdf>, última consulta: 23.01.2015.

BIERRENBACH, Ana Maria, *O conceito de responsabilidade de proteger e o direito internacional humanitário,* Brasília: Fundação Alexandre de Gusmão, 2011.

BRASIL, Pilar Figueiredo, *O Brasil e a (in)segurança alimentar global: forças sociais e política externa (2003-2012),* Dissertação de Mestrado, Brasília: UnB, 2013.

BUIAINAIN SARQUIS, Sarquis José, *Comércio internacional e crescimento econômico no Brasil,* Brasília: Fundação Alexandre Gusmão, 2011.

BUZAN, Barry, *From International to World Society?*, Cambridge University Press, English School Theory and the Social Structure of Globalization, 2004.

Catálogo Bibliográfico: Brasil, Rússia, Índia, China e África do Sul – Brics, 2. ed. revista e ampliada, Brasília: FUNAG, 2011.

CERVO, Amado Luiz, "Os grandes eixos conceituais da política exterior do Brasil", *Revista Brasileira de Política Internacional (RBPI)*, ano 41, Número Especial, 1998, pp. 66-84.

______, *Inserção Internacional: formação de conceitos brasileiros*, São Paulo: Saraiva, 2008.

______ (org.), *O Desafio internacional*, Brasília: Ed. UnB, 1994.

______; LESSA, Antônio Carlos, "Declínio: Inserção Internacional do Brasil (2011-2014)", *Revista Brasileira de Política Internacional (RBPI),* 2:57, 2014, p. 132-135.

"Com Merkel, Dilma defende reforma no Conselho de Segurança da ONU", *G1*, 20 de agosto de 2015, disponível em <http://g1.globo.com/politica/noticia/2015/08/com-merkel-dilma-defende-reforma-no-conselho-de-seguranca-da-onu.html>, última consulta: 21.08.2015.

"Crédito do BNDES vai financiar comércio com Argentina", disponível em <www.bbc.co.uk/portuguese/economia>, última consulta: 13.09.2015.

DANESE, Sérgio, *Diplomacia presidencial*, Rio de Janeiro: Top Books, 1999.

______, *A escola da liderança: ensaios sobre a política externa e a inserção internacional do Brasil,* Rio de Janeiro: Top Books, 2009.

Declaração do presidente da República Luiz Inácio Lula da Silva, durante a visita de trabalho do presidente da República Cooperativista da Guiana, Bharrat Jagdeo", 30.07.2003, *Resenha de Política Exterior do Brasil*, ano 30, n. 93, 2.º sem. 2003, pp. 43- 44.

"Dilma defende reforma de organismos internacionais como FMI e Banco Mundial", *EBC*, 17.06.2013, disponível em http://www.ebc.com.br/noticias/politica/2013/06/dilma-defende-reformas-no-fmi-banco-mundial-e-conselho-de--seguranca-da-onu, última consulta: 06.06.2015.

"Dilma defende reforma no conselho de segurança da ONU", *Estadão Conteúdo*, 26.09.2015, disponível em <https://br.noticias.yahoo.com/dilma-defende--reforma-conselho-segurança-onu-153400559.html>, última consulta: 27.09.2015.

Discurso da Presidenta da República, Dilma Rousseff, na abertura do Debate Geral da 66ª Assembleia Geral das Nações Unidas, disponível em <http://www2.planalto.gov.br/acompanhe-o-planalto/discursos/discursos-da-presidenta/discurso--da-presidenta-da-republica-dilma-rousseff-na-abertura-do-debate-geral-da--66a-assembleia-geral-das-nacoes-unidas-nova-iorque-eua>, última consulta: 12.11.2015.

Discurso do Senhor Presidente da República na cerimônia de posse. 1.º de janeiro de 2003, *Resenha de Política Exterior do Brasil*, ano 30, n. 92, primeiro semestre de 2003, pp. 13-20.

Discurso do Presidente da República na sessão especial da Assembleia Nacional da Guiana, 15 de fevereiro de 2005, *Resenha de Política Externa do Brasil*, ano 32, n. 96, 1.º sem. 2005;

Discurso do Presidente Luiz Inácio Lula da Silva na cerimônia de formatura da turma "Celso Furtado" (2002) do Instituto Rio Branco, em 1.º de setembro de 2005, disponível em http://mundorama.net/2005/09/01/discurso-do-presidente-luiz-inacio-lula-da-silva-na-cerimonia-de-formatura-da-turma-celso-furtado-2002-do-instituto-rio-branco-palacio-itamaraty-brasilia-df-01092005/m, última consulta: 10.10.2013.

DUROSELLE, Jean-Baptiste, *Todo Império Perecerá*, Brasília: Ed. UnB/São Paulo, Imprensa Oficial do Estado, 2000.

FLORÊNCIO, Sergio Abreu e Lima, "Trajetória do Mercosul e mudança de paradigmas e de posições da política externa brasileira: começo virtuoso e crise recente – possíveis interpretações", *Texto para Discussão 2125, IPEA*, Brasília, ago. 2015.

FONSECA JR., Gelson, "Brics: notas e questões", In *O Brasil, os Brics e a agenda internacional*. Apresentação do Embaixador José Vicente de Sá Pimentel, Brasília, FUNAG, 2012.

FOLHA UOL. "BNDES vira base para unir América do Sul", disponível em <www1.folha.uol.com.br/folha/arquivos>, última consulta: 13.10.2015.

FRANCO, Paula Moreira, *Agência de atores não estatais em pactos intergovernamentais: a cooperação energética Brasil-Peru (2008-2014)*, Tese de Doutorado, Brasília: Ed. UnB, 2015.

FURTADO, Celso, *Em busca de novo modelo: reflexões sobre a crise contemporânea*, São Paulo: Paz e Terra, 2002.

GADDIS, John Lewis, *Paisagens da História: como os historiadores mapeiam o passado*, Rio de Janeiro: Campus, 2003.

GEHRE GALVÃO, Thiago. "América do Sul: construção pela reinvenção (2000-2008)", *Revista Brasileira de Política Internacional (RBPI)*, 2: 52, pp. 63-80, 2009.

______, *América do Sul: a ideia brasileira em marcha*, Curitiba: Juruá, 2009.

______, "Brazil in South América: Lula and the quest for 'international respect' (2003-2010)" In Dennis ROLAND e Antônio Carlos LESSA, *Relations Internationales du Brésil: les chemins de la puissance*, 1 ed., vol.2, Paris, L'Harmattan, 2010, pp. 51-65.

______, "Lições metodológicas para o estudo das relações internacionais do Brasil", *Monções: Revista de Relações Internacionais da UFGD*, 2:1, jul.-dez. 2012, pp. 188-212.

______, "Lições metodológicas para o estudo das relações internacionais do Brasil", *Monções: revista de relações internacionais da UFGD*, vol. 1, n. 2, jul.-dez. 2012, pp. 188-212.

______, *Uma história de parceria: as relações entre Brasil e Venezuela (1810-2012)*, Belo Horizonte: Fino Traço, 2012.

______, "'Dança das cadeiras' no Mercosul: uma avaliação crítica", *Meridiano 47*, 133:13, set.-out. 2012, pp. 47-53.

______, "A missão parlamentar brasileira à Caracas: teste de resiliência da parceria Brasil-Venezuela – parte I", *Boletim Mundorama*, n. 94, jun. 2015, disponível em <http://mundorama.net/2015/06/25/a-missao-parlamentar-brasileira-a-caracas-teste-de-resiliencia-da-parceria-brasil-venezuela-parte-i/>, última consulta: 04.10.2015.

Globo. "Brasil perde grau de investimento em classificação de agência de risco local", disponível em <http://g1.globo.com/economia/noticia/2015/07/brasil-perde--grau-de-investimento-em-classificacao-de-agencia-de-risco-local.html>, última consulta: 03.08.2015.

Goldstein, Judith; Keohane, Roberto, *Ideas and foreign policy: beliefs, institutions and political change,* Ithaca/London: Cornell University Press, 1993.

"Guiana espera que a Unasul facilite sua integração à América do Sul", *Folha de S.Paulo*, 25 de novembro de 2010, disponível em <http://www1.folha.uol.com.br/mundo/836068-guiana-espera-que-a-unasul-facilite-sua-integracao-a-america--do-sul.shtml>, última consulta: 26.11.2010.

Koselleck, Reinhart, *O futuro do passado: contribuição à semântica dos tempos históricos*, Rio de Janeiro: Contraponto/Editora PUC-Rio, 2006.

Lafer, Celso, *A identidade internacional do Brasil e a política externa brasileira*, São Paulo: Perspectiva, 2001.

Lessa, Antonio Carlos, "A diplomacia universalista do Brasil: a construção do sistema contemporâneo de relações bilaterais", *Revista Brasileira de Política Internacional (RBPI),* Edição Especial, pp. 29-41, 1998.

______ e Oliveira, Henrique Altemani de (orgs.), *Relações Internacionais do Brasil: Temas e Agendas* – vols. I e II, 1. ed., São Paulo: Saraiva, 2006.

Lessa, Antônio Carlos & Viola, Eduardo, "Global climate governance and transition to a low-carbon economy: a special issue of RBPI", *Revista Brasileira de Política Internacional (RBPI),* vol. 55, número especial, 2012.

______ e Altemani, Henrique, *Relações Internacionais do Brasil: temas e agendas*, vol. 2, São Paulo: Saraiva, 2006.

Mello e Silva, Alexandra de, "Ideias e política externa: a atuação brasileira na Liga das Nações e na ONU", *Revista Brasileira de Política Internacional (RBPI),* 2:41, pp. 139-158, 1998.

MRE, Nota 38, *Pronunciamento do Ministro das Relações Exteriores, Antonio de Aguiar Patriota, em debate sobre Responsabilidade ao Proteger na ONU* – Nova York, 21.02.2012;

"Para Pinheiro Guimarães, a América Latina precisa de um Plano Marshall", entrevista Secretário-Geral, Embaixador Samuel Pinheiro Guimarães, ao jornal *Valor Econômico*, 14.07.2008, disponível em <http://www.itamaraty.gov.

br/index.php?option=com_content&view=article&id=5924:para-pinheiro--guimaraes-al-precisa-de-um-plano-marshall-entrevista-secretario-geral--embaixador-samuel-pinheiro-guimaraes-ao-jornal-valor-economico-14-07-2008&catid=204&lang=pt-BR&Itemid=458>, última consulta: 11.03.2013.

Rezende Martins, Estevão de, *Relações Internacionais: cultura e poder*, Brasília: IBRI, 2002.

Resenha de Política Exterior do Brasil, Ministério das Relações Exteriores do Brasil, n. 92, ano 30, 1.º sem. 2003, p. 17.

Rousseff, Dilma, "Brics members Brazil and India are strategic partners for a new world vision", *The Economic Times*, 29 de março de 2012, disponível em: <http://www.itamaraty.gov.br/index.php?option=com_content&view=article&id=4686&catid=196&Itemid=447&lang=pt-BR>, última consulta em 30 de março de 2012.

Report on the forty-seventh session. Commission on Population and Development (26 April 2013 and 7-11 April 2014), disponível em <www.cnpd.gov.br>, última consulta: 10.09.2015.

Sader, Emir, "Brasil ajuda países do Sul a ressurgir na cena política mundial", disponível em <www.agenciacartamaior.com.br>, última consulta: 19.09.2003.

Saraiva, José Flavio Sombra, "Política exterior do governo Lula: o desafio africano", *Revista Brasileira de Política Internacional*, 45:2, p. 6, 2002.

Silva, Carlos Eduardo da, "Dilma se Afasta do Itamaraty, e Brasil Perde Espaço no Mundo", *Interesse Nacional*, ano 7, n. 26, disponível em <http://interesse-nacional.uol.com.br/index.php/edicoes-revista/dilma-se-afasta-do-itamaraty-e-brasil-perde-espaco-no-mundo/>, última consulta: 15.11.2015.

"Somos a mistura do tigre com a baleia", Entrevista com Celso Amorim, Revista Isto é, 13 janeiro 2003, *apud Resenha de Política Exterior do Brasil*, n. 92, ano 30, 1.º sem. 2003, p. 247.

Spektor, Matias, "Brasil e Argentina entre a cordialidade oficial e o projeto de integração: a política externa do governo Geisel (1974-1979)", *Revista Brasileira de Política Internacional (RBPI)*, ano 45, n. 1, 2002.

Statement by H. E. Mr. Ricardo Paes de Barros, President of the National Commission for Population and Development. 29th Special Session of the General Assembly on the Follow-up to the Programme of Action of the International Conference on Population and Development, New York, 22.09.2014, disponível em www.cnpd.gov.br, última consulta: 31.08.2015.

Stuenkel, Oliver, *The Brics and the future of global order*, Maryland: Lexington Books, 2015, p. 15.

______, "Por um Brics para os povos", *Outras palavras*, disponível em <http://outras-palavras.net/posts/por-um-brics-para-os-povos/>, última consulta: 14.06.2015.

Vidigal, Carlos, "Brasil: potência cordial? A diplomacia brasileira no início do século XXI", *Revista Eletrônica de Comunicação, Informação e Inovação em Saúde (RECIIS),* Rio de Janeiro, 1:4, pp. 36-45, mar. 2010.

AUTORES

CAROLINE SILVEIRA BAUER

Professora do Departamento de História da Universidade Federal do Rio Grande do Sul (UFRGS) e colunista da revista *Carta Maior*. Doutora em História (UFRGS/UB). Atualmente, pesquisa os usos políticos e públicos do passado e as temporalidades adjacentes às políticas de memória, especialmente a Comissão Nacional da Verdade (Brasil) e coordena o Laboratório de Estudos sobre a Ditadura – UFPel, registrado no Diretório de Grupos de Pesquisa do CNPq.

CATERINE VILA FAGUNDES

Doctora em Educação pela Universidade de Barcelona (2008) e Graduada em História pela Pontifícia Universidade Católica do Rio Grande do Sul (1998). Atualmente, é docente no Ensino Superior, Pesquisadora e Consultora do Observatorio de las Relaciones Europa y América Latina (OBREAL).

EDUARDO COSTA PINTO

Professor de Economia Política do Instituto de Economia (IE) da Universidade Federal do Rio de Janeiro (UFRJ) e atualmente Diretor Adjunto de Graduação do IE/UFRJ; Foi técnico de Pesquisa e Planejamento do IPEA; Doutor em Economia pela UFRJ (2010); Mestre em Economia pela Universidade Federal da Bahia (UFBA, 2005); Graduado em Administração pela UFBA (2002).

Fábio Franzini

Professor do Departamento de História da Escola de Filosofia, Letras e Ciências Humanas da Universidade Federal de São Paulo (EFLCH-Unifesp, Brasil). Doutor em História Social pela Universidade de São Paulo (USP).

Jacqueline Britto Pólvora

Ph.D. em Antropologia Social pela University of Texas at Austin (2006), com especialização em Estudos de Diáspora Africana. Mestre em Antropologia Social pela Universidade Federal do Rio Grande do Sul (UFRGS), e Graduação em Ciências Sociais pela Pontifícia Universidade Católica do Rio Grande do Sul (PUCRS). Tem experiência na área de Antropologia Urbana, com ênfase nos seguintes temas: racismo e exclusão social nas cidades, pobreza, informalidade no meio urbano e desenvolvimento em países africanos e latinoamericanos. Atualmente, é professora da Unilab, além de colaboradora da Universidade de Cabo Verde, onde também orienta alunos de Mestrado. Desenvolve pesquisa sobre as transformações urbanas em cidades e países africanos de língua oficial portuguesa e também em cidades da América Latina, especificamente sobre os efeitos dessas transformações para os trabalhadores do setor informal. Investiga também a reprodução da pobreza no meio urbano.

Janete Silveira Abrão

Professora adjunta dos Cursos de Graduação e Pós-Graduação em História da Pontifícia Universidade Católica do Rio Grande do Sul (PUCRS, 1995-2012). Mestre em História do Brasil (PUCRS, 1998). Doutora em História Contemporânea pela Universidade de Barcelona (2007). Coordenadora do Núcleo de Pesquisa em História Documental do Programa de Pós-Graduação em História (2009-2012). Editora da revista eletrônica *Oficina do Historiador* (2009-2012). Áreas de investigação: Formação dos Estados Nacionais, Teorias do Nacionalismo, História Contemporânea, História do Brasil, História da Espanha Contemporânea e Relações Internacionais. Desde 2013 é professora e investigadora associada ao Instituto Universitário de Investigación en Estudios Latinoamericanos (Universidad de Alcalá).

Maria Beatriz Luce

Licenciada em Pedagogia pela Universidade Federal do Rio Grande do Sul (1971); Mestre em Educação (M.A.), em 1974, e Doutora em Educação (PhD), em 1979, pela Michigan State University. É Professora Titular de Política e Administração da Educação na Universidade Federal do Rio Grande do Sul, com diversas experiências de administração acadêmica. Foi a

Reitora *pro tempore* para a implantação da Universidade Federal do Pampa (UNIPAMPA), de 2008 a 2011; e Secretária de Educação Básica no Ministério da Educação, em 2014. No Conselho Nacional de Educação, integrou a Câmara de Educação Superior de 2008 a 2012 e a Câmara de Educação Básica de 2004 a 2008 e em 2014. Participa ativamente de diversas entidades acadêmico-científicas, como ANPEd, ABAVE, SBPC e ANPAE, tendo sido desta Presidente e Diretora de Pesquisa e Publicações. Foi editora da Revista Brasileira de Política e Administração da Educação durante vários períodos e é membro de seu conselho editorial como de outros periódicos nacionais e estrangeiros. Participou da comissão especial que propôs o SINAES e de muitos outros trabalhos na área de Educação, com ênfase em Política, Planejamento e Legislação Educacional, Gestão Universitária e Educação Comparada.

PAULO HENRIQUE MARTINEZ

Livre-Docente em História Ambiental pela Universidade Estadual Paulista (2010). Doutor em História Social (1999) e Graduado em História (1988) pela Universidade de São Paulo (USP). Realizou programas de Pós-Doutorado no Museu Paulista da Universidade de São Paulo (2006) e na Universidade Federal de Minas Gerais (2013). Desde 2001 é professor no Departamento de História da Faculdade de Ciências e Letras de Assis, da Universidade Estadual Paulista (UNESP). Exerce a função de Chefe do Departamento de História (2015-2017) e foi Vice Coordenador do Programa de Pós-Graduação (2004-2007). Líder do Grupo de Pesquisa/CNPq Democracia e Desenvolvimento no Brasil (1850-2014). Tem desenvolvido experiência internacional em pesquisa e ensino junto a universidades, instituições culturais, grupos de trabalho, reuniões temáticas e profissionais de países da América Latina, Canadá, Espanha e Portugal e nas relações sul-sul de cooperação técnica e profissional. No âmbito institucional participa da Associação Nacional de História (ANPUH), do Comitê Brasileiro do Conselho Internacional de Museus (ICOM) e da Sociedade Latino-Americana e Caribenha de História Ambiental (SOLCHA).

REBECA GONTIJO

Professora Adjunta do Departamento de História e Relações Internacionais e do Programa de Pós-Graduação em História da Universidade Federal Rural do Rio de Janeiro. Licenciada em História (1996) pela Universidade Federal Fluminense, com Mestrado (2001) e Doutorado (2006) em História pela mesma instituição. Professora substituta no Departamento de Ciências Humanas da UERJ-FFP (2002), exercendo atividades de pesquisa e docência junto ao Departamento de História e ao Programa de Pós-Graduação em História Política da UERJ, entre maio de 2007 e junho de 2008, com o apoio da bolsa de fixação de pesquisador da FAPERJ. Pesquisadora e professora do Departamento de História e no PPGH da UFF, com o apoio da bolsa PRODOC da CAPES. Participa dos seguintes grupos de pesquisa: Oficinas de História, da UERJ (2004), Laboratório de Teoria da História e História da Historiografia (LABTEO), da USP (2009); Histor – Núcleo de Pesquisas sobre Teoria da História e História da Historiografia (2010); Núcleo de Estudos em História da Historiografia e Modernidade (NEHM), da UFOP (2011). É uma das fundadoras da Sociedade Brasileira de Teoria e História da Historiografia (SBTHH).

REINALDO GONÇALVES

Professor titular de Economia Internacional do Instituto de Economia da Universidade Federal do Rio de Janeiro (UFRJ) desde 1993. Livre-Docente em Economia Internacional (UFRJ, 1991); Ph.D. em Economia pela University of Reading (Inglaterra, 1986); Mestre em Economia pela EPGE-Fundação Getúlio Vargas (1976); Mestre em Engenharia da Produção na COPPE (1974). Diretor da Sociedade Brasileira de Economia Política, SEP (1998-2006); Presidente do Instituto de Economistas do Rio de Janeiro, IERJ (1995-1996); Conselheiro titular do Conselho Federal de Economia, COFECON (2001-2003); Professor visitante (Directeur d'Études), École des Hautes Études en Sciences Sociales, Maison des Sciences de l'Homme, Paris, 1996; economista das Nações Unidas (UNCTAD, Genebra, 1983-1987). Autor de mais de três centenas de trabalhos publicados em 21 países da Europa, África, América do Norte, Ásia, América Central, África, Estados Unidos e México e América do Sul. Em 2004, foi laureado pelo Conselho Federal de Economia com a emenda Personalidade Econômica do Ano.

TEMÍSTOCLES AMÉRICO CORRÊA CEZAR

Graduado em História pela Universidade Federal do Rio Grande do Sul (UFRGS,1988). Mestre em Ciência Política pela UFRGS (1994) e Doutor em História pela École des Hautes Études en Sciences Sociales de Paris (2002). Professor do Departamento de História da Universidade Federal do Rio Grande do Sul, desde 1994. Coordenador do Programa de Pós-Graduação em História (UFRGS, 2003-2005). Diretor do Instituto de Filosofia e Ciências Humanas da UFRGS (2008-2012).

Thiago Gehre Galvão

Doutor em Relações Internacionais pela Universidade de Brasília, com ênfase na História das Relações Internacionais (2011). Áreas de interesse: Relações Internacionais do Brasil, com foco nas décadas de 1970 e 1980; História das Relações Internacionais e sua interface com a Teoria das Relações Internacionais; Estudos sobre América do Sul; Fronteiras; Parcerias Bilaterais; Energia e Segurança Internacional. É especialista nas relações Brasil-Venezuela. Trabalhou na Presidência da República, na Subchefia de Assuntos Federativos da Secretaria de Relações Institucionais, acompanhando a cooperação internacional federativa do Brasil (dez 2011 /ago 2012); e na Secretaria de Assuntos Estratégicos (SAE), assessorando o funcionamento da Comissão Nacional de População e Desenvolvimento (CNPD) (ago 2012/fev 2015).